奈良公園の案内書

極《きわみ》

contents 目次

T2/PIXTA 2022年11月撮影（飛火野）、0120/PIXTA（柿の葉寿司）、写真家・三好和義（東大寺大仏殿）

【ご注意】
●掲載情報は2024年1月末日時点のものです。
●歴史など、諸説ある事柄の記述には、著者や編集部の見解を含みます。
●参考文献はP.172に記載してあります。

料金所
奈良奥山ドライブウェイ
正倉院 P.44
知足院
鼓阪小
正倉 P.169
歴史の道
西宝庫
東宝庫
龍松院
正倉院事務所
龍蔵院
持宝院
宝厳院
派出所
大仏池
大仏殿（金堂） P.168
指図堂
寶珠院
開山堂 P.168
大湯屋
二月堂 P.42、P.107、P.168
東大寺学園幼稚園
辛国神社
俊乗堂
子安神社
行基堂
法華堂（三月堂） P.41、P.168
戒壇院
念仏堂
猫段 P.87
世界遺産 東大寺 P.36
中門
鐘楼 P.168
観音院
手向山八幡宮 P.161
西塔跡
東塔跡
鏡池
入江泰吉旧居
勧学院
奈良公園
真言院
東大寺福祉療育病院
本坊経庫 P.168
北ゲート
依水園・寧楽美術館
依水園
南大門 P.40、P.168
東大寺ミュージアム P.43
奈良春日野国際フォーラム甍～I・RA・KA～別館
春日野園地
氷室神社
浮雲園地 P.93
南ゲート
氷室神社・国立博物館
東大寺門前夢風ひろば
大仏殿
奈良春日野国際フォーラム甍～I・RA・KA～
若草山麓
東大寺大仏殿・国立博物館
大仏殿
青銅器館
奈良春日野国際フォーラム甍前
水谷神社
東大寺大仏殿・春日大社前
本殿 P.169
なら仏像館 P.79、P.133
萬葉植物園 P.66、P.101
春日大社 国宝殿 P.65
仏教美術資料研究センター
御祈祷所
奈良国立博物館 P.76
鴟外の門 P.114
春日大社本殿
春日大社表参道
貴賓館
世界遺産 春日大社 P.58
社務所
飛火野 P.33、P.75
鹿苑 P.73
二之鳥居 P.67
ささやきの小径
春日若宮 P.61
夫婦大國社 P.67
金龍神社 P.107
鷺池、浮見堂 P.93
天理教会
天神社
紀伊神社
高畑町
志賀直哉旧居 P.119
破石町
十国台
奈良奥山ドライブウェイ
鶯塚古墳
若草山
山頂ゲート
展望台
月日亭
月日亭休憩舎
御蓋山（春日山）
本宮神社
新薬師寺
入江泰吉記念奈良市写真美術館
南都鏡神社
超願寺
高畑町
奈良地方法務局
飛鳥小
奈良教育大附属小
奈良教育大
幸町
奈良教育大前
奈良女子大学附属中等教育学校
高畑住宅
能登川 P.82
東紀寺3
188
80
奈良奥山ドライブウェイ
鶯塚古墳
若草山 P.93
山頂ゲート
展望台
出逢いの三叉路（春日山遊歩道 入口）
春日山遊歩道
中水谷休憩舎
北ゲート
月日亭
若草山麓
南ゲート
月日亭休憩舎
世界遺産 春日山原始林 P.97
水谷神社
御蓋山（春日山） P.59、P.161
本宮神社
0
200m

散策に使える 奈良公園マップ

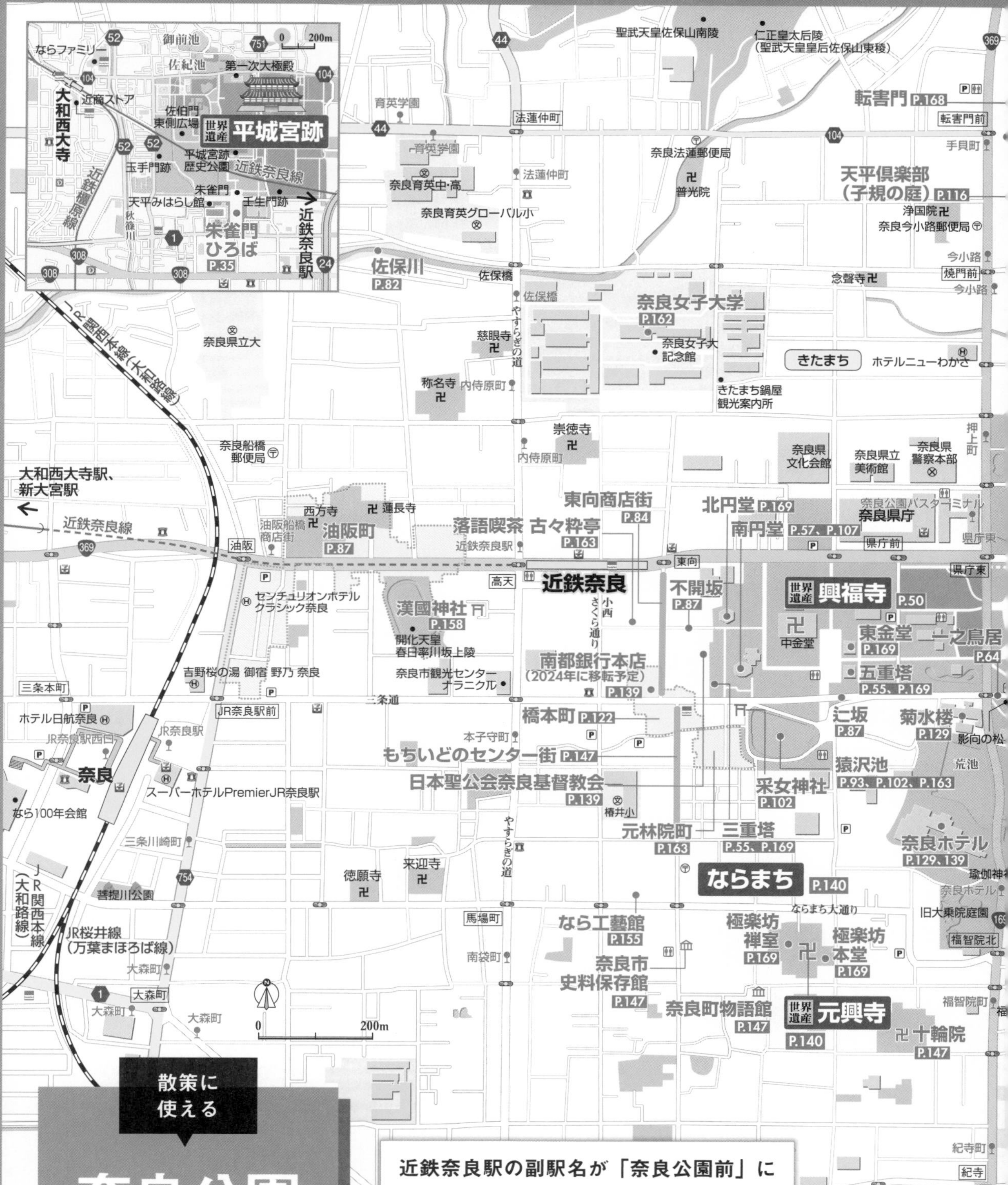

近鉄奈良駅の副駅名が「奈良公園前」に

奈良公園散策の起点となる近鉄奈良駅では、令和４年12月より「奈良公園前」という副駅名を設定。駅名標にはシカが描かれている。

※赤文字のスポット名には、紹介されている主なページを記載しています。

人びとを魅了する
奈良公園の風景

東大寺ライトアップ

写真＝三田崇博

元興寺の八重桜

写真＝ qumran1307 (PIXTA)

春日山原始林

写真＝佐藤和斗

春日大社の紅葉
写真＝今宮康博

興福寺の紅葉
写真＝今宮康博

奈良公園のシカ

写真＝佐藤和斗

奈良公園の変遷

緑なす奈良公園でシカと人々の顔には笑みがこぼれる。これほど人と自然が一体となれる公園はめずらしい。そして、春日大社、興福寺、東大寺といった古代からのたたずまいの風景をもつ公園はほかにない。

奈良公園の定められた範囲については後にふれるとして、人々の目に映る奈良公園は、春日大社等の社寺境内地・奈良国立博物館・正倉院構内等をも含めるとその面積は約六六〇ha（六・六km²）に及ぶ。ロンドンのハイドパークは一・四一六km²、ニューヨークのセントラルパークの三・四一km²に比べてもずば抜けて広い。

奈良公園の誕生

明治政府の太政官（政治の最高機関）は、近代化政策の一環として公園の制定を掲げ、明治六（一八七三）年、府県に対し公園地の調査画定を命じた。その公文書に「公園」という文字が初めて採用され、公園とは、「万民偕楽の地」と説明した。

まさにその年、太政官布告によって上野恩賜公園が日本最初の公園として制定された。奈良公園は、次のような経緯をたどって誕生した。

明治時代の奈良県は大和国《やまと》と称し、明治九（一八七六）年に堺県に合併され、堺県の管轄下であった明治一二（一八七九）年五月三一日、堺県令税所篤《さいしょあつし》の

代理から内務省あてに、廃仏毀釈《きしゃく》の後、官有地となっていた興福寺境内地の一部について公園化が上申され、翌年二月に公園地の認可があり、奈良公園が誕生した。このことから知られるように、奈良公園は、明治政府の神仏分離令にともなう廃仏毀釈の圧力によってもたらされた興福寺の堂塔の解体・撤去によって誕生したのである。

以下に、誕生時の奈良公園範囲を示すが、春日野から春日山や若草山にわたる現在の奈良公園に比べると、誕生当初の奈良公園の面積は小さなものであった。

奈良公園の拡張

堺県が興福寺の跡地の一部を公園化することを上申するのとほぼ同時に、明治一二（一八七九）年、五月一四日堺県は、若草山官林を名区（名勝地）とするよう内務大臣に地目組替えを上申している。公園地の補完として若草山を加えようとするもので公園地に並んで名勝地に指定された。公園地との違いは、旧蹟・名区の保存を目的としており、開発を禁じるものであった。「名勝」とは「けしきのよい土地」ということだが、「勝地」にも同様の意味がある。「勝」一字でも「すぐれたけしき」をあらわす。

本格的に名勝奈良公園として国によって定められるのは、後に記すように大正になってからである。

明治二〇（一八八七）年、大和国をもって奈良県として独立。春日野・浅《あさ》茅《じ》ケ《が》原《はら》などの名勝地、春日山、若草山等の官林、春日大社（当時は春日神社）、興福寺、東大寺などの社寺境内地を公園に含めることが認可され、そして明

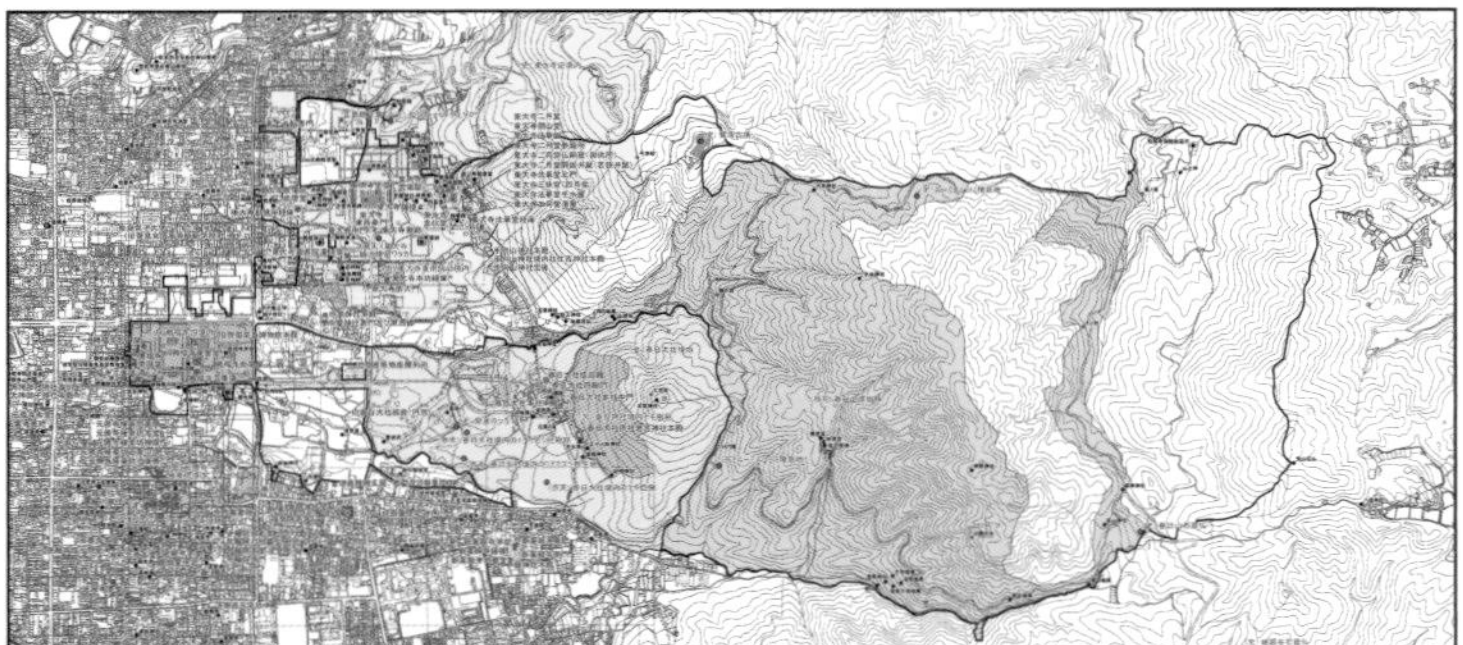

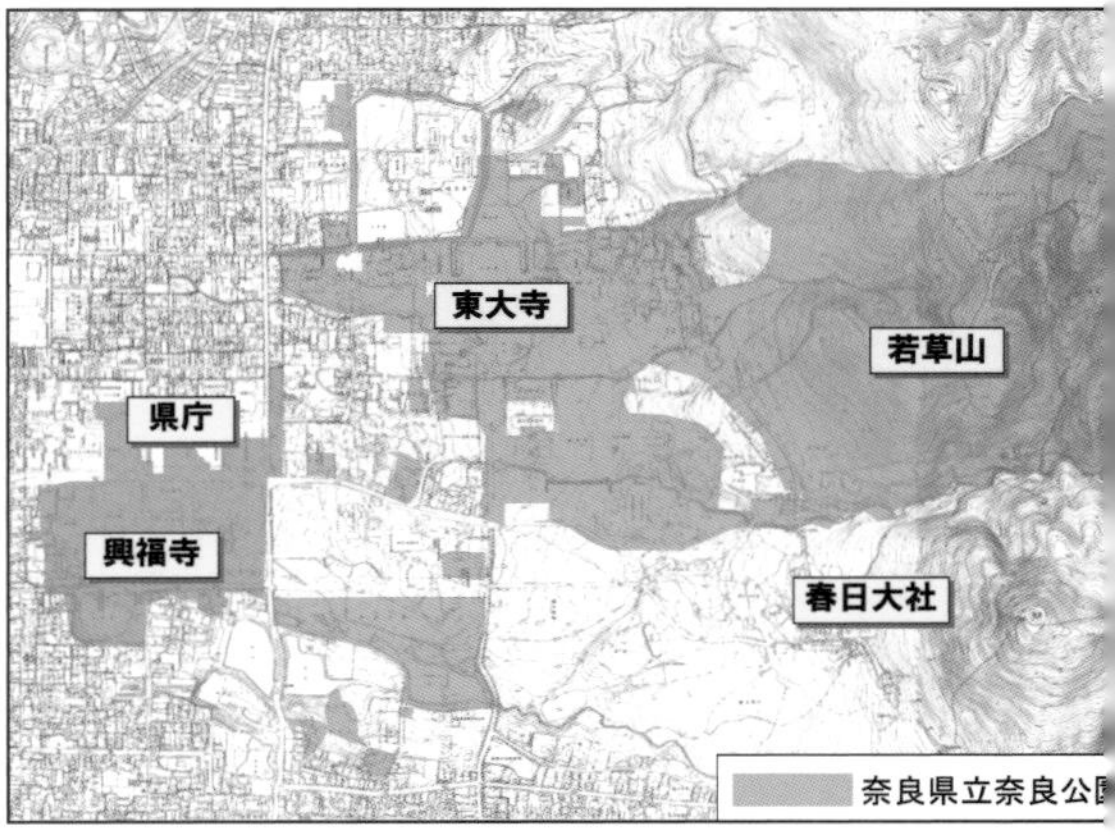

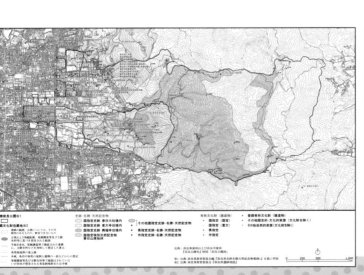

治二二（一八八九）年、平坦部や東大寺境内地や山野などを編入し大境域を奈良県立奈良公園として告示された。

ドイツ人のエルウィン・フォン・ベルツが奈良公園を訪れたのは明治三七（一九〇四）年の頃である。東京医学校（後の東京帝国大学医学）で教鞭をとった彼は、「奈良公園は日本で一番美しい公園だと思う、日光よりも好きだ」「あふれんばかりのサクラの花と紫のフジが到るところで手招きをしているとき―およそ地上に、これ以上理想的の平和な風景はあり得ない」（『ベルツの日記』）と書き留めている。

名勝奈良公園

大正八（一九一九）年「史蹟名勝天然記念物保存法」（現文化財保護法）が施行され、大正一一（一九二二）年に「名勝奈良公園」と指定された。

「名勝奈良公園」の指定範囲は左ページの図に示すとおりであるが、後述の県立都市公園の範囲のほか、東大寺（正倉院敷地を除く）と興福寺の境内地も名勝奈良公園に含まれている。春日大社境内地、御蓋山《みかさやま》、奈良国立博物館敷地、正倉院敷地は、県立都市公園・名勝のいずれの範囲でもない。「名勝奈良公園」と刻む石碑が公園の西南隅に建てられている。

名勝奈良公園と指定された大正一一（一九二二）年の一二月に物理学者のアインシュタインが奈良に滞在した。

大阪朝日新聞は「一七日の夜一〇時過に来着奈良ホテルに入り十八日は霰《あられ》たばしる寒空をお徒歩《ひろひ》で春日大仏を巡覧公園の処々を散策して神鹿の群に戯れ冬枯れ乍《なが》らその閑雅で落ち着いたのを喜び折柄旅所《たびしょ》で催された春日おん祭後宴の能楽を珍らしがりホテルに帰宿。」と報じている。

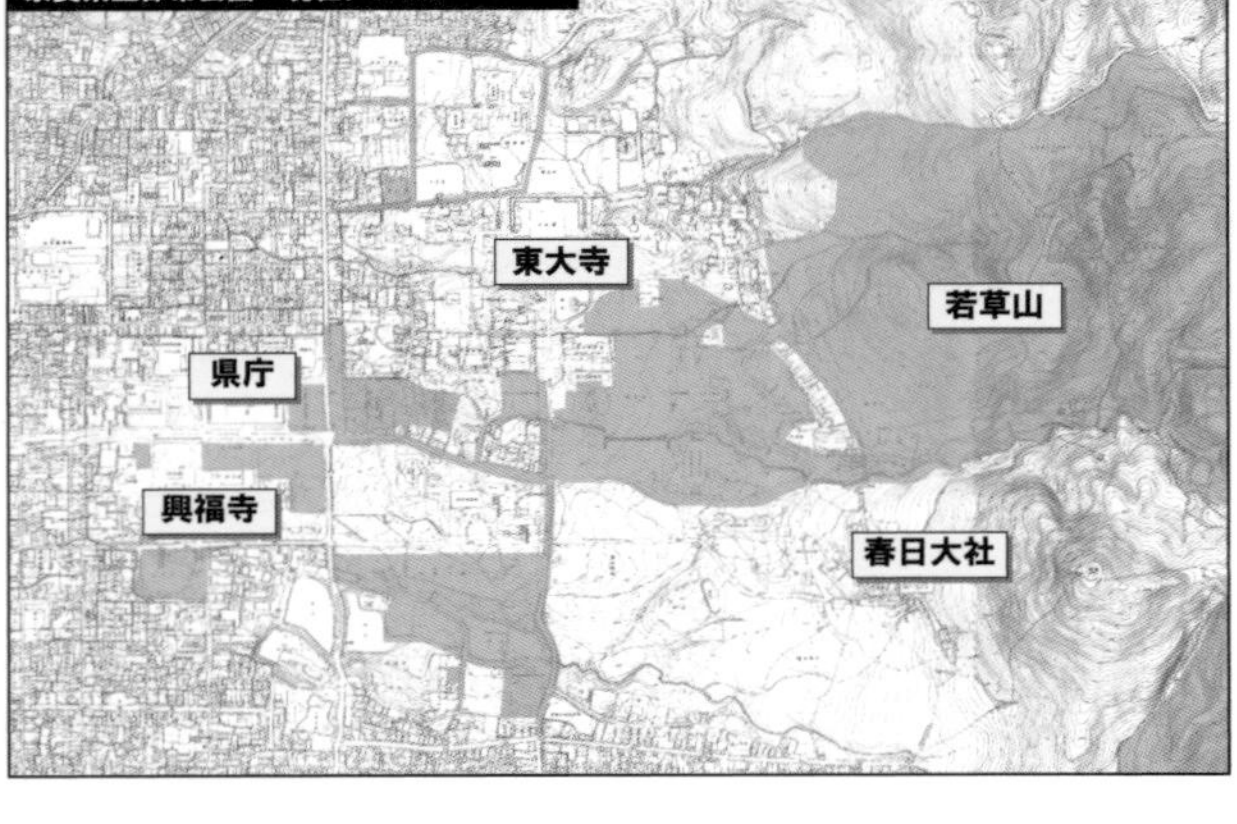

都市公園法の施行による都市公園地指定

さらに平成一〇（一九九八）年には、東大寺や興福寺、春日山原始林などが世界遺産「古都奈良の文化財」に登録された。

昭和三一（一九五六）年、都市公園法が施行され、奈良県立奈良公園は、昭和三五（一九六〇）年に都市公園として告示され、昭和三八（一九六三）年に都市計画公園に位置づけられることとなった。このような経緯から奈良公園と周辺社寺とは、一体不可分な関係といえよう。

世界遺産と奈良公園

興福寺、東大寺、春日大社など由緒ある社寺の存在や伝統的な行催事が継承されてきたことは、奈良公園が平城遷都以降の統治の歴史・文化を象徴する重要な区域であることを示している。また、春日山原始林は、都市に近い位置に残る原生的自然という極めて特殊かつ貴重な立地条件を備えている。

これら平城遷都以降の歴史・文化資源を構成する要素、古来より継承され守り続けてきた豊かな自然資源を構成する要素、公園資源を構成する要素、並びにこれら自然と人工の美が融合した独特の風致景観が奈良公園の価値である。

以上に述べた奈良公園の区域をまとめると下のようになる。

撮影：入江泰吉

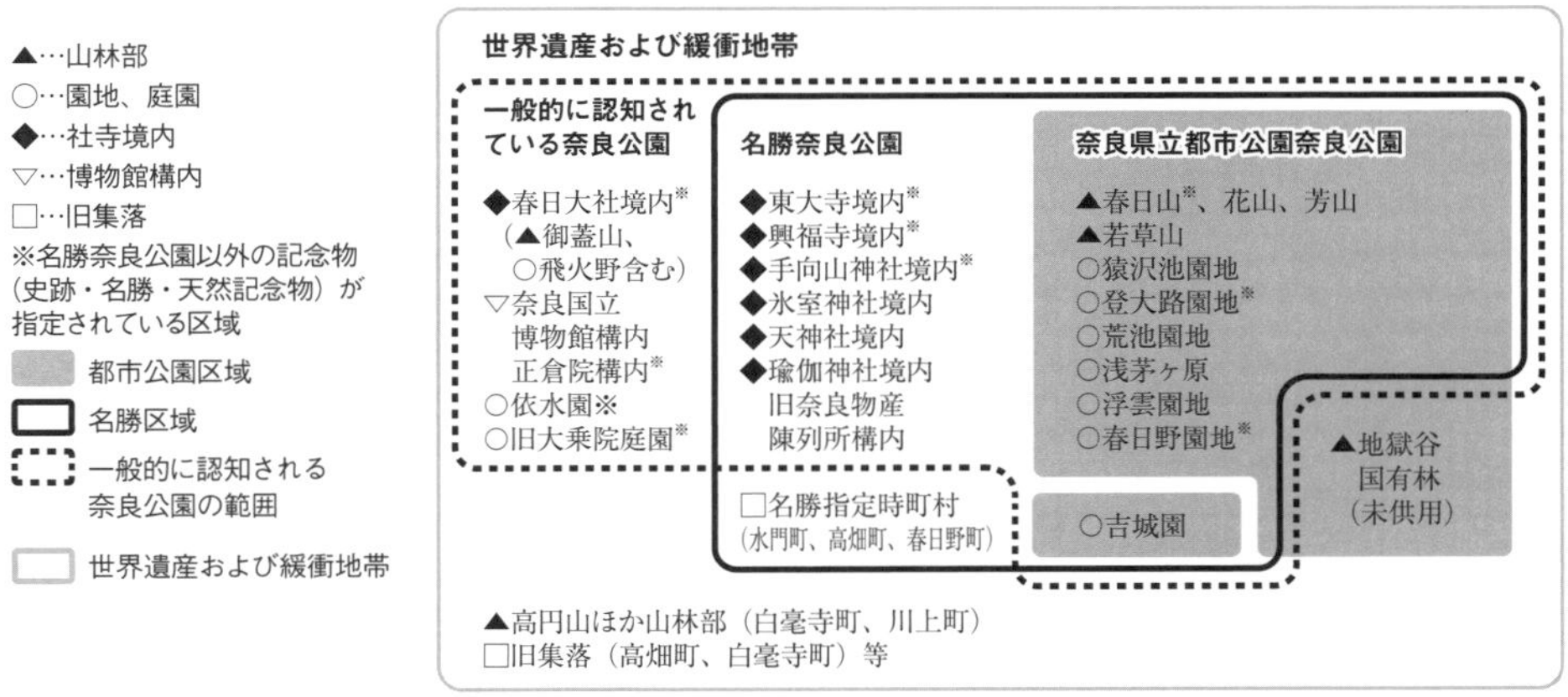

奈良

—平城京とその後—

ＪＲ奈良駅前広場の石碑と近鉄奈良駅前の銅像

ＪＲ奈良駅前広場に建つ石碑と近鉄奈良駅前の銅像。これらは、奈良公園への道案内となるが、平城京の時代へ人々を誘う道しるべともいってよい。

ＪＲ奈良駅前広場に春日大社参道の入り口を示す大きな常夜燈があり、そのそばに「平城宮大極殿跡是より西乾二十丁」「明治四十三年三月建之　棚田《たなだ》嘉十郎《かじゅうろう》」と刻まれた角柱が建っている。後にふれるが、棚田嘉十郎は、平城宮保存に命をかけた植木職人である。ここから、奈良の目ぬき通りである三条通りを東に行けば、興福寺の南を経て、春日大社の一之鳥居に至るが、あたり一帯は、奈良公園である。

棚田嘉十郎の碑

近鉄奈良駅前の銅像とは、天平時代の名僧行基菩薩《ぎょうきぼさつ》の立像である。大仏建立の勧進僧であったためであろう、東大寺に眼差しを向けて合掌する姿として作られている。ここから東に歩むと、間もなく、そこは緑なす奈良公園の広がりが視野に入り、シカの群れに出会うかもしれない。

行基の像

平城京とその残影としての奈良公園

和銅三（七一〇）年、奈良盆地の南、今日の橿原《かしはら》市にあった藤原京（新益京《しんやくきょう》）から平城京に都が遷る。

統一国家の法典として、唐の律令を範にして、大宝律令の編纂にあたった藤原不比等《ふじわらのふひと》が、大宝二（七〇二）年に遣唐使として派遣され、慶雲元（七〇四）年に帰朝した。

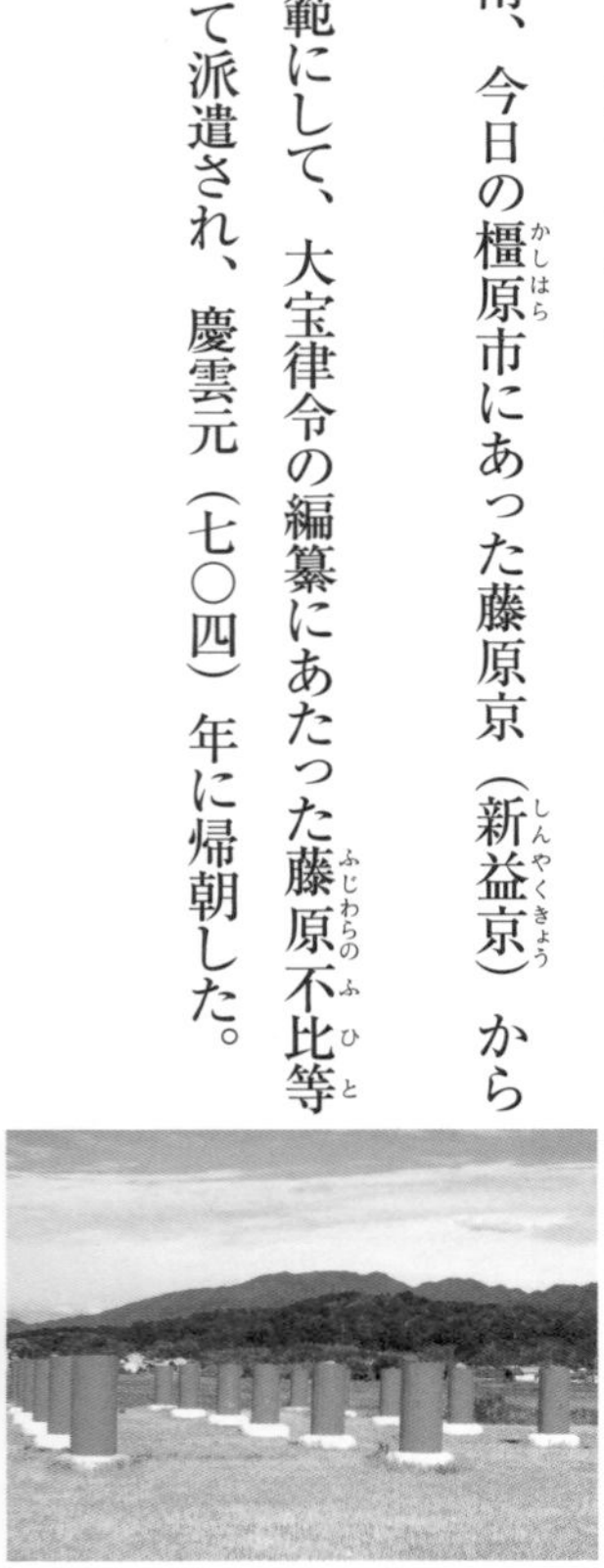
藤原京

粟田真人《あわたのまひと》がもたらした長安城についての情報に強い関心をもったことはいうまでもない。和銅元(七〇八)年二月に、文武《もんむ》天皇の後を継いだ元明《げんめい》女帝は、遷都の詔を下した。なぜ遷都したかについて、藤原京の土地環境が悪いことなどに求める説があるが、そんな些細なことではあるまい。日本という国家の大計によるものであった。今、わが国の歴史を振り返ってみると、まさに平城京の時代にこそ、この国の骨格が造られ、刻まれたことを誰も否定できない。奈良公園を歩きながら、あるいは立ち止まって、そのことに思いをはせてみたい。そこでは、平城京の残影が人々に語りかけてくるはずである。

女帝元明の遷都への道のり

『続日本紀《しょくにほんぎ》』の和銅三(七一〇)年の三月一〇日条に「始めて都を平城に遷す」とある。元明天皇にとってついに藤原京を去らねばならないときがきた。新しい都への行幸の途中、元明は自分の心情をうたった。

飛ぶ鳥の明日香の里を置きて去なば君があたりは見えずかもあらむ

(『万葉集』巻一―七八)

題詞にしたがうと、藤原宮から奈良の都に遷都するときに、御輿《みこし》を長屋の原に停めて、古里を望んで詠んだ歌という。長屋原は、天理市長柄とする説にしたがうと、盆地を並走する南北三道のうち、中ツ道を北上したのであろう。

天武天皇と持統天皇の子である草壁皇子の正妃であった女帝元明にとって、草壁《くさかべ》亡き後、天武が構想し、持統が、そして夭逝《ようせい》したわが子文武が君臨した藤原京を廃都として離れなければならない心痛の深さはいかばかりであったのだろうか。

歌にいう「君」は誰をさすのか。亡き夫草壁皇子のことか、それとも文武のことか。いずれにしても、元明にとって心ときめく遷都ではなかった。

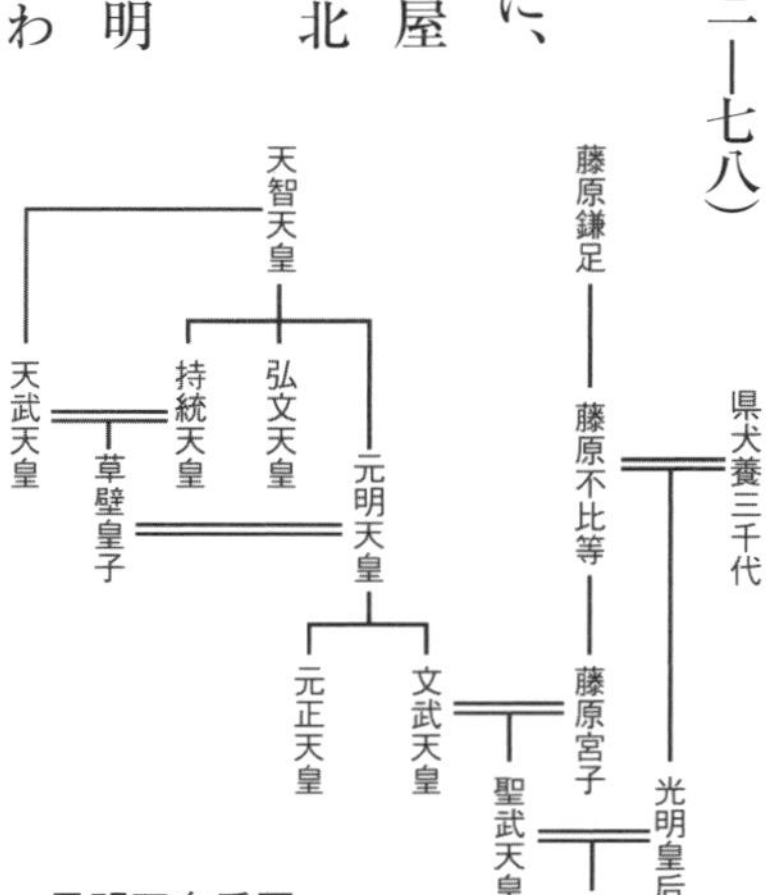

元明天皇系図

「あをによし」奈良の都

大君の命畏《みことかしこ》み　にきびにし家を置き　こもりくの泊瀬《はつせ》の川に　舟浮け
て　我が行く川の　川隈《かはくま》の　八十隈《やそくま》おちず　万《よろず》たび　かへり見しつつ　玉鉾《たまほこ》
の　道行き暮らし　あをによし　奈良の都の佐保川に　い行き至りて……
（『万葉集』巻一―七九）

この万葉歌は、題詞に「或本　藤原の京《みやこ》より寧楽《なら》の宮に遷る時の歌」とあるように、新しい宮に藤原京から、泊瀬川、佐保川を船で移っていくときの、さびしさと期待感の交錯する思いを詠む。おおよその意味は、「大君の仰せを畏れ謹んで、慣れ親しんだ家を残して、泊瀬の川に舟を浮かべて、私が漕ぎ行く川の、たくさんな川の曲がり角ごとに何度も何度も振り返り見ながら、進む途中で日が暮れてしまって、奈良の都の佐保川に到り着いて」（「こもりくの」「玉鉾の」「あをによし」は枕詞）……という。

元明天皇が、陸路平城京に向かったのに対し、この歌の作者は河川を舟行する。日用品を積載したのであろうか。奈良に懸かる枕詞「あをによし」は、「あを」は「青」で「に」は「土」のことで、岩緑青《いわろくしょう》の古名で、平城山《ならやま》あたりが産地であったという。

平城京の図に示すように、遷都に伴って藤原京内にあった薬師寺、元興寺（飛鳥寺）、大安寺、興福寺（厩《うまや》坂寺《さかでら》）が移建、あるいは新たに建立された。後に、中国から伝戒の師として招いた鑑真のために新田部《にたべ》親王邸跡に唐招提寺が、さらに新薬師寺、盧舎那仏《るしゃなぶつ》の造立にともない東大寺が、また西大寺が次から次へと甍を並べる。仏の都というにふさわしい。

外京《げきょう》について模索する

藤原氏の氏神をまつる春日大社の創祀は神護景雲二（七六八）年とされるが、もともとこの地は御蓋山《みかさやま》をまつる神地であった。

平城京地図　　出典：国土地理院技術資料

奈良 ―平城京とその後―

宿院町地図

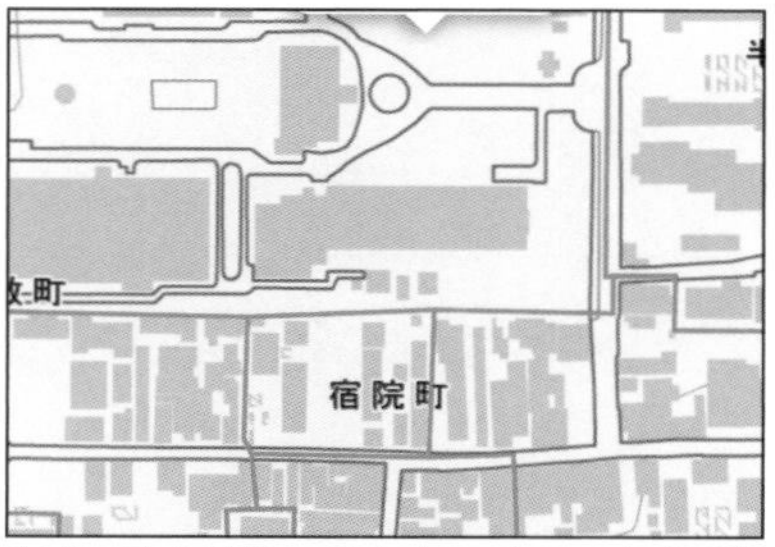

出典：政府統計の総合窓口（e-Stat）「国税調査町丁・字等別境界データ」2020年

平城京の南北の中軸道路は、いうまでなく朱雀大路であるが、東西の道路の中では、平城宮への入り口にあたる朱雀門の前を走る二条大路がいずれの東西大路よりも幅が太い。ところが、JR奈良駅前から東にのびる今日の三条通り、かつての三条大路は、興福寺の南門前を通り春日大社の一之鳥居に達する。興福寺は藤原氏の氏寺、春日大社は同氏の氏神である。三条大路について、一つの想像をしてみれば、藤原氏の聖なる大路ではなかったのか。

平城京は、唐の長安城を模したといわれるが、東に外京とよばれる出っ張り部があるのは、平城京独自の形である。外京という名は、明治に建築史家関野貞《せきのただし》が仮に名付けたにすぎず、奈良時代には、そのような名前はなく、左京の一部であった。このことをさらに深めるには、佐保殿とよばれた施設について考えねばならない。佐保殿とは、奈良時代以来奈良郊外にあったとされる藤原北家当主の邸宅と定説的に語られてきた。だが、藤原北家の当主が郊外に住むというのは、いささか信じがたい。平安時代に入ると、藤氏長者《とうしのちょうじゃ》（藤原氏の代表者）を兼ねた藤原北家の当主が平安京から佐保殿に着くと、庭で藤原不比等の御影像を拝み、寝殿に登ったという（『今昔物語』）。

また『拾芥抄《しゅうがいしょう》』には、佐保殿は、淡海公（藤原不比等）、藤原冬嗣《ふゆつぐ》大臣の家と注記する。もしそうならば、不比等が法華寺の前身の家屋に居住する前、また冬嗣が平安京で活躍する以前に住まった場所であったことになる。この佐保殿の場所は平城京一条大路に面する「法蓮佐保田」あたりとされてきたが、『玉葉《ぎょくよう》』に佐保殿の前から東に行くと興福寺の西御門に至るとある。平安京から藤原氏の氏長者に従った者たちが宿泊する宿院《しゅくいん》は、奈良女子大学に近接する宿院町あたりと比定できるとすれば、興福寺の西方にあるとする佐保殿も宿院と一体化したような施設であったのではないかと、堀池春峰は推考した。おそらく、この説の蓋然性が高く、近世には奈良奉行《ぶぎょう》所がこの地に開設される。つまり、奈良時代からあった佐保殿は外京の地で、そこに不比等や冬嗣の居所があったという。さきに述べた三条大路に沿う興福寺、また三条大路が向かう春日大社のことを考えれば、外京という京の形のシンメトリック性を破る出っ張り部分は、藤原氏の「都」ではなかったか。折口信夫の『死者の書』の下敷きとなった中将姫伝説に関わる藤原南家藤原武智麻呂《むちまろ》の長男豊成《とよなり》家もまた元興寺の近くにあったとされることも、藤原氏の「都」であるとする想定を導く。
奈良公園は外京の一部ではあるが、公園の散策を東にのばすと、奈良時代から平安時代にかけての藤原氏の息吹にふれることができる。

天平は平らかならず、荒れる都

元明、元正《げんしょう》と女帝の時代が続き、聖武《しょうむ》天皇の即位は、神亀《じんき》元（七二四）年二月である。神亀六（七二九）年二月に左大臣長屋王が自害に追いやられ、その年の八月瑞亀《ずいき》の出現によって天平と改元された。そして一〇月に、藤原不比等の娘光明子が皇后の地位につく。天皇と皇后のいずれにも藤原氏の血が流れている。藤原氏の権勢はこれ以上盤石なものはないと思われたのもつかの間、天然痘の大流行によって藤原氏の基盤が一気に揺らいだ。

天平九（七三七）年、政権の要職にあった房前《ふささき》・麻呂・武智麻呂・宇合《うまかい》の四兄弟を死に追いやってしまった。藤原氏が天然痘で政治的権力を減速させた状況を見据えて、政権の中枢部に美努《みぬ》王を父としながらも、臣籍へ降下した橘諸兄《たちばなのもろえ》が登場する。天平一〇（七三八）年、橘諸兄は右大臣に昇進し、入唐経験のある僧玄昉《げんぼう》や吉備真備《きびのまきび》らが聖武を支える体制をつくった。一方、聖武と光明の間に生まれた阿倍内親王が女性で初めての皇太子となった。

恭仁京復元CG画像

平城京で、藤原氏の政治的立場が不安定になったとき、天平一二（七四〇）年大宰府とその管内で、一族の藤原広嗣《ひろつぐ》が乱によって、政権の中枢にある僧玄昉と吉備真備の追放を要求した。乱が沈静化せんとするときに、聖武天皇は、東国に行幸する。そして、行幸から平城京にもどることはなく、木津川のほとり、恭仁京《くにきょう》造営を企図した土地に至った。恭仁京の造営とともに、東北方に紫香楽宮《しがらきのみや》を造り、その地に聖武天皇は盧舎那仏の大仏を造立する詔を下した。冒頭に述べたが、その勧進僧であった行基の像が、近鉄奈良駅前広場に立つ。

そのような状況において奈良の都は荒れはじめた。

奈良 ―平城京とその後―

奈良の京の荒れたる墟を傷み惜しみて作る

世間を　常なきものと　今ぞ知る　奈良の都のうつろふ見れば

（『万葉集』巻六―一〇四五）

と、歌われた万葉歌がある。しかし、聖武の企ては、さまざまな妨害にあい、失敗に終わり、あらためて、平城京の東に接して、東大寺建立と大仏造立が再開された。

天平一九（七四七）年三月、光明皇后は天皇の病気平癒を祈願して新薬師寺を建立し、その年の九月に大仏鋳造が始まる。天平勝宝元（七四九）年、聖武は譲位して阿倍内親王が即位する。孝謙《こうけん》天皇である。天平勝宝四（七五二）年四月九日、仏法東帰以来初めての盛大な斎会《さいえ》といわれた大仏開眼の法要が挙行された。

新薬師寺

mmorofushi/PIXTA（ピクスタ）

平城京の終焉、興福寺の興隆

大仏の造立という華やかな催事のあと、平城京は政治的安定を次第に崩していく。孝謙上皇と藤原仲麻呂との対立が深まり、天平宝字八（七六四）年九月、仲麻呂は、官位を剝奪され、琵琶湖北岸に敗死する。仲麻呂の意を受けて即位した淳仁《じゅんにん》天皇を淡路に配流し、僧道鏡を法王に任じて、孝謙天皇が重祚《ちょうそ》（称徳《しょうとく》天皇）する。称徳天皇の没後、光仁天皇、桓武《かんむ》天皇と天智系の系譜となる。

延暦《えんりゃく》三（七八四）年、桓武天皇は山背《やましろ》の長岡に遷都した。弘仁《こうにん》元（八一〇）年、平城《へいぜい》上皇が平城還都の挙に出たが、目的を果たさず沈静化した。宮都でなくなった平城京の中心部は、田園化が進むが、東部のいわゆる外京には、社寺がそのまま残り、南都あるいは南京といわれた。やがて、明治時代に、奈良公園として姿を変える。

藤原氏にとって、奈良は父祖の地であることから、九世紀の半ば藤氏長者によって春日祭《かすがのまつり》が創始され、それにともなって春日社の境内が拡大されていった。

興福寺は大和《やまと》国一国を荘園とする勢力をもち、天禄元（九七〇）年に創建された一乗院と寛治《かんじ》元（一〇八七）年に創建された大乗院は皇族・摂関家とのつながりが強く、門跡《もんぜき》寺院の地位を保った。大乗院の跡地は、今日の奈良ホテルの、一乗院の跡地は奈良地方裁判所の敷地となって今日に至っている。

なぜ東大寺は、興福寺や奈良の町ともども治承《じしょう》四（一一八〇）年に平重衡《たいらのしげひら》によって焼き討ちにあったのか。その一つの理由は、興福寺の僧兵が、春日神社の神人《じにん》とともに神木の榊《さかき》を奉じて、朝廷に強訴をくりかえしたがために、朝廷側の防備にあたった平氏が阻止したことが対立を激化させたことによる。さらに、平清盛が大和を知行国として賜り、荘園が増大し、御家人化をすすめたことなどにも、興福寺や東大寺が反発する理由であった。興福寺は建久五（一一九四）年に、東大寺は、俊乗房重源《しゅんじょうぼうちょうげん》を勧進僧として、建久六（一一九五）年に落成供養をし、平氏から被った災厄から立ち直った。

奈良町の形成

このような奈良の社寺周辺には、郷という街区が形成されていった。社寺は、宗教的な空間で清浄でなければならず、その外側の空間は郷と称された。門前郷である。平安時代には、東大寺、興福寺の門前郷がつくられ、鎌倉時代には、興福寺の南都七郷、東大寺門前郷も京街道沿いに発達し七郷となり、同時に市や旅宿もつくられていった。一乗院・大乗院領の郷も三条通の北部・南部を中心に発達した。

室町時代になると商工座が発達し、例えば、符坂《ふさか》（現油阪町《あぶらさかちょう》）の油座は大和一円に独占権をもった。社寺には田楽・猿楽などの芸能座ができ、戦国時代になると、興福寺から元興寺にかけての南都七郷を中心に常設店舗が並び、両門跡の北市南市等は衰退化する。

奈良が京の貴族たちの巡礼の地となるのは、一つには仏教寺院に対する信仰にもよるが、今一つは、かつての都への思い、つまりは古都憧憬であろう。

『七大寺日記』は、平安時代後期の嘉承《かじょう》元（一一〇六）年に南都の七大寺を巡礼した際に記録されたもので、奈良国立博物館に収蔵されている。七大寺とは、東大寺、興福寺、元興寺、大安寺、西大寺、薬師寺、法隆寺であるが、興福院《こんぶいん》と唐招提寺にもふれている。なお、作者は平安時代後期の学者で、大学寮の学生《がくしょう》であった大江親通《おおえのちかみち》とされているが、保延《ほうえん》六（一一四〇）年に親通が南都を巡礼した折の記録である『七大寺巡礼私記』と比較して文体が簡潔であり、内容にも矛盾点があることから、検討の余地があるという。

春日若宮おん祭は、平安時代末期の保延二（一一三六）年に藤原氏によって始められたが、足利義政ら足

奈良 ―平城京とその後―

利将軍が見物している。室町時代に京都相国寺《しょうこくじ》の塔頭《たっちゅう》鹿苑院《ろくおんいん》の僧、蔭涼軒主《いんりょうけんしゅ》が記した『蔭涼軒日録』に南都八景として、佐保川の蛍、東大寺の鐘、三笠山の雪、春日野の鹿、南円堂の藤、猿沢池の月、雲居坂《くもいざか》の雨、轟橋《とどろきばし》の旅人があげられている。

多聞山《たもんやま》城

永禄三(一五六〇)年、三好長慶《みよしながよし》の家臣松永久秀によって奈良の地に多聞山城が築造された。今の奈良市立若草中学校の敷地あたりである。

後の城における天守に相当する四層の多聞櫓があり、長屋が塁壁上に築かれていた。また本丸御殿や能舞台、茶室、庭園も配され、近世城郭の先駆けといわれている。永禄八(一五六五)年、イエズス会のルイス・デ・アルメイダが大和を来訪している。オランダの旅行家であり探検家であったリンスホーテンがアムステルダムで刊行した『東方案内記』に所収の東アジア図(ラングレン作成の作図)に、奈良県宇陀市の「沢」、橿原市の「十市」「奈良」の地名が見られる。

東アジア図　Photo：Kobe City Museum/DNP Partcom

奈良奉行所と近世奈良町

慶長一八(一六一三)年、中坊秀政《なかのぼうひでまさ》が最初の奈良奉行に任命され、奈良町は、徳川幕府の直轄地として現在の奈良女子大学の地に置かれた奈良奉行所の管轄となった。幕末の奈良奉行川路聖謨《かわじとしあきら》は、佐保川の堤に桜を植樹したことによって、「川路桜」とよばれる。

江戸時代の奈良は、産業などが沈滞気味であったが、公慶《こうけい》上人の勧進によって東大寺の大仏殿が再建されたころ、奈良の町は活気が戻るものの、江戸時代の後期に向かって再び沈滞化する。しかし、次第に庶民の旅が盛んになり、奈良は社寺巡礼といった観光に訪れる土地として、次第に活況を呈してきた。

川路聖謨肖像
「東京大学史料編纂所所蔵」

『奈良曝《ならさらし》』（貞享《じょうきょう》四（一六八七）年）という地誌書には、旅籠町の記載がある。京都口に位置する旅籠町である押上町・今小路町の名をあげ「南都見物の御かた、晒《さらし》にても油煙（墨）にても御心とめられんには、宿の亭主御頼み有て御買給えばやすし。旅人の御ために書合あらはし伝えるなり」と旅籠で晒や墨を求めることをすすめている。旅の案内記としては、『大和名所図会』、『南都名所記』、『南都名所集』、『奈良名所八重桜』などが刊行された。

奈良町の戸数と人口は、寛永八（一六三一）年には戸数六五八二軒、人口三万四九八五人、元禄一一（一六九八）年には戸数六二五九軒、三万五三六九人、幕末の安政四（一八五七）年には人口二万〇六六一人と元禄期をピークに人口は減少傾向にあった。（『奈良市史　通史三』）。

近代・現代の奈良、奈良公園の出現

廃藩置県によって明治四（一八七一）年に大和一国が奈良県となったが、その後複雑な県域の設定事情を経ながら明治九（一八七六）年に堺県に、さらに明治一四（一八八一）年に大阪府に併合され、今日の行政域と等しい奈良県が誕生するのは、懸命な奈良県再設置運動の成果として明治二〇（一八八七）年に実を結ぶ。明治三一（一八九八）年には、奈良市が市制施行する。

明治になって、直接奈良を襲ったのは、明治元（一八六八）年に出された神仏分離令である。奈良の諸寺の中でも、興福寺の受けた打撃は厳しいものであった。堂塔・坊舎は破壊され、興福寺は廃寺同然とまで追いやられ、公園化を余儀なくされていった。

太政官布達により明治一三（一八八〇）年「奈良県立都市公園　奈良公園」が指定される。明治二二（一八八九）年、春日野や浅茅ケ原《あさじがはら》等の名勝地、東大寺や氷室神社等の社寺境内地、若草山や春日山等の山野を含む新奈良公園地（奈良県立奈良公園）が定められ、大正一一（一九二二）年、奈良公園が名勝に指定される。

明治時代の初期に産業の発展を目標として日本各地で博覧会が開催された。奈良県の場合、観光資源の活用や伝統産業の振興をめざして第一次博覧会大会は明治八（一八七五）年春、東大寺大

奈良 —平城京とその後—

仏殿で八〇日間にわたって開かれた。東西の両回廊に社寺や旧家の書画・道具類、県内の名産品が陳列された。また大仏殿内には正倉院宝物を展示した。第一次博覧会大会は一七万人をこえる観客を集め、盛況であったが、大会を重ねるにつれて、観客数は減少傾向をたどりながらも、明治二七（一八九四）年まで続けられ、奈良観光への関心を喚起する契機となった。

鉄道は奈良の産業の拡大にとって、各地を結ぶネットワークとして必須であるとともに、観光客を呼び込むための重要な手段であったことは言うまでもない。明治二三（一八九〇）年、大阪鉄道が王寺駅～奈良駅間に開通したのに続いて、路線が各地に延伸していった。

明治四〇（一九〇七）年、国有鉄道となり、各路線の営業が一体化し、昭和六二（一九八七）年にJR西日本の管轄となる。一方、現在の近鉄奈良駅に至る路線は、大正三（一九一四）年、大阪電気軌道により上本町駅—奈良駅（高天《たかま》町の仮駅）間が開業し、後に終点を高天町から東向中町の奈良駅まで延伸した。昭和四四（一九六九）年、油阪駅—奈良駅間が地下化となり、新大宮駅が開業し油阪駅が廃止された。現在の近鉄奈良駅の駅名表示は「近鉄奈良（奈良公園前）」である。

アメリカ合衆国の東洋美術史家、哲学者アーネスト・フランシスコ・フェノロサは明治一七（一八八四）年、岡倉天心とともに近畿地方の古社寺宝物調査を行い、その後も近畿の社寺を訪れたが、廃仏毀《き》釈《しゃく》のさ中の奈良の仏像の価値を高く評価した。明治二八（一八九五）年、帝国奈良博物館が開館し、その後、明治三三（一九〇〇）年、奈良帝室博物館と改名されたが、奈良公園の新しい施設となって、多くの見学者が訪れた。大正七（一九一八）年に森鷗外が帝室博物館総長兼図書頭になり、東京、京都、奈良の三博物館の最高責任者であるので、正倉院の曝涼《ばくりょう》の機会に奈良帝室博物館に滞在の機会をもった。奈良公園の片隅に鷗外が利用した官舎の一部が残されている。昭和二二（一九四七）年の学制改革により、現在の奈良県庁東側駐車場一帯が奈良学芸大学・同附属小学校の敷地となる。昭和二七（一九五二）年に奈良文化財研究所が設置され、昭和四八（一九七三）年に奈良県立美術館が、

岡倉天心
提供：茨城県天心記念五浦美術館

平成二三（二〇一一）年には東大寺ミュージアムが開館した。興福寺宝物館は昭和三四（一九五九）年に食堂《じきどう》のところに天平様式で建築され、奈良時代から江戸時代に至る各時代の仏像・絵画が展示されている。

平城京の保存への動きも大きなうねりとなり展開されていく。大正一一（一九二二）年、史蹟名勝天然記念物保存法により平城宮が国の史跡に指定。昭和二七（一九五二）年に国の特別史跡となったが、そこに至るまでの民間人による大きな一歩は明治四三（一九一〇）年、平城遷都一二〇〇年を契機として踏み出された。宮内省から奈良県に宮跡記念碑建立のための下賜金が下されたのを機会に、植木職人棚田嘉十郎は「平城宮址建設地鎮祭」を開催し、大内裏に「平城神宮」を造営することを企図し、神戸での茶販売をしていた。郷里奈良にもどった溝辺文四郎《みぞべぶんしろう》らとともに活動したが、土地の買い上げなどにおいて、頓挫し、無念の自決に至った。平城宮跡朱雀門前に棚田嘉十郎の像が建てられている。その後、平城京の保存と活用の問題は、次第に前進していく。

昭和三五（一九六〇）年、平城遷都一二五〇年にあたる記念行事として三月一〇日から六日間にわたり、奉祝会場の春日野運動場やパレードが行われた三条通りなどを中心に延べ五〇万人の人出で賑わった。

昭和三七（一九六二）年、宮跡南西部への近鉄検車区の建設計画に反対する平城宮跡保存運動が展開され、国有地となったが、この頃より平城京についての保存と活用の問題が現実的に展開されていった。周辺地域の整備などとともに年表風に概観しておこう。

昭和四一（一九六六）年、古都における歴史的風土の保存に関する特別措置法（古都保存法）が公布され、奈良市の場合、春日山、平城宮跡、西ノ京の歴史的風土保存区域については、開発行為についてきびしい規制がかけられるようになった。

昭和四二（一九六七）年、古都保存法にいう春日山地区については、春日大社、興福寺、東大寺、奈良公園一帯を含む春日山歴史的風土特別保存地区が指定され、興福寺旧境内が史跡に指定。

昭和五一（一九七六）年、薬師寺金堂落慶。その後、西塔、中門、回廊、大講堂、食堂が復興。

昭和五五（一九八〇）年、東大寺大仏殿大修理落慶供養がなされる。

棚田嘉十郎の像

奈良 ―平城京とその後―

昭和六三（一九八八）年、奈良公園一帯と平城宮跡を会場として、なら・シルクロード博が開催される。

平成一〇（一九九八）年、平城宮朱雀門が復原される。

平成一〇（一九九八）年、世界文化遺産「古都奈良の文化財」として奈良公園一帯（春日大社、興福寺、東大寺、春日山原始林）が登録される。

平成二〇（二〇〇八）年、国営平城宮跡歴史公園の整備が進められる。

平成二一（二〇〇九）年、唐招提寺、平成の大修理落慶。

平成二二（二〇一〇）年、平城宮第一次大極殿の復原建築が完成し、平城遷都一三〇〇年祭が開催された。平城宮跡会場を「メイン会場」として、ほかに県内各地で特別イベントや特別開帳が「巡る奈良」事業として開催され、来場者は約一七四〇万人を数えた。

平成二七（二〇一五）年、新公会堂の名称を「奈良春日野国際フォーラム　甍～I・RA・KA～」に変更。

平成三〇（二〇一八）年、興福寺の中金堂《ちゅうこんどう》が三〇一年ぶりに再建された。

平成三〇（二〇一八）年、平城宮跡歴史公園がオープン。

平成三一（二〇一九）年、奈良公園バスターミナルがオープン。

令和二（二〇二〇）年、国際会議可能な会議場および観光交流施設である奈良コンベンションセンターが完成し、隣接するNHK奈良放送局とともに情報発信機能は新しい次元を迎えた。

令和三（二〇二一）年、薬師寺東塔解体修理竣工。

令和四（二〇二二）年、平城宮跡に第一次大極殿院大極門（南門）が復原される。

千田稔

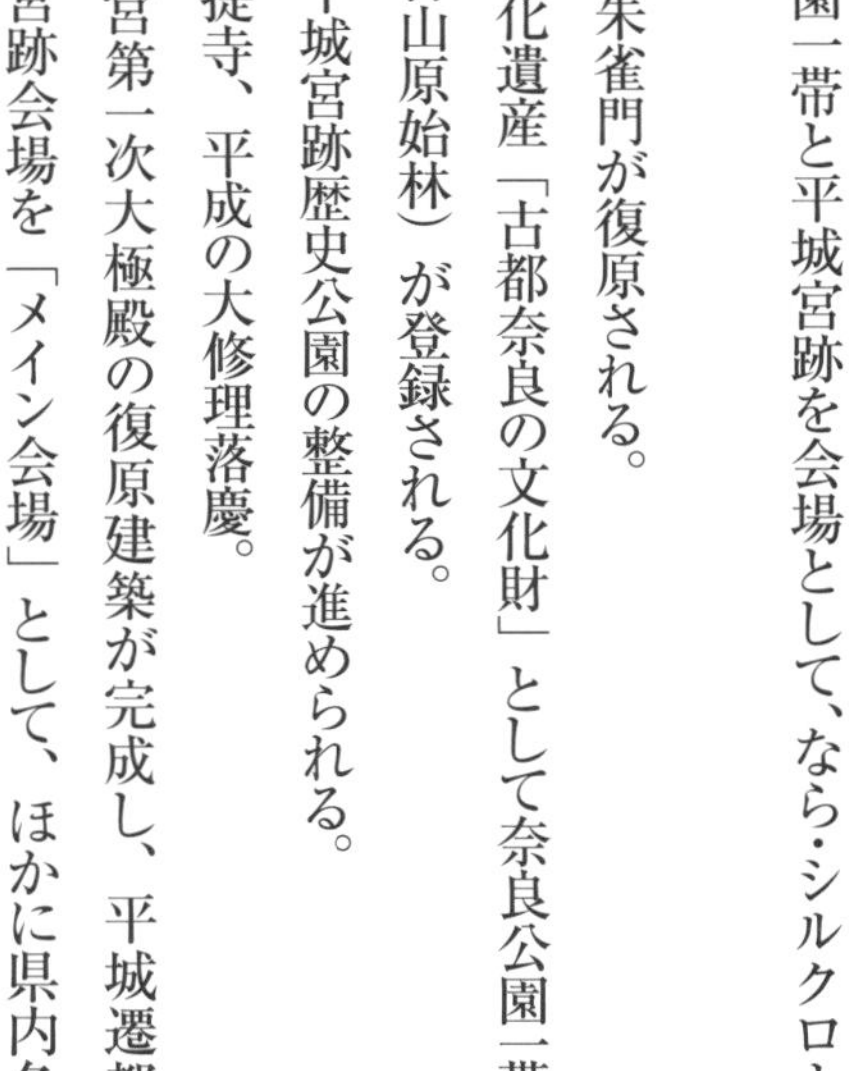
平城宮第一次大極殿の復原建築

奈良コンベンションセンター

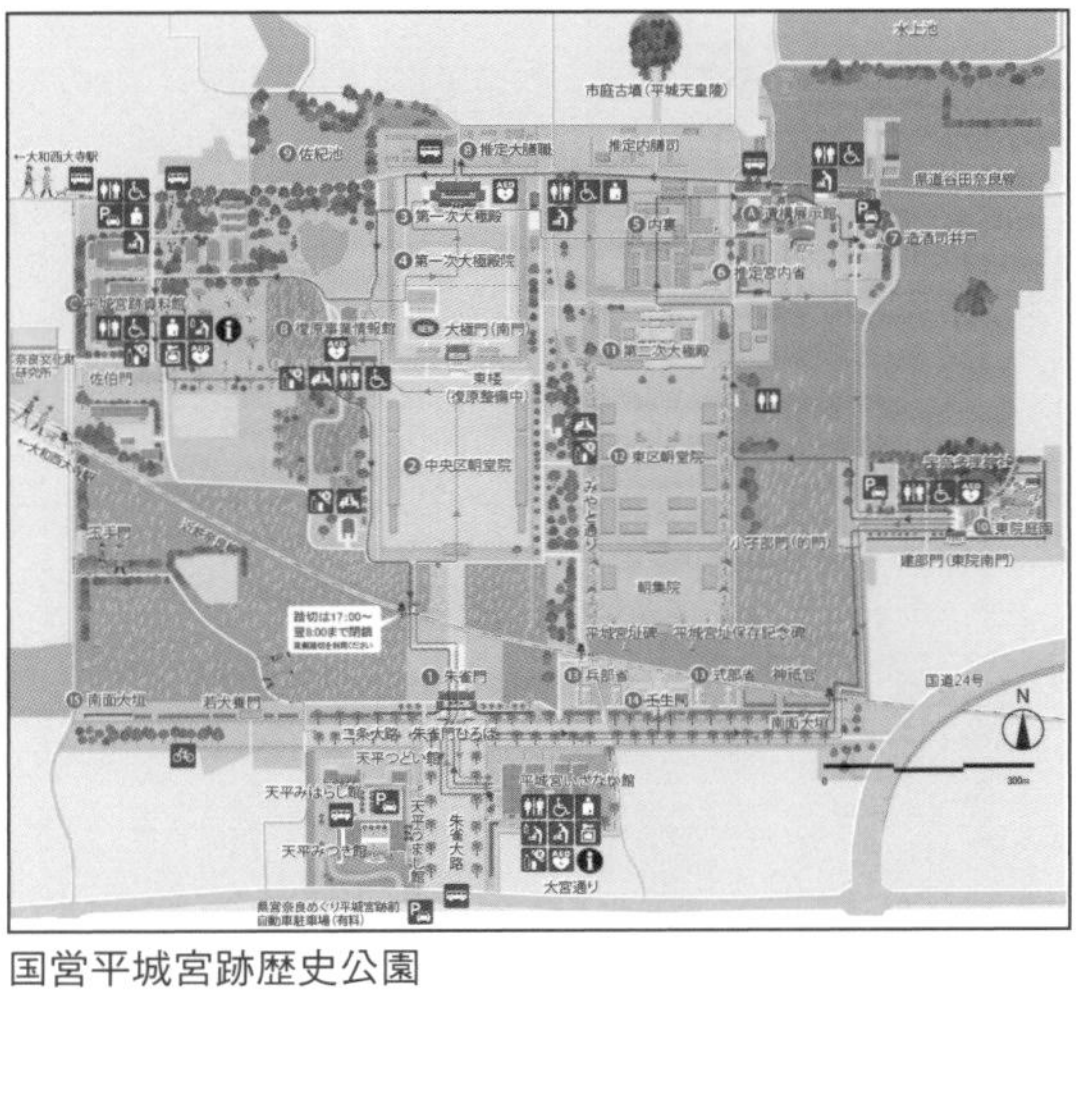

国営平城宮跡歴史公園

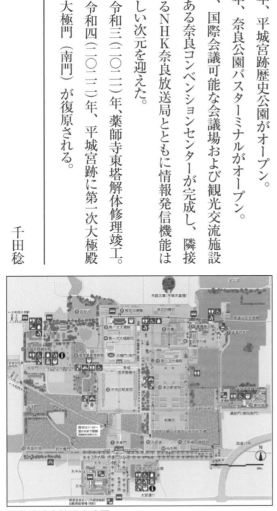

平城京

外京の形成が現代の奈良公園にどのように影響した？

飛火野《とびひの》という名の由来は？

朱雀大路《すざくおおじ》から望む平城宮跡
（写真提供：平城宮跡管理センター）

平城京を支えた奈良公園
人々が聖なるものと過ごす場所

信仰と霊力の源

大和盆地の北東部に広がる奈良公園では、東の奥に春日山系の山々、春日奥山がどっしりと構え、その山々から西へと連なる野や尾根が、谷と崖を交えながら盆地の平野部に手を伸ばしている。最初に、奈良公園の最奥部から訪ねることにしよう。

春日奥山は、修行の林であり、信仰の山であり、聖なる力の源であった。

奈良時代の東大寺を描いた『東大《とうだい》寺山堺四至図《じさんかいししず》』は、奈良時代版の奈良公園マップ、とでもいうべきものだ。この図では、東大寺伽藍《がらん》の東にそびえる山々を、誠に丁寧に念入りに、いささか執拗なほどに描いている。

この山々は、確かに東大寺の領域なのだろうが、主要な伽藍地ではない。折り重なる山々に過ぎない。それを、かくも執着して描きだすことは、この地の、信仰と修行の場としての重要性を語ってあまりある。

聖武《しょうむ》天皇は、平城宮から東を望み、山中に光るものを見つけた。調べたところ、尊い行者が山林修行をしており、その奉持する仏像が光を放っていた（『日本霊異記《にほんりょういき》』）。現三月堂の山側に展開する丸山西遺跡がその場所で東大寺の前身寺院であり、三月堂の執金剛像《しゅこんごうぞう》がその仏像だとされる。春日奥山は、山林修行の一大聖地であり、かつ東大寺のアイデンティティーでもあった。

『山堺四至図』を頼りに、山中を訪ねてみよう。山中をめぐる「山房道」をたどれば、山奥深くに「香山堂《こうせんどう》」が描かれる。正倉院文書にも登場する、香薬師寺だ。山房道は、ハイキングコースにその痕跡を見いだすことができ、香山堂は山中の遺跡にその礎石《そせき》を見いだすことができる。

秀麗な山容を誇る春日山（当時は「御蓋山《みかさやま》」と呼ばれていた）は、古来ご神体として祈りをささげられてきており、山中には祭祀遺跡《さいしいせき》が点在する。まさに、聖なる山だ。その祭祀の場所は必ずしも一ヶ所に限られていたわけではなかったようである。例えば、『続日本紀《しょくにほんぎ》』養老元（七一七）年二月壬申条《じんしんじょう》は、遣唐使が「蓋山之《かさやまの》南《みなみ》」で神祇を祭ったと記録する。御蓋山の南側ということであれば、現在の春日大社の社地ではない。

まだ、春日大社が現在の地に社殿を展開する以前から、遣唐使は航海の安全を春日山に祈ってきた。最新の知識・技術の導入も、その果実たる律令国家や平城京造営、天平文化の開眼も、春日の神の神助なしにはあり得なかったのである。

『山堺四至図』では、「御蓋山」の西麓に「神地」を描く。春日大社の前身だろう。奈良時代の半ば過ぎ、東大寺造営の頃には、ようやくその祭祀の中心地が、一ヶ所に固定されていたらしい。

ちなみに、先ほど取り上げた養老元（七一七）年の祈りの席には、留《る》学生《がくしょう》・阿部仲麻呂も加わっていただろう。彼は後年、異国唐の地で三笠山の月を謳い上げることになる。この日は朔日《さくじつ》だから、月齢一前後の細い月が夜明け近くの時間に、やや北

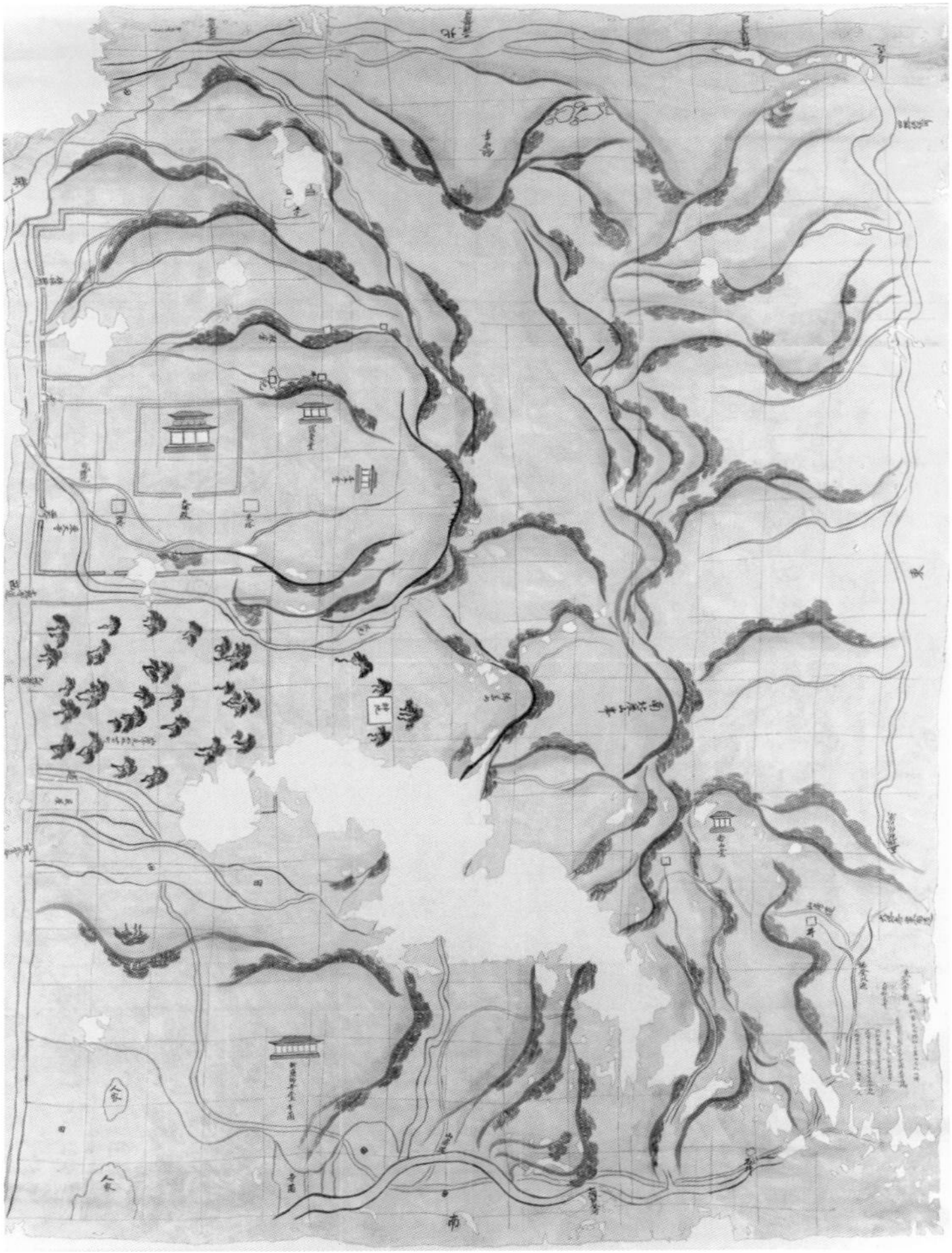

『東大寺山堺四至図』模写本（奈良女子大学所蔵）

寄りの空に昇る。この角度ゆえに、春日山の南からも見えたかもしれない。もし、名歌に詠まれた月がこの時の月ならば、それは祈りを終えた明け方に、鋭く細く、山々をかすめるように見えた月だったのだろう。

　さて、この春日奥山での祈りが、その後も引き継がれていく様子は、春日奥山の石仏群が示してくれる。春日奥山には、祈りの痕跡がひっそりと、確かに眠っている。

　ただし、訪《おとな》う時は夢中になりすぎないよう、少しだけ注意したほうが良い。この山に分け入った東大寺の僧侶が、花摘みに夢中になっているうちに異界に迷い込んでしまったとは、『今昔物語集』の伝えるところである（『今昔物語集』本朝仏法部巻第十九「東大寺の僧、山にして死にし僧にあへる話」第十九）。

水と龍の奈良公園

　春日奥山は、平城京を支える物質をも生み出していた。水と石である。

　再び、『東大寺山堺四至図』を見てみよう。そこには、佐保川と能登川の「源」を明記する。この二つの河川、特に佐保川は、平城京にとって重要な川であった。例えば奈良時代後期、光仁《こうにん》天皇の井上《いのえ》皇后が「佐保川の髑髏《どくろ》」を用いて呪いをかけたことが、皇后と他戸親王《おさべしんのう》の排斥事件につながったことからも知ることができよう。春日奥山は、平城京を潤し、支える水の源でもあった。

　改めて見直してみると、春日大社にも、興福寺《こうふくじ》にも水神の姿が強く刻印されている。能に「春日龍神」があり、春日山には龍池《りゅうち》がある。春日若宮の御姿は蛇であり、蛇は水神である。興福寺中金堂《ちゅうこんどう》の下は龍宮だと言い伝え、南大門の南東には龍宮につながる龍穴があるという。龍穴を探検した僧侶は、巨大な龍のうろこを持ち帰ってきて、龍穴に置いてきた、という。南大門跡前の猿沢池もまた、龍が棲むという伝承を持つ（『興福寺流記《るき》』）。こうなると、奈良公園は龍の公園の様相を呈してくる。

　興福寺南大門跡前、平城京三条大路から西を望むと、はるかに生駒山が見える。生駒山から南へ下がった鞍部《あんぶ》が三条大路から西へたどった先の暗峠《くらがりとうげ》で、暗峠を越えると枚岡神社《ひらおかじんじゃ》へとたどり着く。枚岡神社は、近年お笑い神事で有名だが、そもそも春日大社ゆかりの名社である。三条大路が神の路だと実感できる景色だ。

　その枚岡神社を訪ねると、水の豊かさに驚かされる。社殿は滾々《こんこん》と湧き出る水に囲まれ、境内にも滝行の場がある。枚岡神社もまた、水との関係は浅くない。さらに西に目をやれば、茅渟《ちぬ》の海《うみ》を経て、瀬戸内海へとつながる海の路だが、ここにもまた龍の伝承が伝わる。香川県さぬき市の志度寺《しどじ》には、能「海士《あま》」に昇華する藤原不比等と海女の伝説があり、龍宮が登場する。

　伝承の世界では、藤原氏は不思議と海民《かいみん》と縁が深い。藤と龍とが絡み合う龍神の路が、瀬戸内海から枚岡・生駒山・三条大路を経て興福寺・春日大社へとつながっているかのようだ。その路の源、束ねているところが奈良公園の地にあたる。

　春日に源を発する水の流れは平城京を潤し、その水を守る龍神は、瀬戸内海へ、そして世界へとつながる神だった。ただ、興福寺中金堂・南大門のいずれの発掘調査でも、それらしい痕跡は見いだせていない。現代科学、人智の及ばざるところなのだろうか。

石と祟りと祈り

そして石である。

丹塗《にぬ》りの柱に瓦葺の屋根が載る建物は、「青丹よし」の語源ともいわれる。そして、大極殿《だいごくでん》をはじめとする平城宮内の中心的な建物や、大寺伽藍の主要堂舎は、基壇の上に建つ。基壇は、版築という、土を層状に突き固める技法で構築された高まりだ。強固な版築で築成された基壇が、建物の壮麗さを増し、床への雨水の侵入を防ぎ、屋根瓦を含む巨大な建物の重量を受け支える。

さて、いくら版築といえども、むき出しのままでは見栄えも悪く、雨風で崩れてしまう。そこで、基壇の外側にカバーをつける。これを基壇外装という。基壇外装は、使われる素材やデザインがいろいろあるが、奈良時代に最も格式が高く、かつ多用されたのは、「凝灰岩製壇正積《ぎょうかいがんせいだんじょうづみ》」の基壇外装だ。平城宮内の復元建物や、奈良公園内なら復興興福寺中金堂に見ることができる。平城宮・京の発掘調査現場での凝灰岩の痕跡は、そこに重要な建物があった可能性を示す大切な証拠だ。凝灰岩の破片を見つけると、周囲に痕跡がないか、血眼になって探すことになる。

凝灰岩は、古く古墳の石棺にも用いられ、奈良盆地西縁部・二上山《にじょうさん》～屯鶴峯《どんづるぼう》産出のものが名高い。凝灰岩は柔らかく加工が比較的容易だ。磨き上げると美しく光る。また、この二上山産の凝灰岩は程よく硬く、寸分たがわず組み立てることができる。

平城京でも奈良時代当初はこの凝灰岩が用いられた。ただ、二上山は平城京から遠い。一方、平城京での造営工事は、東大寺に象徴されるように加速度的に増大しており、凝灰岩の需要も増え続ける。そこで、奈良時代半ばになると、平城京からより近い石材産地として、春日奥山が積極的に開発・活用されるようになり、この需要を支えた。発掘調査の成果に基づけば、奈良時代後半に平城京で用いられた凝灰岩は、春日奥山地獄谷産が主流である。

また、凝灰岩以外の春日奥山産の石材利用も行われていた。『続日本紀』宝亀《ほうき》元（七七〇）年二月丙辰条《へいしんじょう》は、東大寺東の飯盛山から、厚さ二・七メートル近くに及ぶ巨石を、西大寺東塔礎石の用材として運んできたことを伝える。飯盛山は、『山界四至図』には「飯守峰」と記される。この巨

春日山石窟仏《かすがやませっくつぶつ》（穴仏）

石は、数千人を動員しても遅々として動かず、さらに人数を増やして、西大寺まで運ぶのに九日間を要したという。

『続日本紀』によると、この石を加工して基壇に据えたものの、不気味な音を立てて鳴ることがしばしばあった。石の祟りだ、ということで、火を焚いていた上で酒をかけて、ばらばらに割って路に捨てた。その後さらにこの破片が祟ったので、西大寺境内東南の隅に移し、ようやく鎮まったという。被熱で割れた点や、塔心礎《とうしんそ》の礎石であることから、花崗岩の可能性が高いと思われる。

この石が祟った理由として、信仰の対象の飯盛山から石（もしかしたら、磐座《いわくら》）を持ち出したためではないかと指摘されている。聖なる山は、取り扱いを誤れば、祟りの山ともなる。なお、奈良公園南部の高畑町破石の地名の由来をこの礎石祟り事件に求めることがあるようだが、運搬コースや石を割った場所という点で、ちょっとどうだろうか。

奈良時代を通じた盛んな造営活動は、材の開発があってこそ実現できた。同時に、その石材の開発と搬出と背後には、豊かな石材を提供してくれる山と神々への敬意が必須であった。だからこそ石工たちは、春日奥山で石仏を刻んだに違いない。

天平の奈良公園周辺では、石曳《いしひき》の掛け声が、響き渡っていた。

エネルギーの受け渡し

春日奥山のエネルギーは、尾根と谷とを通って、平城京に暮らした人々や官人・貴族の、そして平城宮で日本を統治した天皇のもとへ届けられる。この、山から平野部の平城京へと伝わる山側の最先端に展開するのが、東大寺であり、興福寺であり、春日大社であり、要するに奈良公園の中心部だ。

平城京遷都とともに創建された興福寺は、春日の山々から延びる尾根の先端にそびえて平城京を見下ろす。平城京内は、道路の両側に高さ六メートルに及ぶ遮蔽《しゃへい》施設が展開するから、実は案外見通しが悪い。言い換えれば、街ゆく人々の視線は、徹底的にコントロールされている。

こうした中、興福寺だけは、見上げることができる。それは、平城京のプランナー・藤原不比等《ふじわらのふひと》の力を誇示すると同時に、春日の山々のエネルギーが興福寺に結集し、平城京内へと流れ込むことを可視化した、見事な舞台装置である。

一方、エネルギーを受け取る側の、平城京につくられた「仕掛け」が、平城京の東張り出し部だ。奈良公園の西の部分である。

平城京は、碁盤目状の街区が特徴である。一つのマス目を「坊」と呼び、その東西の連なりを「条」と呼ぶ。マス目を区切る道路の中心と中心の距離は五三三メートル。街の中心を南北に貫く幅七五メートルのメインストリート・朱雀《すざく》大路を境に、東側を左京、西側を右京と呼ぶ。街の北端中央、四マス分とすこし東に張り出した場所が、天皇の坐《まし》す政治の中心、平城宮である。

平城京は、南北九条、東西それぞれ四坊計八坊に、左京五条以北でさらに三坊分東に広がる。八と九という陰と陽の最大数になり、都の計画としては完璧ともいえるにもかかわらず、わざわざ東に張り出すとは、実に不思議だ。

　だが、張り出した先を見れば、その東端に興福寺が収まり、張り出しに接して東大寺と春日大社が広がる。春日の山々から流れ出たエネルギーを、これらの霊地に結集させ、それを街が受け止めていくために、東へ張り出したのだろう。

　この張り出し部は、西洋的合理主義を至上とする明治時代の学者たちには、いかにも理解しがたかったようだ。ゆえに彼らは、この聖なる張り出し部に「外京《げきょう》」という呼称を与えてしまった。

　だが古代人にとって、大和盆地北端に都を営もうとするならば、春日の山々のエネルギーをそこに引き込むことは必須だったはずだ。張り出し部が「外」では困るのだ。

　山々からあふれ出るエネルギーの中には、人間にとっては邪悪なものも混ざり得る。だからこそ、山々に祈りを捧げ、邪悪な力を浄化する必要がある。興福寺をはじめとする奈良公園の社寺が、その役割を期待されたことは、想像に難くない。

　奈良公園は、この山と里、神と人との、霊力の集約と浄化、受け渡しの場所に広がっている。古代都市平城京にとって奈良公園の場所は、都市の周縁部に位置し、都市空間や人々が神仏や聖なるものと接し、混ざりあい、共に過ごす空間、あるいはそれらへの扉であった。

飛火野（T2/PIXTA）令和４（2022）年 11 月撮影

春日野・飛火野

　奈良公園には、飛火野《とびひの》あるいは春日野と呼ばれる「野」がなだらかに広がる。この野もまた、そうした空間の性格を宿している。

　飛火野という名の由来は、鹿島から春日大神がやってきた際に、供をしていた八代尊《やしろのみこと》が明かりのために口から火を吐き、その火が飛んでいるように見えたことによるとも、あるいは『続日本紀』和銅五（七一二）年正月壬申条にある「春日烽《かすがとぶひ》」が設置されたことによるともいわれる。どちらも、神と人の交点で、平城京を見下ろす高台という奈良公園の特徴に見事に合致したいわれである。

　奈良時代、飛火野は、皇族や貴族たちの行楽地だった。彼らは、春草摘みや、野遊びにやってきた。打毬《だきゅう》に興じる姿も見られる。現代風に言えば、郊外でのピクニックであろうか。楽しみすぎて、飛火野での遊びに夢中で緊急招集時に不在だった貴公子たちが、こってりと油を搾られることもあった（『万葉集』）。

そして、古代の「遊び」という語には、「神」や「異界」との交流という内容が含まれる。野遊びが春の訪れを寿《ことほ》ぐ行事だったように、古代の遊びはどこかで神と通じており、飛火野は遊びの場にふさわしい場所であった。

前近代、周縁あるいは境界的な場は、人々が集まる場でもある。この飛火野にもまた、人々が集まった。『続日本紀』天平二(七三〇)年九月庚辰《こうしん》条《じょう》は、この野に多ければ万人、少なくても数千人の群衆が集まったと記録する。

都市は、王侯貴族から流民まで、さまざまな人々を内包する。共同体からはみ出して平城京にたどり着いた人々を中心に、境界的な場である飛火野に集まった。彼らは、僧の行基に率いられた集団だと考えられている。智識《ちしき》という新しい信仰と結縁が、平城京という都市近郊で、都市ならではの多様な人々の結集の中に育まれた。新しい信仰を育むのに、神仏の散策する飛火野の地は、誠にふさわしい土地であった。

平城京は、奈良公園のエリアを経由した春日奥山からのエネルギーを受けて成長した。そして、平城京に集まり、住まい、暮らした人々は、その流れを遡って奈良公園のエリアに赴き、新しい信仰と文化を育んだ。

平城京から東に向かい、新たな信仰を育んだ人々の中に、聖武天皇・光明《こうみょう》皇后夫妻がいる。夫妻は当初、興福寺の伽藍整備に注力した。だが、それでは飽き足らず、智識の中心に自ら身を投じるという全く新しい信仰と王権の在り方を求めて、東大寺を造営した。

聖武天皇は、たびたび東大寺へと車駕《きょが》をめぐらせた。聖武亡き後、光明皇太后はその遺愛の品々を東大寺大仏の仏前に奉納した。平城宮を発した、聖武の、そしてその遺愛の品が通る路としたのは、平城宮朱雀門前からまっすぐ東に延びる二条大路である。

この二条大路に面して、あたかも聖武と光明を抱擁するかのように、「金光明《こんこうみょう》四《し》天王《てんのう》護《ご》国《こく》之《の》寺《てら》」の寺額を掲げた東大寺西大門が開いていた。奈良時代の東大寺の正門は、平城宮からの参詣の人々と、祈りとを受け入れる西大門であった。

奈良公園は、平城京に発展の原動力をもたらした。そして発展の果実を受け止め、熟成し、今日に伝えてくれているのである。

春日山原始林

(奈良文化財研究所　馬場基)

「朱雀門ひろば」で奈良の歴史・文化・食を知ろう

平城宮跡の新拠点〝朱雀門ひろば〟

平城宮いざない館

平城宮跡の多彩な魅力を発見できる

平城宮跡歴史公園の見どころ、出土品や資料の公開を通じて奈良時代の平城宮を体感。また、木組みや瓦葺きのハンズオン型常設展示や勾玉づくり（開催日限定）など体験イベントで、当時の生活やものづくりにも触れることができる。

天平うまし館

世界遺産を眺めながらの食事は格別

カフェ＆レストラン「IRACA」では、平城京の歴史と文化に触れながら、癒やしの時間を過ごすことができる。レストランコーナーでは奈良の地元食材を生かしたイタリア料理・和食・軽食、カフェコーナーでは旅の疲れを癒やすスイーツやドリンクを用意。館内には奈良の名物を一堂に集めた土産物コーナー「奈良の蔵」もあり、お買い物を楽しめる。

天平みはらし館

平城宮跡が見渡せる

展望デッキや宮跡展望室（会議室）から平城宮跡の眺望が楽しめる。映像で学べるVRシアターやレンタサイクルの受付・貸出、更衣室やシャワー室のあるジョギングサイクリングステーションも併設されている。

天平みつき館

ゆっくりくつろげる休憩所

木目調の空間でゆっくりくつろげる休憩所。時には音楽や映像を楽しむことができる。バスの発着時間まで待つことができる待合所やキッズスペース、授乳室も完備。

平城宮いざない館、天平みつき館、天平うまし館、天平みはらし館、天平つどい館の5つの館と芝生広場、復原遣唐使船などの屋外スペースを合わせた広大なひろば。「食べる・買う・楽しむ・イベント」という多様な情報が満載。

天平つどい館

団体集合場所に最適

修学旅行や団体旅行などの集合スペース。平城宮跡及びその周辺の観光案内も行っている。館内にはコインロッカーがあるので、大きな荷物のある方は、こちらに預けて散策を楽しむのも良い。

平城宮跡歴史公園　〒630-8012　奈良県奈良市二条大路南、佐紀町

東大寺

なぜ奈良に大きな仏像が造られたのか？

大仏殿
（撮影／写真家・三好和義）

なぜ『華厳経』を取り入れたのか？

人間だけではなく、動物や植物も含めて すべての生命の繁栄を願い続ける東大寺

盧舎那仏像創建までの経緯

「奈良の大仏さま」として親しまれている大仏は、正式名称を「盧舎那《るしゃな》仏《ぶつ》」といい、第四十五代聖武《しょうむ》天皇の発願によって造られた。その大きさから天皇の権勢の象徴と見えるかもしれないが、そう単純なものではない。まずはそこから紐解いていきたい。

聖武天皇は二四歳の若さで即位するが、その頃天皇の周りではさまざまな問題が生じていた。夫人光明子との間になかなか世継ぎが生まれず、ようやく生まれた基《もとい》親王はすぐに皇太子に立てられたものの、生後一年足らずで夭折。天皇は神亀《しんき》五（七二八）年、平城京の東山の地に山房を建て、智行僧九人を住まわせて基親王の菩《ぼ》提《だい》を追修する。この金鍾山寺《こんしゅせんじ》が東大寺の源となった。

また、藤原氏出身の光明子の立后にからんで長屋王の変も起こり、光明皇后の立后後、その兄弟で政治の中心にあった武智麻呂《むちまろ》・房前《ふささき》・宇合《うまかい》・麻呂の藤原四兄弟が、天平七（七三五）年〜天平九（七三七）年にかけて大流行した天然痘によって相次いで病死する。代わって政治を行うことになった橘諸兄《たちばなのもろえ》は、唐で学んだ僧玄昉《げんぼう》や吉備真備《きびのまきび》を重用し、唐の制度をモデルにした国造りを目指すが、天平一二（七四〇）年九月に宇合の子である藤原広嗣《ひろつぐ》が二人の追放を求めて大宰府で挙兵。この反乱はやがて鎮圧されるが、光明皇后の甥《おい》によって起こされた謀反は、聖武天皇にとって大きな衝撃であったことだろう。

　この藤原広嗣の乱の少し前、天平一二（七四〇）年の二月、聖武天皇は難波宮に行幸し、河内国大県郡《おおがた》の知識寺で、ある仏を拝する。友人や信徒を意味するお寺の名前が示す通り、その仏は多くの人々によって造られ信仰された「盧舎那仏」だった。天皇は盧舎那仏を拝して「朕《ちん》も造り奉らむ」と願われたと、『続日本紀《しょくにほんぎ》』には記されている。

盧舎那仏像（像高 14.98m、顔長 5.33m、台座高 3.05m）（撮影／写真家・三好和義）

　愛するわが子との別れ。天然痘の大流行。近しい関係にある者の反乱。そして、盧舎那仏との出会い――。広嗣の乱の最中、平城京を出た天皇・皇后は伊賀・伊勢・美濃・近江を巡り、山背国（京都府）の恭仁《くに》に至る。ここで恭仁京の造営が始まるが、天平一三（七四一）年二月、天皇は天然痘の大流行以来念頭にあった「国分二寺（金光明寺《きんこうみょうじ》・法華寺）建立の詔《みことのり》」を発し、全国の国ごとにお寺を造立するよう詔する。また、翌年には近江国（滋賀県）で紫香楽《しがらき》（信楽）宮の造営も始まるが、そんな中、聖武天皇は天平一五（七四三）年一〇月一五日、大仏を造ろうと、「盧舎那大仏《るしゃなだいぶつ》造立の詔」を発する。この詔に書かれていることを要約すると次のようになる。

一　自分は即位して以来、生あるものすべての救済を心がけ、慈しみの情をもって人民を治めてきた。しかしながら、哀れみの心は国中に及んでいるとは思うものの、仏法の恩徳については国土すべてに行きわたっているとはいえない。

二　そこで、仏法の威霊の力によって天地が安泰となり、末代までも残る立派な事業を成就させて、動物であれ植物であれことごとく栄えるようにと望む。

三　ついては天平一五（七四三）年一〇月一五日を期して、菩薩としての大いなる誓願を立てる。すなわち、金銅盧舎那大仏造像の大事業を行い、そのことを広く世界に呼びかけ、その趣旨に賛同する者をしてわが友（知識《ちしき》）と成し、事業を通じて、最後には皆同じく仏の利益《りやく》を受け、迷いのない悟りの境地に到達できるようにさせたい。

四　そもそも天下の富と勢いを所持しているのは朕である。その富勢をもって尊像を造ろうとすれば形はたやすくできるであろう。しかし、それでは造像の真意が成就されたとはいい難い。

五　ただこうした事業を行うに当

たって恐れるのは、いたずらに人民に労苦を課しただけで、その聖なる心を分からせることができず、誹謗中傷の心を起こさせて、かえって罪に堕ちる者が出てくることである。
六　したがって、わが友（知識）として大仏造像事業に参加する者は、真に至誠の心をもって大いなる幸せを招き入れ、日に三回、心中の盧舎那仏を拝むとよい。この趣旨を自ら進んで納得し、各自その心意気で盧舎那仏の造像に当たるように。
七　もし一枝の草、一把《すくい》の土という、たとえわずかな力であっても、進んで造像事業に参加しようとする者があれば許すように。

　このように、「盧舎那大仏造立の詔」には聖武天皇の為政者としての想いがみごとに表されている。天皇として、困窮する民を救済し切れていないという自覚の下、自身の富や権力ではなく、仏法の力を頼みとし、末代までも残る立派な事業を民の力で完成させることによって、天下泰平とすべての生き物の繁栄を願っているのだ。

盧舎那仏像と大仏殿の建立

　盧舎那仏とは『華厳経』に説かれる仏で、『華厳経』は人々の苦しみを救おうとする菩薩のために説かれた経典。『華厳経』の二度の翻訳や、唐での盧舎那仏の造像などの情報が唐や新羅からもたらされ、金鍾山寺では天平一二（七四〇）年から三年間にわたって華厳経の研究が行われ、これが三年ごとに繰り返された。その教理研究を踏まえて、聖武天皇は華厳経にいう「菩薩に自らを擬《なぞら》え、苦悩する衆生《しゅじょう》を救う」という菩薩としての誓願を立て、民一人一人の救済を誓った。詔の中で、「一枝の草、一把の土」といった、たとえわずかな力であっても志があれば許すとしたのも、こうした天皇の想いの表れといえる。

　ただ、実際の造像には紆余曲折あり、紫香楽宮で始まった作業は、初期段階の天平一七（七四五）年四月に発生した大規模地震で頓挫し、都も平城京へ還ることになる。それでも天皇は大仏の造立だけは諦めず、還都からわずか三カ月後には、金鍾山寺が国分寺に昇格して成った大和国金光明寺で工事が再開された。

　その頃、この大仏造立に対して神助の託宣を下したのが、はるか遠く九州にある宇佐八幡神だった。広嗣の乱を機に大和朝廷と接触をもった宇佐八幡神は鋳造の神ともいわれ、その神恩もあってか、天平一九（七四七）年に始まった鋳造は三年の歳月を経て天平二一（七四九）年に完成した。また、同年には、陸奥国（宮城県）からわが国で初めて金が産出し、大仏に鍍金《めっき》をすることが叶った。このような経緯から、以後、八幡大神は東大寺八幡宮として鎮座され、現在では手向山《たむけやま》八幡宮として大仏殿の東南側に祀られている。

　また、同時に大仏殿の建立も進み、大仏造立と合わせて作業には数多くの人々が参加した。中でも特に有名なのが行基《ぎょうき》菩薩で、もともとは在野で活動し、広く民衆に慕われていたが、詔が出された四日後には弟子たちを伴い、多くの協力を求めるために勧進に出発している。そのような尽力もあり、東大寺に残る記録によると、工事のさまざまな工程に関わった知識は当時の人口の半分に近い、延べ二六〇万人余りとも記されている。

そして、遂に天平勝宝四（七五二）年四月九日には盛大な開眼供養会《かいげんくようえ》が営まれた。「仏法東帰してより、斎会の儀、未だ嘗て此のごとくの盛なることあらず」と『続日本紀』に記された開眼供養は、欽明天皇一三（五五二）年にわが国に仏法が伝来して正に二〇〇年目の節目であり、その開眼導師はインド僧の菩提僊那《ぼだいせんな》が務めた。世紀の大会《だいえ》の大役を異国の僧が行うという国際性を示唆するその場において、菩提僊那は長大な筆で作法に臨んだ。筆には絹製の長い紐（縷《る》）が結ばれ、その時点では娘の孝謙天皇に譲位していた聖武上皇をはじめ、臨席する貴族や知識たちがその縷を握り、皆で開眼を行ったという。民衆を知識としてともに大仏を造るという、聖武天皇の発願以来の強い想いが結実した瞬間だった。この開眼供養会の際に使用された筆や縷は正倉院に残され、その想いを今に伝えている。その後、西塔や東塔、講堂や三面僧房なども造営され、七堂伽藍《がらん》が順次整う。この発願の聖武天皇、勧進に尽力した行基菩薩、開眼導師の菩提僊那、そして初代別当となった良《ろう》弁《べん》僧正は「四聖《ししょう》」と呼ばれ、東大寺では特に顕彰されている。

重文 四聖御影（永和本）（東大寺蔵）
（画像提供／奈良国立博物館）

このように、東大寺は聖武天皇が皇太子の悲劇を乗り越えて、動物も植物も含めたすべての生き物が栄えることを願ったことから、天下泰平《てんかたいへい》・万民豊楽《ばんみんぶらく》を祈願する道場となった。また同時に、国分寺として仏教の教理を研究し学僧を養成する役目も持ち、華厳をはじめ奈良時代の六宗（三論宗《さんろんしゅう》・成実宗《じょうじつしゅう》・法相宗《ほっそうしゅう》・倶舎宗《くしゃしゅう》・華厳宗・律宗《りっしゅう》）、さらに平安時代の天台宗と真言宗も加えた各研究所が設けられ、八宗兼学《はっしゅうけんがく》の学問寺となった。

今日までの歩み

平安時代になると、斉衡《さいこう》二（八五五）年の大地震によって落下した大仏さまの頭部は真如法親王によって修復されたが、失火や落雷などにより講堂や三面僧房、西塔などが焼失、南大門《なんだいもん》や大鐘楼も倒壊した。さらに、治承《じしょう》四（一一八〇）年には平重衡《たいらのしげひら》の軍勢により大仏殿をはじめ伽藍の大半が焼かれ、兵火を避けて逃げ込んでいた奈良の町の人々とともに多くの僧侶も亡くなる。しかし翌年、齢六一歳の俊乗房《しゅんじょうぼう》重源《ちょうげん》が復興の責任者「大勧進」となり、聖武天皇の想いを受け継いだ「尺布寸鉄一木半銭」、即ち、少しずつでも良いので多くの人々に大仏と結縁《けちえん》してもらい、その力で復興を成し遂げるとして勧進を進めた。重源は宋（中国）に三度も渡って建築や鋳造の技術を学んでいたため、「大仏様《よう》」と呼ばれる新しい建築技法を取り入れて、大仏殿や現在も残る南大門を再建。そして文治元（一一八五）年に後白河法皇を導師として大仏開眼供養が、建久六（一一九五）年には大仏殿落慶《らっけい》供養が行われた。こうした復興に伴い、沈滞気味であった教学活動も活発になり、鎌倉時代には多くの学僧を輩出している。

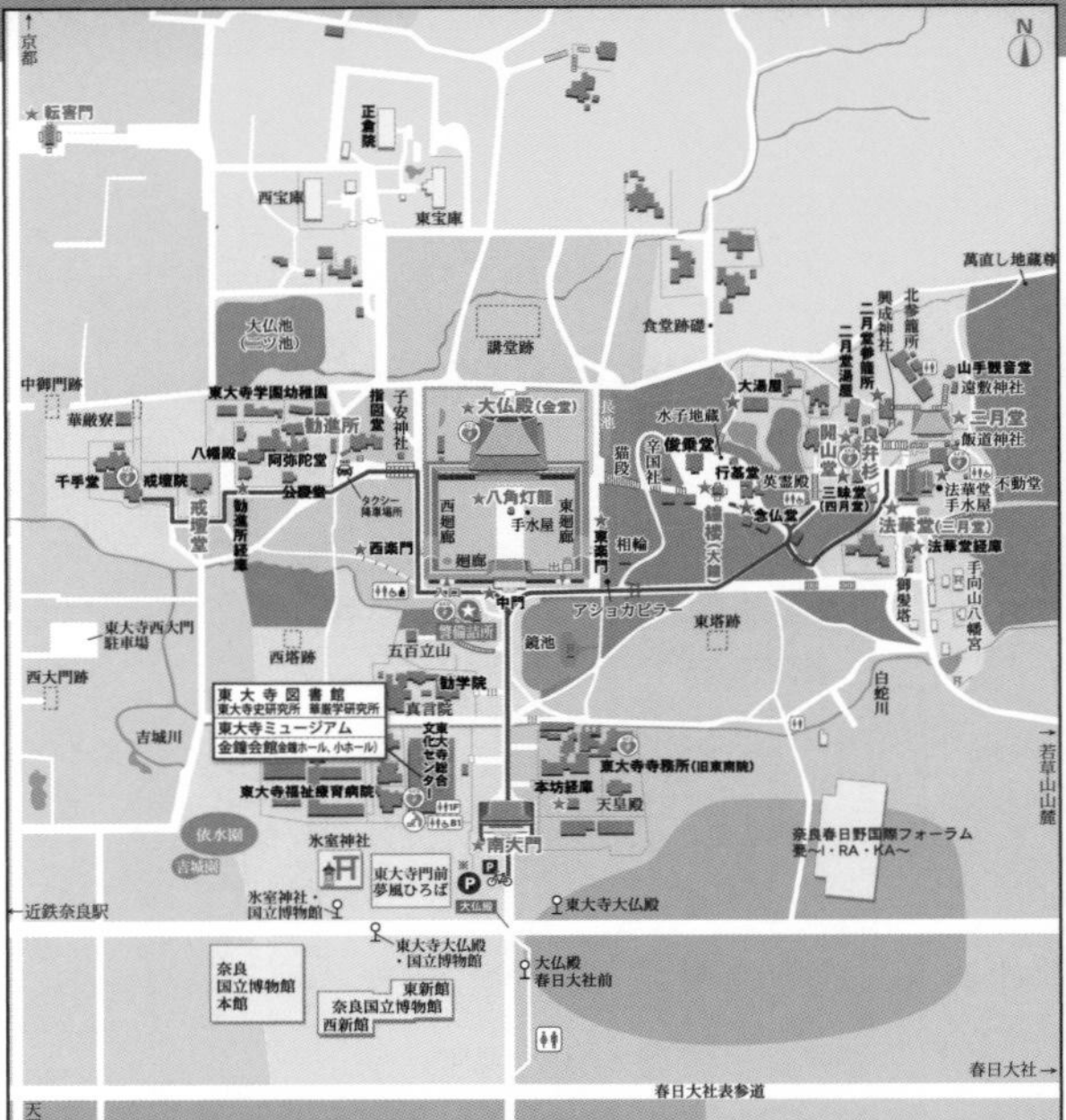

東大寺 境内マップ

ところが、永禄一〇（一五六七）年には三好・松永の乱が起こり、二月堂や法華堂、南大門や転害門《てがいもん》、正倉院や鐘楼などわずかな建物を残してまたもやすべては灰燼に帰してしまう。時まさに戦国時代で、その復興は叶わず、大仏殿の再建はもとより、落ちた仏頭も木で造り銅板で覆う簡単な修理しかできなかったため、大仏さまは百四十年余り、雨ざらしとなっていた。江戸時代に入り、一三歳で東大寺の僧になった公慶《こうけい》上人がその姿に心を痛め、修復と大仏殿の再建を心に誓う。三七歳になった公慶は、やはり聖武天皇の想いを受け継ぎ「天下の仏心を集めて一仏となす」として、横になって休むことなく七年間諸国を勧進して回り、ついに元禄五（一六九二）年に大仏開眼供養を果たす。その後、諸大名の協力を幕府に懇願して大仏殿の復興にも取り掛かり、宝永六（一七〇九）年に落慶供養が行われた。これが現在の大仏殿である。

明治になって起こった神仏分離令と寺社領没収は東大寺の存立に大いなる危機をもたらし、大仏殿の傷みも激しくなったが、明治三九（一九〇六）年から明治四五（一九一二）年にかけて、また昭和四八（一九七三）年から昭和五五（一九八〇）年にかけてそれぞれ大修理を行い、平成には防災設備を整えるなどして諸伽藍の維持に努め、現在に至っている。

代表的な建築や仏像

東大寺はその歴史から貴重な文化遺産を今なお多く所蔵している。ここでは、代表的な建築や仏像について触れる。

盧舎那仏（国宝　奈良時代〜江戸時代）

「盧舎那仏」あるいは「毘盧遮那仏《びるしゃな》」といい、知慧《ちえ》と慈悲の光明で宇宙に遍《あまね》く輝いている仏。その世界が描かれる『華厳経』は、時間と空間を超えた仏となったお釈迦さまの、その瞬間の姿を描いていて、仏の世界を菩薩のさまざまな実践の華《はな》によって飾ることを説いている。『華厳経』によれば、鳥の声、花の色、水の流れ、雲の姿すべてが生きとし生けるものを救おうとするビルシャナ仏の姿とある。

台座の蓮弁には「蓮華蔵世界」と呼ばれている毛彫図が刻まれている。これは『華厳経』の説く「悟りの世界」を絵に表したもので、「一即一切、一切即一」と説かれるように、われわれ一人一人の存在ばかりでなく、あらゆるものが無限のつながりと広がりを持ち、これらすべてのものが、盧舎那仏の光明に包まれているという教えを美しく表現している。

南大門（国宝　鎌倉時代）

東大寺の正門で、大仏殿にふさわしいわが国最大級の山門。天平創建時の門は平安時代に大風で倒れ、現在の門は鎌倉時代に重源上人が「大仏様」

南大門金剛力士像（左から阿形像、吽形像）
（撮影／写真家・三好和義）

によって再建したもので、鎌倉再建の大仏殿の威容をしのばせる貴重な遺構である。正治《しょうじ》元（一一九九）年に上棟し、建仁《けんにん》三（一二〇三）年に門内に安置する仁王像とともに竣工した。

金剛力士像（国宝　鎌倉時代）

〝東大寺の仁王さん〟として知られる南大門の金剛力士像は、建仁三（一二〇三）年に運慶や快慶ら慶派の仏師らにより、わずか六十九日間で造像されたといわれている、八・四メートル弱もある巨大像。

平重衡による治承四（一一八〇）年の南都焼き打ちの後、重源上人が朝廷や源頼朝らの協力を得て東大寺を再建したが、南大門はこのときの建物で、金剛力士像もその際に重源上人が念願して造らせた。昭和六三（一九八八）年から平成五（一九九三）年にかけ、五年の歳月を要して修理されたとき、二体の金剛力士像の体内から重源上人や仏師たちの名前が記された『宝篋印《ほうきょういん》陀羅尼経《だらにきょう》』など、経巻や文書、それにおびただしい墨書銘が発見された。これらによって大仏師には運慶・快慶のほか定覚《じょうかく》と湛慶《たんけい》が加わっていたこと、建仁三（一二〇三）年七月二四日の造像事始《ことはじめ》の後、二体が同時進行で造像され、わずか六十九日間で完成したこと、用材は記録の通り周防国（山口県）から運ばれてきたことなど、仏教美術史上貴重な事実が判明した。

法華堂（国宝　奈良・鎌倉時代）

通説では天平一二（七四〇）年から一九年までの創建と考えられていたが、平成二二（二〇一〇）年から二四年の須弥壇《しゅみだん》解体修理によって、はるかにさかのぼることが判明した東大寺最古の建物。不空羂索観音《ふくうけんさくかんのん》を本尊とするところから古くは羂索堂と呼ばれていたが、毎年三月に法華会《ほっけえ》が行われたことから、のちに法華堂と呼ばれるようになった。後方（北側）の正堂《しょうどう》部分と前方（南側）の礼堂《らいどう》の二つの部分から成り、当初は二つの堂が並ぶ双堂形式の建物だった。正治元（一一九九）年に重源上人によって一つの建物に改築されたため、時代の異なる二つの建物が合わさっている。東大寺の前身である金鍾山寺の主要伽藍《がらん》の一つで、ここで『華厳経』が講説されたといわれている。

法華堂の堂内には本尊の不空羂索観音像を中心に合計一〇体（国宝、奈良時代）の仏像が立ち並んでいる。堂々たる体格で、悩める人々をどこまでも救いに赴こうとする不空羂索観音像、髪を逆立て、忿怒《ふんぬ》の相もすさまじい金剛力士像、それぞれに仏の世界を守ろうと多様な表情でたたずむ四天王像、それに東大寺創建以来今なお色鮮やかに、金剛杵《こんごうしょ》を振り上げ忿怒の相で仏敵より人々を守ろうとする秘仏・執金剛神像《しゅこんごうじん》（特別開扉一二月一六日）など、天平彫刻の粋が集まっている。

不空羂索観音像
（撮影／写真家・三好和義）

戒壇院四天王像（左から持国天、増長天、広目天、多聞天）（撮影／写真家・三好和義）

戒壇《かいだん》堂四天王像（国宝　奈良時代）

日本では飛鳥時代から信仰されている四天王（持国天・増長天・広目天・多聞天）の像。四方を守る護法神だが、戒壇堂の壇上四隅に立つ四天王像は、彫刻の技術が最高潮に達した天平時代の傑作としてよく知られている。近年、元々は法華堂に安置されていたという説が出されている。

八角燈籠（国宝　奈良時代）

大仏殿の真正面にありながら、二度にわたる大仏殿炎上時も難を免れた東大寺創建当初のもの。八面のうち、四面には音声《おんじょう》菩薩が、他の四面には雲中を走る四頭の獅子が、それぞれ菱格子の透かし地に浮き彫りされている。音声菩薩は音楽を奏でることで、仏の世界を音で飾っている。また、竿の部分には燃燈の功徳などを説いた経典が抜粋して刻まれている。

八角燈籠
（撮影／写真家・三好和義）

二月堂（国宝　江戸時代）

この堂で「修二会《しゅにえ》」が旧暦の二月（現在では三月一日から一四日まで）に行われることから、二月堂と呼ばれている。修二会は「お水取り」の名でも知られる行法《ぎょうぼう》で、練行衆《れんぎょうしゅう》と呼ばれる僧侶が二月堂での行法に向かうため階段を昇っていく際の道明かりとしてともされる「お松明《たいまつ》」でも有名。修二会は良弁僧正の高弟である実忠《じっちゅう》が天平勝宝四（七五二）年に始めたもので、二月堂も実忠の草創と伝えられている。江戸時代の寛文七（一六六七）年にはその修二会の最中に堂内から出火、焼失し、現在の建物はその二年後に再建された。創建当初の建物は小規模だったようだが、修二会の行法に合わせて増築された。行法自体は再建の間も隣の法華堂で続けられ、一度も断絶することなく令和五（二〇二三）年現在まで続いている。

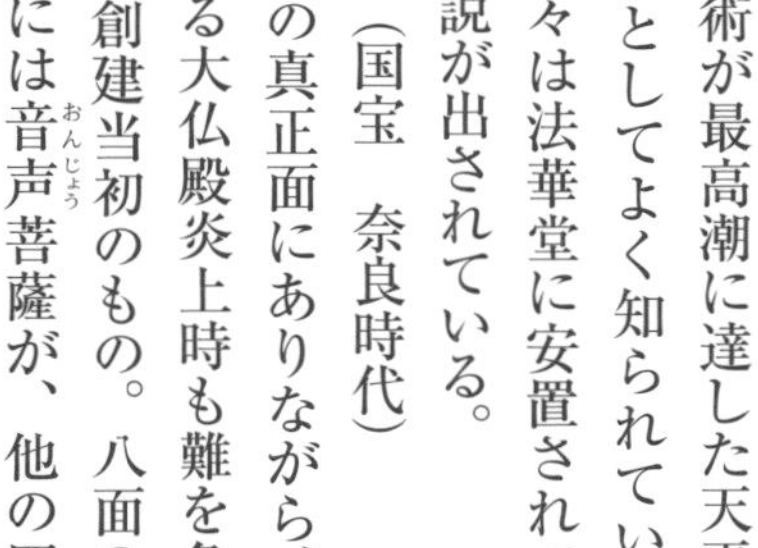

二月堂のお松明（撮影／写真家・三好和義）

（東大寺清涼院住職　森本公穣）

東大寺参拝のおすすめ情報

大仏殿だけじゃない！東大寺の楽しみ方

東大寺ミュージアムで国宝や重要文化財を堪能

1 千手観音菩薩立像（重文）
2 伝日光菩薩立像（国宝）
3 伝月光菩薩立像（国宝）
4 銅造誕生釈迦仏立像（国宝）

（1～4撮影／写真家・三好和義）

創建以来1200年を超える歴史の中、幾度となく罹災した東大寺だが、難を免れた仏教彫刻・絵画・工芸・経巻・古文書などの貴重な寺宝が数多く残されている。2011年10月に南大門のすぐそばにオープンした東大寺ミュージアムは、これらの寺宝を安置・展観することを目的に建てられ、本尊の千手観音菩薩像をはじめ、法華堂伝来の日光・月光菩薩像、奈良時代の誕生釈迦仏立像や大仏開眼供養に用いられた伎楽面などの国宝や重要文化財を堪能できる。

ミュージアム併設のショップでオリジナルのおみやげを入手

東大寺ミュージアムに併設されたショップでは、東大寺参拝記念のおみやげが多数そろう。大仏殿や奈良絵が描かれた東大寺オリジナルデザインのマスキングテープや、病人の救済に尽くした光明皇后にちなみ、大和トウキやジュウヤクなど8種類の生薬を配合した薬湯ほか、オリジナルアイテムが人気。

東大寺限定マスキングテープ

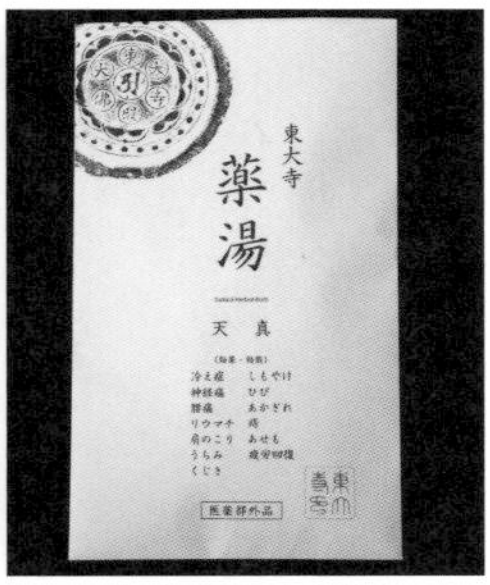

東大寺限定薬湯

東大寺の御朱印を拝受

大仏殿、法華堂、二月堂、四月堂、俊乗堂、念仏堂、戒壇院戒壇堂など、各堂で御朱印を拝受できる。盧舎那仏が印象的な篠原ともえデザインのオリジナル御朱印帳などもおすすめ。参拝の証しとして持ち帰ろう。

大仏殿「華厳」

戒壇院戒壇堂
「国宝 四天王」

篠原ともえデザイン
オリジナル御朱印帳

テーマで知る奈良公園 ―その3

正倉院

正倉院宝物の点検はどのように行われる？

正倉院

正倉院宝物にはどんなものがある？

人々の努力の積み重ねで宝庫や宝物が約一三〇〇年間保存された

宝庫である正倉院

正倉院は、東大寺境内の北西に位置する、約一三〇〇年前に建てられた宝庫である。奈良時代、官庁や大きな寺院において、重要な物品を収める倉庫を「正倉」と呼んでいた。当時、東大寺は日本の最も重要で大きな寺院であり、現存する正倉院は、東大寺の倉庫群の中の中心となる一棟であった。時代を経て周りにあった倉庫群はなくなり、正倉院の建物のみが今日まで残っているのである。

正倉院は、奈良時代の倉庫建築の中でも最大級の大きさで、間口約三三メートル、奥行約九・四メートル、床下約二・七メートル、総高約一四メートルもある。木造で、材木に檜が使われている。建物を支える四〇本の柱は、直径六〇センチメートルもあり、礎石の上に立っている。

建物本体は、一つの屋根の下に、三つの部屋が南北方向に横一列に並ぶ構造となっている。三つの部屋を、北（正面向かって右）から順に、北倉《ほくそう》、中倉《ちゅうそう》、南《なん》倉《そう》と呼んでおり、北倉と南倉は三角材を組み上げて作られている（校倉造《あぜくらづくり》）。中倉は北倉と南倉の間の空間を利用して、奥と手前に厚い板をはめて壁とした部屋である。各部屋の内部はそれぞ

勅封された扉

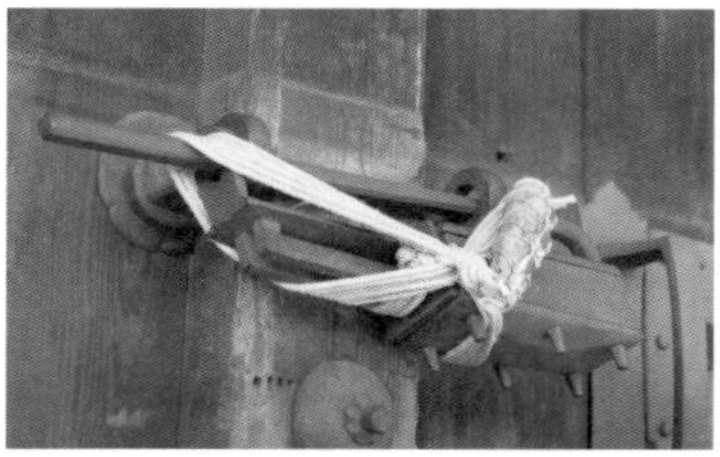

れ二階になっている。

この宝庫内で宝物が守り継がれてきた最も大きな要因は、天皇の命によって扉に封（勅封《ちょくふう》と呼ぶ）が施されてきたことである。宝物は防火の観点から、昭和三七（一九六二）年に、宝庫のすぐ近くにある鉄筋コンクリート造りの建物に移されたが、約一三〇〇年もの間、宝庫と宝物が一体となったまま、場所を変えずに保存されてきた例は、世界中を探しても珍しく、非常に貴重である。

正倉院の宝物

奈良時代、聖武天皇《しょうむてんのう》七七忌に、光明皇后《こうみょうこうごう》は、天皇の遺愛の品や貴重な薬物を東大寺大仏に奉献した。それらの品々は正倉院に収蔵して、永く保存されることになった。また、奉献《ほうけん》後ほどなく、東大寺の重要な法会《ほうえ》に用いられた仏具や儀式具、他の倉庫にあった調度品や道具なども正倉院に収蔵されることとなった。これらの品々がまとまった形のまま保存され、「正倉院宝物《しょうそういんほうもつ》」として今日まで伝わっているのである。

正倉院内部

正倉院宝物は、ほとんどのものが奈良時代の遺品である。宝物の特質を三つ挙げるとすれば、①由緒伝来や製作・使用年代が明らかであること、②保存状態がよいこと、③世界各地の要素がみられること、である。

宝物は約九〇〇〇点あり、種類も豊富である。用途別に分類すると、書巻文書《しょかんぶんしょ》、文房具、調度品、楽器楽《がっきがく》具《ぐ》、遊戯具、仏教関係品、年中行事用具、武器武具、飲食器、服飾品、工匠具、香薬類など生活全般にわたり、奈良時代の文化の全貌を知ることができる。製作技法についてみても、金工、木工、漆工、牙甲角細工《げこうかくざいく》、陶芸、ガラス、染織など美術工芸全般におよび、いろいろな種類の貴重な材料、高度な技法を用いて製作されたものが多い。

光明皇后の奉献

聖武天皇が亡くなったのをきっかけとして、光明皇后が東大寺大仏に宝物を奉献した回数は合計五回にのぼる。そのうち重要な二つの奉献について紹介すると、一つ目は、聖武天皇遺愛の品々を中心とする奉献である。螺鈿紫檀五絃琵琶《らでんしたんのごげんびわ》に代表される約六五〇点もの品々が奉献された。聖武天皇に先立たれたことを悲しんだ光明皇后は、奉献にあたり、天皇の往生と遺愛の品が永世保存されることを願ったのである。二つ目は、六〇種の薬物の奉献である。光明皇后は、もともと福祉に強い関心があった。奉献にあたり、献上した薬物を使用したいと願う人がいる場合には、使用することを認める

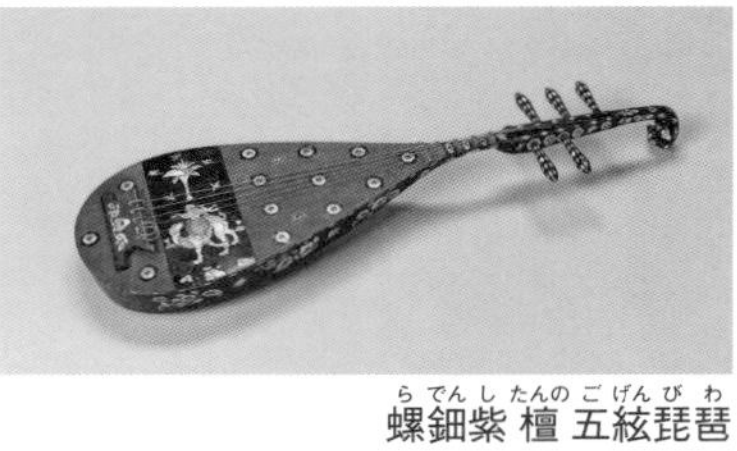

螺鈿紫檀五絃琵琶《らでんしたんのごげんびわ》

開封の儀のため宝庫に入る使者（勅使）と参列者一同

ようにとしており、直接的な手段で病の人々への救済を果たそうとしたのである。

ところで、奉献された薬物はすべて外国産であり、当時としてはいずれも貴重なものばかりであった。薬物の中には中国からの輸入品のみならず、西域からシルクロードを経てわが国に輸入されたもの、あるいはインドネシアやベトナムといった東南アジアから輸入されたものも含まれている。

開封の儀、宝物の点検

宝庫は、平素は勅封によって固く閉ざされているが、毎年一〇月、宝物を点検するために開かれる。報道で伝えられることで有名な、開封の儀は、天皇からの使者（勅《ちょく》使《し》）が参列者一同とともに約一年ぶりに宝庫に入り、勅封を解き、庫内に異常がなかったことを確認する儀式である。

宝庫開封の主目的である宝物の点検は、二ヶ月間、毎日四時間行われる。点検するメンバーは、正倉院事務所の職員一七名で、三～四人のグループを作って作業にあたる。グループで点検する理由は、宝物の安全に万全を期すためである。

点検の手順としては、宝物を収納箱から取り出して、ざっと見渡すことから始める。次に、懐中電灯で照らして宝物を明るくし、損傷がないか、黴《かび》などが発生していないかなどを点検し、宝物の状態を把握する。点検が終わると、防虫剤を準備し、宝物とともに元あった収納箱に納める。また、個々の宝物の履歴を記したカードに、把握した宝物の状態を記録する。

すべての宝物の点検を終えると、清浄な環境で宝物が保管されるよう、収蔵庫の棚や床、前室をきれいに清掃する。

正倉院事務所のメンバーが宝物の状態を点検する

宝庫開封の期間には、各分野の第一線で活躍する専門家を招聘して、宝物を調査したり、刀剣を手入れしたり、宝物の記録写真を撮影したり、宝庫の空調設備を点検したりする。また、宝物が奈良国立博物館に運ばれて、「正倉院展」が開催されるのも、宝庫が開封されているこのタイミングである。

正倉院展の魅力

奈良国立博物館において開催される「正倉院展」は、毎年、展示される品目が違い、バリエーション豊かな宝物を鑑賞できる魅力的な展覧会である。「正倉院展」に展示する品目は、正倉院事務所の職員が選んでいる。

品目選びのポイントとしては、まず、正倉院宝物の全容がうかがえるよう、バランスよく選ぶことを心掛けている。また、特定の宝物に疲労が蓄積しないよう、一度展示されれば、次の展示までに一〇年以上あけるといった目安もある。さらに、その年そ

正倉院事務所と奈良国立博物館、
双方立ち会いのもと「正倉院展」に向けた宝物の点検が行われる

の年の正倉院にまつわるホットな話題が提供できる品を選んでいる。現代の世の中で起こっていることに絡ませたものであったり、歴史的な事象に絡ませて、○○後、○○周年に関連するものであったり、調査や研究、修理、復元模造の成果を実物で、といった品々が勢ぞろいしている。

展覧会の準備は、正倉院事務所が選んだ品目を博物館に提示し、選定の趣旨を説明するところから始まる。宝物の取り扱い、展示方法・環境について打ち合わせたのち、博物館がつくったストーリーを基に議論を重ね、展示構成を詰めていく。また、宝物が安全に輸送されるよう、梱包方法を検討したり、ケース内で安全に展示されるよう、展示環境の条件を決めたり、といった準備が進んでいく。宝庫が開封されると、正倉院事務所、奈良国立博物館双方が立ち会って宝物の点検を行い、保存状態が安定していることを確認した上で、博物館へと運ばれ、展示される。

ところで、宝物が一般の人々に公開されるようになったのは、明治八（一八七五）年のことである。当時、奈良では、殖産興業の一環として、社寺の宝物を展観することとなり、正倉院宝物も東大寺大仏殿と回廊に展示された。ここに初めて宝物が一般の人々の目に触れることになった。

毎年宝物が公開されるようになったのは、第二次世界大戦後の昭和二二（一九四六）年からである。当初は一回だけの企画展の予定であったが、人々の宝物に寄せる熱意によって「正倉院展」はほぼ毎年開催されることとなり、今日では、奈良の秋の風物詩となったのである。

正倉院を訪れた人々

権力者はときに正倉院に強い関心を寄せ、平安時代の藤原道長《ふじわらのみちなが》や鳥羽上皇、後白河上皇、鎌倉時代の後《ご》嵯峨上皇《さがじょうこう》や後深草上皇《ごふかくさじょうこう》といった、上皇や貴族は、正倉院を訪れ、宝物を拝観した。また、室町時代には、将軍足利義満、義教《よしのり》、義政の親子三代が相次いで正倉院を訪問し、宝物の拝観後、香木《こうぼく》・蘭奢待《らんじゃたい》（宝物名は黄《おう》熟香《じゅくこう》）を切り、碁石とともに持ち帰ったとされる。室町時代、正倉院は、蘭奢待の存在によって知られていたと言ってもよく、当時の宝物の代表格であった。

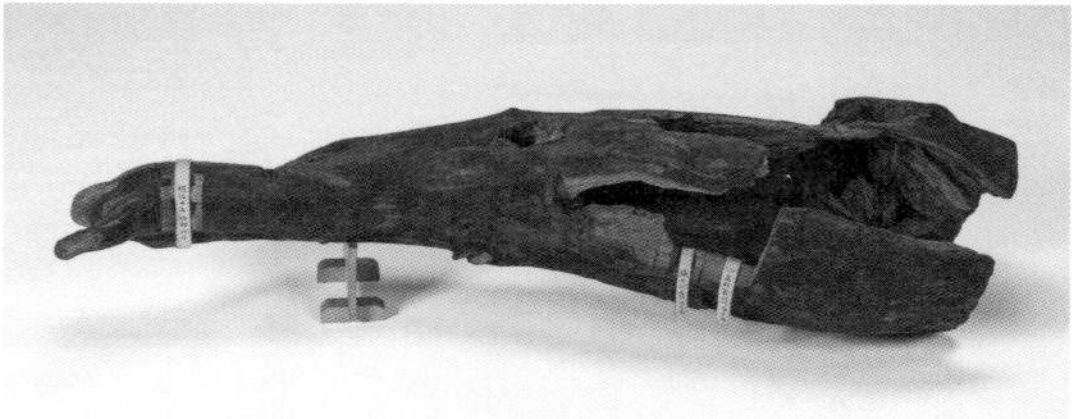

香木《こうぼく》・蘭奢待《らんじゃたい》（宝物名は黄熟香《おうじゅくこう》）

正倉院と権力者との関わりで最も有名なエピソードは、織田信長が蘭奢待を切り取り、拝領したことである。天正二（一五七四）年三月二三日、上洛した織田信長は、蘭奢待を見せるよう東大寺に申し入れた。前年、足利義昭を京から追放した信長にしてみれば、足利将軍家に代わって天下人となったことを広くアピールする狙いもあったのだろう。要請を受けた東大寺は、拝見は差し支えないが、開封のためには勅使の参向

家康から寄進された宝物保管用の長持

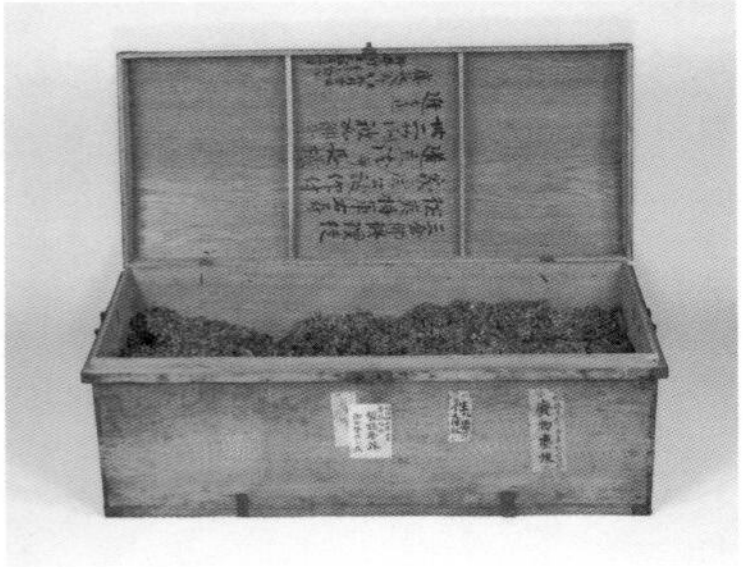

が必要であることを申し入れて、同意した。

東大寺では同意したものの拝見は来春であろうと油断していたのも束の間、突然四日後には、信長は、勅使を手配のうえ、奈良・多聞山城《たもんやまじょう》に到着したのである。翌二八日には、開封の儀が行われ、蘭奢待は多聞山城で待つ信長のもとに運ばれた。信長は、香木を拝見後、一寸四方ずつ二片を切り取らせ、一片は天皇に献上し、もう一片は自分が拝領した。さらに信長は、自ら正倉院を訪れ、もう一つの香木・紅沈香《こうじんこう》を見たあと、どの倉《くら》も見たいと強引にすべての倉を開けさせて、内部を拝見していった。

その後の天下人・徳川家康も、関ヶ原の戦い直後、宝庫を開封した。しかし、家康は正倉院の歴史と伝統、宝物の大切さを重んじ、蘭奢待は切り取ることはせず、それどころか宝庫と宝物の保存のため、約三六〇年ぶりに大規模な宝庫の修理を行ったのである。修理に伴い、家康から寄進された宝物保管用の長《なが》持《もち》は、現在の正倉院においても現役で使用されている。

宝庫の修理と火災

創建以来今日まで、宝庫自体はよく管理されており、前述の徳川家康の例を含め、記録に残るだけでも、十数回の修理が行われてきた。近いところでは平成二三〜二六（二〇一一〜二〇一四）年、瓦の葺《ふ》き替え修理が行われた。

火災は木造建造物の大敵であるが、これまで、宝庫の近くで五回の火災が発生している。平安時代や戦国時代には戦火に巻き込まれそうになったこともあり、いずれも東大寺の大仏殿は焼失したが、正倉院は奇跡的に火災を免れている。

鎌倉時代には、北倉に落雷があった。火災は近くにいた人々による懸命な消火活動のおかげで消し止められ、宝物焼失という大事には至らなかった。宝庫の中に入ると、現在も内壁にその時の焼け跡が煤けて残っている。

正倉院のいまとこれから

正倉院宝庫と宝物はそのものが貴重で価値のあるものであるが、過去の人々の積み重ねてきた保存のための努力が、宝庫や宝物の価値をより高めている。現代を生きる我々も、先人たちの努力を受け継ぎ、自分たちの世代だけで価値を消費するのではなく、次世代の人々にも宝庫や宝物の価値を伝えていけるよう、努めなければならない。点検や調査・研究、修理、復元模造といった保存への取り組みは、今後も変わらず行う必要がある。一方、調査機器や修理、画像関連の技術発展は目覚ましく、新しい技術と伝統的な技術をうまく融合させて、よりよい保存活動を模索することも重要である。より多くの方々が正倉院に関心を寄せていただけるよう、WEBを通じて積極的に情報発信（https://shosoin.kunaicho.go.jp）も行っているので、ぜひご覧いただきたい。

（宮内庁正倉院事務所　中村力也）

正倉院の宝物を紹介

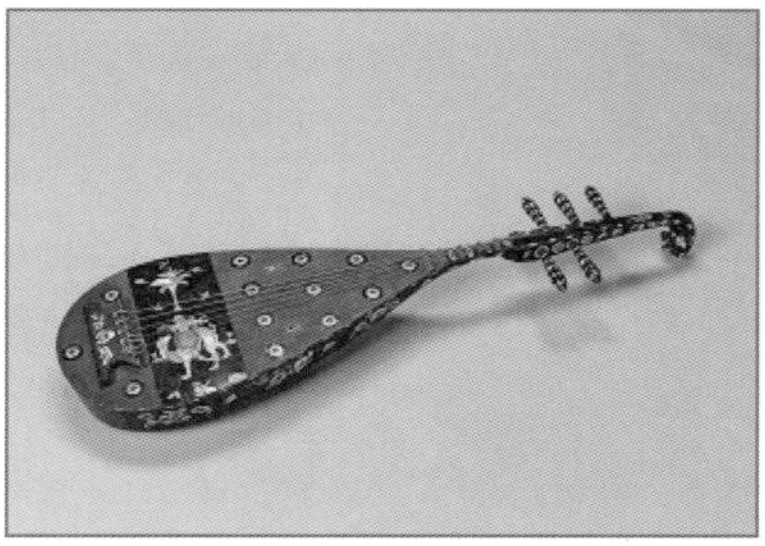

華麗な文様の国家珍宝帳《こっかちんぽうちょう》記載の楽器

螺鈿紫檀五絃琵琶《らでんしたんのごげんびわ》

奈良時代、光明皇后が東大寺大仏に献納した聖武天皇ゆかりの品。楽器としての五絃琵琶の起源はインドといわれている。琵琶の弦は普通4本だが、これは5本で、頭部が折れ曲がらない直頸《ちょっけい》形式が特徴。螺鈿・玳瑁《たいまい》貼りなどの技法を駆使して華麗な文様を表現。世界中で正倉院に1つしか残っていない。

表面に22個のガラスの輪が貼られたコップ

瑠璃坏《るりのつき》

銀製鍍金《ぎんせいときん》の台脚が付いた紺色のカップ形ガラス坏。アルカリ石灰ガラス製で、紺色の発色はコバルトによる。ガラスの部分はペルシアで作られたが、脚には中国風の龍が線彫《せんぼ》りされており、ガラスの部分との接着には東アジア特有のうるしが使われている。表面には、同じ素材のガラスの輪が貼りめぐらされている。

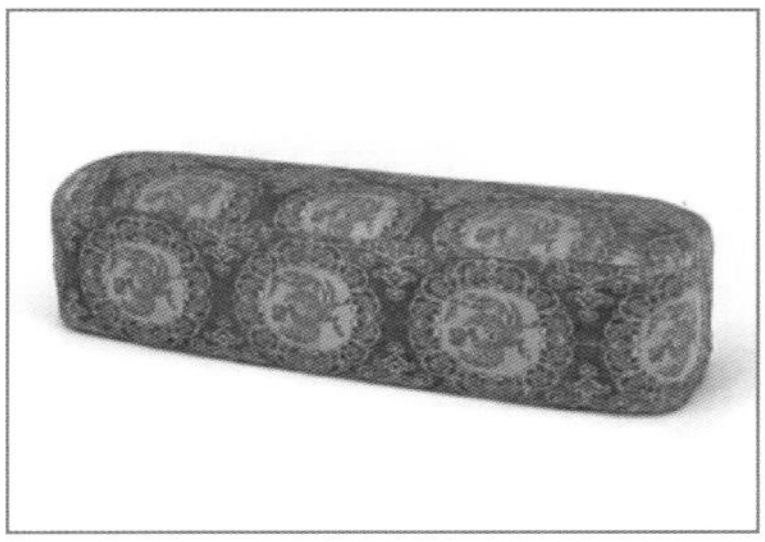

彩り豊かな織物で飾った調度品

紫地鳳形錦御軾《むらさきじほうおうがたにしきのおんしょく》

天皇が身のまわりで使用していた、もたれかかるための座臥用《ざがよう》調度品。筵状《むしろじょう》のものを箱形に固く束ねて、表に紫地鳳形錦を貼る。この美しい絹の織物は、ペルシアやローマで生まれたぶどう唐草《からくさ》文《もん》と中国で生まれた鳳凰文《ほうおうもん》を組み合わせた、国際性豊かな文様である。国家珍宝帳記載品。

聖武天皇遺愛の宝物

鳥毛立女屏風《とりげりつじょのびょうぶ》

すらりとした樹下に、ゆったりとたたずむ美人が描かれた屏風。古代の美人画として名高い。服のところに鳥の羽が貼られていたので、この名が付いた。鳥毛は微存。彩色箇所以外には下絵の墨線が見える。絵は中国風だが、描かれた紙がわが国のものだったので、日本で作られたことがわかった。国家珍宝帳記載品。

ペルシアなどの西方とタイの技術との融合

漆胡瓶《しっこへい》

鳥の頭に似せたふたが付いたペルシア風の水差し。黒漆の地に銀の薄板で草花や鳥獣の文様が表現されている。水差しの形は古代ペルシアで生まれたもので、タイの巻胎《けんたい》と呼ばれる工芸技法で成形されている。シルクロードで結ばれた国々が1300年前にも交流していたことがわかる。国家珍宝帳所載の品。

法相宗大本山 興福寺

至宝を未来へ受け渡す 興福寺一三〇〇年の歴史を紐解く

興福寺の寺域は今より広かった？

（撮影／飛鳥園）

なぜ保存修理が必要か？

大伽藍の誕生

奈良は歴史上大きな戦火や災害が少なかったことを理由の一つに、貴重な至宝が多く残るといわれるが、興福寺の歩みは、たび重なる大火や明治時代の廃仏毀釈《きしゃく》を抜きには語れない。本論では一三〇〇年の物語を略述する。

平成二二（二〇一〇）年に創建一三〇〇年を迎えた興福寺。『興福寺流記《るき》』には、和銅三（七一〇）年、平城遷都に伴い、飛鳥にあった廐坂《うまやさか》寺《でら》を移して開いたと記され、現在地に移築した時に興福寺と改号した。

当山の開基は中臣（藤原）鎌足の子息、藤原不比等《ふひと》である。いわば、氏族の栄華繁栄を願って築き上げられた寺院であり、遷都を主導した不比等は都を一望できる勝地（左京三条七坊）に伽藍造営を定めた。まず伽藍の中心堂宇として和銅七（七一四）年三月、中金堂が竣工。そして、神亀《しんき》三（七二六）年に東金堂、天平二（七三〇）年には不比等の娘光明皇后によって五重塔が発願建立された。奈良時代後期にほぼ完成した興福寺伽藍は、弘仁《こうにん》四（八一三）年に建造した南円堂の供養をもって、荘厳な伽藍が整う。

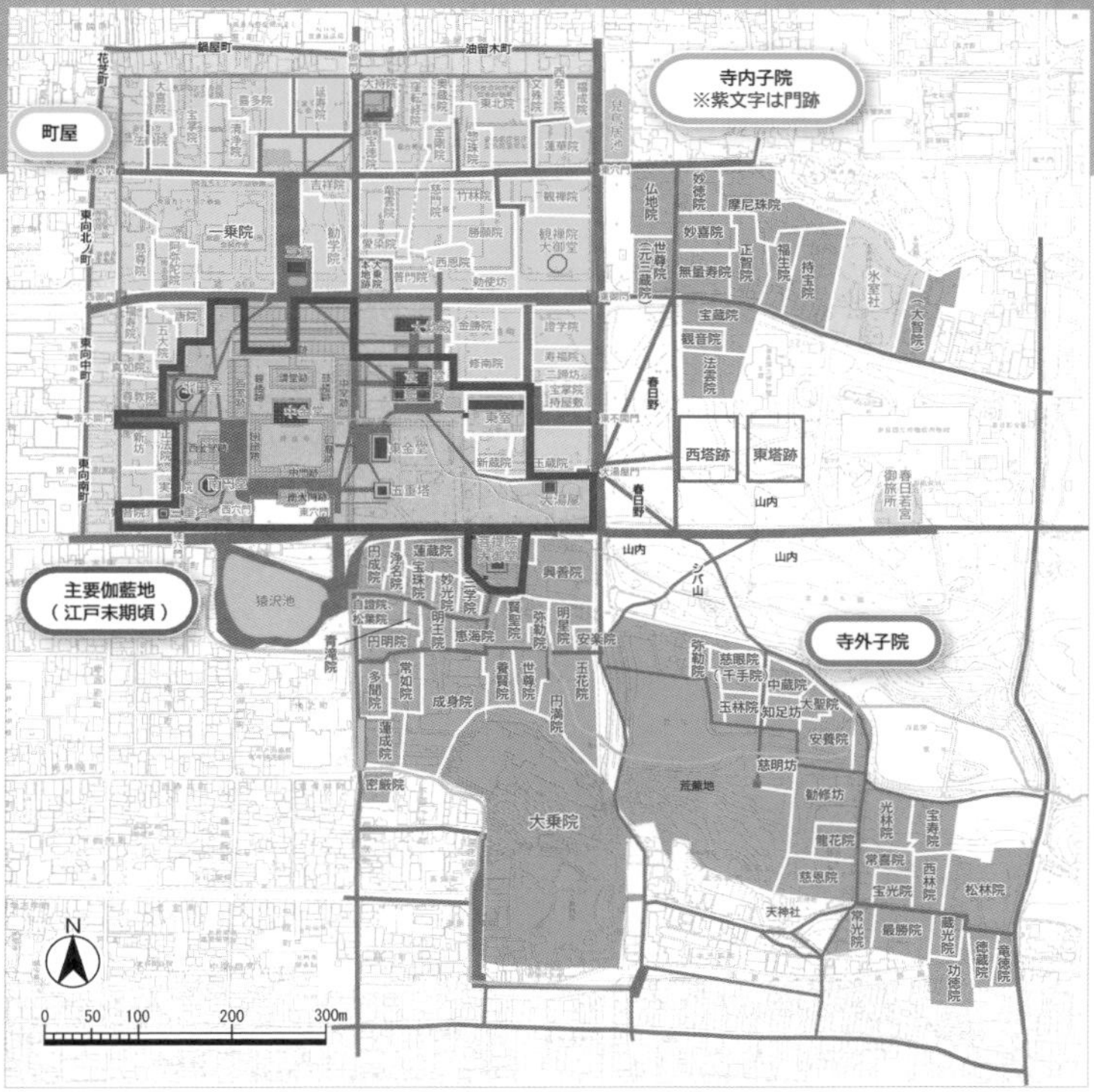

興福寺の寺域（江戸時代後期）※青線の囲みが現在の興福寺境内

平安時代の興福寺は藤原氏の威光増益に伴い発展。やがて神仏習合思想が進むにつれて、春日社との一体を主張するに至る。保延《ほうえん》元（一一三五）年に春日若宮を創設し、江戸末期まで神仏混淆《こんこう》の信仰形態が持続した。こうした興福寺と春日社の一体化は、春日社の神威をかざしての神木動座・入洛強《ごう》訴《そ》（寺院の利権、政治的要求、処罰の強要など）という手段に使われ、日本を二分（南都北嶺）する強大な僧兵勢力を保持して、朝廷を大いに悩ませた。

以降、興福寺は権勢を増大させ、寺の規模はより一層押し広げられていく。寺僧の住居である子院が築地で囲まれた寺内と、その外側の寺外に建てられ、最盛期には百箇院近い子院を数えた。ほどなく子院の中では格が生じ、公卿の子弟の入寺によって「院家《いんげ》」が成立して貴族化の色調を強めていく。そうして皇族や摂関家から入った者が門跡《もんぜき》（一乗院と大乗院※）となり、一乗院は天禄元（九七〇）年に定昭《じょうしょう》によって開設され、大乗院は応徳四（一〇八七）年に隆禅《りゅうぜん》が開いた。これが貴種相承となって江戸末期まで伝承される。

※一乗院…天禄元（九七〇）年創建。たびたびの火災後の慶安三（一六五〇）年に再建された宸殿は、明治維新後も裁判所庁舎として使用されていた。現在、宸殿は唐招提寺へ移築され鑑真和上像を安置する御影堂となり、貴重な文化財として保存活用されている。

※大乗院…応徳四（一〇八七）年創建。院主頼実の時代、伽藍の整備とともに池泉を中心とする庭園の拡張整備がなされた。今は名勝旧大乗院庭園として、四季折々の風景を楽しめる名勝地となっている。

中世以降は南都寺院勢力の代表的存在となってますます栄え、興福寺は文化の中枢を担う寺院となる。大和《やまと》国（奈良）には（中世を通じて）守護は設置されず、実質、大和一国は興福寺の支配下にあった。しかし、戦国時代ともなると、松永久秀が多聞城《たもんじょう》を築き大和国は他国武将の支配を受ける。こうして武家の治世に興福寺の権力は徐々に衰退の兆しを示すが、豊臣秀吉の時代に定められた知行国《ちぎょうこく》制度は、江戸時代の徳川政権下においても維持され（二万一〇〇〇余石）、一定の影響力を保ち続けた。

罹災と激動の時代

ただその半面、文頭で述べたように興福寺の歴史を語る上では、再三の罹災と激動の明治時代は決して欠くことはできない。

火災の数は、大小合わせると百回を超えるとも。興福寺は奈良時代創建の寺院であるが、永承元（一〇四六）年と永承四（一〇四九）年の罹災で、創建期の伽藍は失われ、治承《じしょう》四（一一八〇）年の平重衡《たいらのしげひら》による南都焼き討ちでは全山焼亡。近世最大の被災はおよそ三〇〇年前の享保《きょうほう》二（一七一七）年の災禍で、境内の大部分を焼失した。この時の再興は思うに任せず、伽藍の中心である中金堂は仮設堂宇を建設するにとどまり、南大門、西金堂などは今日においても再建に至っていない。

興福寺伽藍被災年表（抜粋）

・永承元（一〇四六）年　北円堂・蔵を除く諸堂焼失
・永承四（一〇四九）年　北円堂焼失により創建期の伽藍が失われる
・治承四（一一八〇）年　平重衡の兵火により伽藍全焼
・建治《けんじ》三（一二七七）年　中金堂・講堂・南大門等が焼失
・嘉暦《かりやく》二（一三二七）年　中金堂・講堂・西金堂・南円堂等が焼失
・応永一八（一四一一）年　五重塔・東金堂・大湯屋が焼失
・享保二（一七一七）年　中金堂・講堂・西金堂・南円堂・南大門等が焼失

享保の大火以降、境内復元もままならない中、慶応三（一八六七）年の大政奉還、王政復古の大号令によって江戸幕府は終わりを迎える。明治維新以降の道のりはまさに艱難辛苦。明治新政府による「神仏判然令《しんぶつはんぜんれい》」が出されると、寺僧は還俗《げんぞく》、一部は新神司となり春日社に奉職した。氏寺という性格上、公家や武家出身の占める割合が多く、生え抜きといわれる僧侶がいなかった、いち早く還俗しないと知行も没収される、そのような理由が社会への復帰を急き立てたのである。

これによって興福寺は無住（住職不在の寺）となり荒廃が進む。それに畳みかけるように明治四（一八七一）年の「社寺領上知令《あげちれい》」はなお荒廃に拍車をかけた。この布告によって広大な寺地の大半を失い、明治五（一八七二）年には築地塀は無用の長物だからという理由で打ち壊されるなど、最終的には必要最小限の境内地のみが残されるという惨状となった。僧侶が去った子院からは仏像、仏具が持ち出され、空家となった子院は撤去が進んだ。上知令により官没された中金堂は堺県出張所として転用、鎌倉時代に建てられた食堂《じきどう》は取り壊され、一時は宗名・寺号も名乗れず法灯は途絶えかけた。

その後、境内地の周囲は公園となり保存が図られた。しかし、堅忍不抜の精神をもつ人たちによって、興福寺再興の嘆願も強まっていく。

こうした背景を踏まえ「興福寺復号之儀ニ付上申書」を堺県令に提出。明治一四（一八八一）年に寺号の復号許可が出されたことは大きな転機となった。翌年には管理権が興福寺に返還され（官没された中金堂なども明治一六（一八八三）年に返還）、さっそく興福寺は復興に向かって動き出し、将来を展望した計画も立てられた。興福寺の規模は、往時と比べれば大半の寺地を失ったものの、廃仏毀

明治５（1872）年の興福寺塔・猿沢池
（横山松三郎撮影）
出典：ColBase（https://colbase.nich.go.jp）

釈※の騒乱からようやく落ち着きを取り戻したといえる。

※廃仏毀釈…明治元（一八六八）年に神仏判然令が新政府から発令。明治政府は、キリスト教に対抗すべく、ゆるぎない宗教体系の確立を目指し、神道によって国をまとめようと考えた。神仏分離の内容は、寺に僧がいてはならないこと。また、仏教用語で神と呼び、仏像をご神体とし、仏具などを神社に置くのを禁じるのを明示しただけにすぎなかったが、ごく一部の民衆による暴動が全国に広がり、仏教を廃する方向へ進む（廃仏毀釈運動）。この結果、全国に一〇万以上あった寺院の大半が解体された。

明治から昭和にかけて建造物や仏像の修理が精力的に行われた矢先、近代の戦争により復旧は足止めされる。特に第二次世界大戦では相当な困難があったと伝えられる。境内には防空壕が三つ、空襲からの危難を避けるため御仏は郊外へ疎開。その上戦後には、ＧＨＱから飛行機が低空飛行して接触する危険があるので、「五重塔相輪に電飾を付けろ」と命じられた記録もある。もちろん電気代や作業にかかる費用は寺の負担であった。

それでも昭和三四（一九五九）年、これらの時局を乗り越え、戦後十数年で宝物収蔵庫として国宝館が完成。天平以来、受け継いできた仏像・絵画・文書など至宝の数々を一般に公開して、興福寺の文化と成り立ちを広く伝える入り口となった。

よみがえる興福寺

現在の興福寺は、境内地約二万五〇〇〇坪を有している。一乗院や大乗院のあった場所は、裁判所、庭園などに姿を変えた。また築地外にあった子院跡地は公園、はたまた民家や旅館が立ち並び、かつての名残は無いものの、境内に所在する北円堂・五重塔・三重塔・東金堂は国宝に、南円堂・大湯屋は重要文化財としてそれぞれ指定されている。かつ、奈良時代の阿修羅像をはじめとする国宝仏像一八件、重要文化財に指定される仏像一八件が伝存しており、そのどれもが貴重な宗教財だ。さらには平成一〇（一九九八）年に古都奈良の文化財として世界遺産登録され、国内外から一層参拝者が訪れる寺院となった。

明治から取り組んできた復興についても、平成一〇（一九九八）年二月に策定した「興福寺境内整備構想」に基づき、境内整備を継続的に進めている。平成一二（二〇〇〇）年には仮堂のままになっていた金堂を解体し、天平様式の中金堂再建に着手。策定から二〇年後、平成三〇（二〇一八）年によみがえった中金堂は、まさに一三〇〇年の時間を凝縮した堂宇であり、祈り、学び、集いの場として興福寺のみならず名勝奈良公園の新たな象徴となった。

令和五（二〇二三）年からは一二〇年ぶりとなる五重塔大修理が始まった。現存する堂塔や尊像は運よく残ったのではなく、どうしようもない状

国宝 阿修羅像（撮影／飛鳥園）

況を投げ出さず、守ろうと奮迅した先人たちがいたのである。そのことを心掛け、私たちは、託された至宝を未来へ受け渡すために、先々何をすべきか、しかと考えていきたい。

法相宗～唯識《ゆいしき》の教え～

仏教で【法】といえば、それは仏陀《ぶっだ》の教えである。一般に【法】といえば、法律や方法というように規則や術を表すが、興福寺の宗派、法相宗の【法】といった場合、存在するものすべて、本体や本質を意味する。そして【相】は現象としての姿。これを例えていうと「あの柿は、見かけは甘く見えるが、実は中身は渋い」。おいしそうに見えている柿は現象としての姿で、食べると渋かった、というのが本体や本質となる。

目に見えている現象だけではなく、目に見えないところ、現象の底に沈んでいる本体、本質を見極めて分けていく。つまり、存在するもののすべて、現象としての姿を究明していくことを研鑽した宗派が法相宗である。

この法相宗の別名は唯識宗ともいう。「心以外、何ものも存在しない」と説くのが唯識の基本教理。例えば、私の目の前に百人が座っている。その百人は、私の心から変じ出された姿であり、私の心が作り出した百人だ。その反対、私という人間は、一人ひとりの心から変じ出された私であって、百人百様の認識において存在させられている私が、こうしてここに存在していることになる。

明治のころに詠まれた唯識道歌を紹介する。

手を打てば　はいと答える
鳥にげる　鯉はあつまる猿沢池

手を打てば、女中はお客が呼んでいると思い、鳥は鉄砲の音と勘違いして逃げる、鯉は餌がもらえると集まってくる。手をたたくという一つの動作でも、それぞれの捉え方が変じ出され、三者三様の世界が現れる。

心以外のものは何も存在しないはずなのに、目で見る、耳で聞く、鼻でにおいをかぎ、舌で味わって、触れて実感し、どうして心で感じることができるのだろうか。それは、私たちの行動や認識の根本には阿頼耶《あらや》識《しき》というものがあり、阿頼耶識とは、無限なる心の蔵で、そこに私たちのさまざまな行為が貯えられていくからである。つまり、そこには六識（眼・耳・鼻・舌・身・意）に基づく行動や認識が取り込まれて、その阿頼耶識が因・種子《しゅうじ》（物心すべての現象を生じさせる）となって、次の刹那に新たな六識による認識として展開されていく。

私たちの日常の行為すべては、無意識のうちに阿頼耶識に貯蔵される。何か考え事をしているとき、瞬間的に別のことを思い出したりすることはないだろうか。過去の経験が意識の中によみがえったり、身体的動作や言葉になって発せられるのは、阿頼耶識の中に収められた種子が外に向かって現行する（現象として具体的に現れる）からである。阿頼耶識（因）から六識（果）、六識から阿頼耶識というように連続性をもつ。これを「識《しき》転変《てんぺん》」といい、この連続性が現実の世界を作り出し、迷いの世界を現出している心の在り方なのだ。法相宗はこの浄化を最終的に目指している。

二つの塔〜構造の不思議〜

興福寺には二基の塔が現存する。五重塔は古都奈良の象徴として有名だが、三重塔の存在はあまり知られていない。いずれも国宝に指定されており、五重塔と三重塔の両方が国宝というのは現在は興福寺だけである。

五重塔は天平二（七三〇）年に創建。建立当初の高さは四五メートルで、わずか半年で完成したと伝えられている。一方、三重塔は康治《こうじ》二（一一四三）年の創建。竣工するまで五年かかっていることから、五重塔の半年という速度は驚異的で、先人の精神力と技術力に驚かされる。

国宝 五重塔（撮影／飛鳥園）

現在の五重塔は室町時代（応永三三（一四二六）年）に再建されたもの。三重塔は平重衡の南都焼き討ち後に再建されたと考えられている。恐らく北円堂と同時期と推測されるため、伽藍においては北円堂と並んで最古の建物ということになる。

五重塔、三重塔の断面図を見ると、どちらも塔の中心に心柱を立て、周囲に塔身が造られている。心柱が塔全体を支えているようにも思えるが、三重塔の心柱は初重の上、二層目から立ち上がり、地面には接地していないことに気付く。結論だけ言えば、柱は構造上独立しており、その役割は塔のシンボルともいえる相輪をいただくためと考えられる。

さらに心柱は日本独特のもので、インドをはじめとする仏塔には使われていない。中国や朝鮮から伝わったはずの仏教建築がどうして異なる仕組みになったのかは明らかになっていない。恐らく、数多くの失敗を繰返し、うまくいったものだけが技術として継承されたのではないだろうか。

ところで昔から、「日本の仏塔は地震の揺れに強い」といわれている。木材同士が切り組みや単純な釘打ち程度で緊結されておらず、塔全体で一体となった造りではなく、各層で構造が分かれており、揺れに対して各層が別々の動きをすることが分かっている。例えば、一層目が右へ動けば二層目は左へ動くなど、揺れは接合部で吸収され上層部へ伝わるにつれて軽減される仕掛け

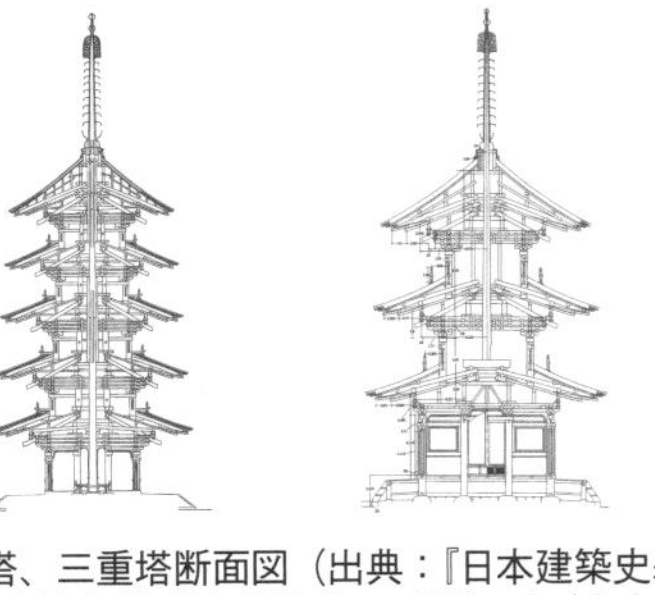
五重塔、三重塔断面図（出典：『日本建築史基礎資料集成11 塔婆Ⅰ』、『日本建築史基礎資料集成12 塔婆Ⅱ』（中央公論美術出版））

になっている。現代の最先端技術をもって建設された東京スカイツリーは、五重塔のからくりを参考にしたのはよく知られている。古来の建築技法をヒントにしたメカニズムで、揺れを軽減できるそうだ。

五重塔令和大修理
～技術の継承と課題～

興福寺の場合、堂塔を再建する際は常に古式に則ることを基本としてきた。これは歴然たる藤原家へのオマージュであり、天平への回帰を意識していたと考えられる。鎌倉時代初頭は中国の影響を受けた建築様式が台頭してくる時代だが、興福寺はあくまで古代の建築や技法を保守して、古様を大切にしてきた。ただし、よく探ると外観からは見えないように隠すことで、伝統的な和様デザインを堅持しながら、新しい技法を積極的に取り入れている面もある。そのことは現代にもいえることで、まさしく平成三〇（二〇一八）年に落慶した中金堂がそれを体現している。中金堂は創建時の姿を復興、伝統的な工法やディテールを可能な限り再現した建物で、見えない箇所に現代の技術や見識を取り入れている。まさに先人の技術、智恵、知識を生かし、未来へとつなぐ伽藍となった。

そして、文化財価値を維持し、技術を継承するための五重塔大修理が令和五（二〇二三）年の夏から着工した。最後に施された修理は明治三三（一九〇〇）年のため、一二〇年ぶりの修理となる。主な本体工事内容は、屋根瓦の全面ふき替えおよび軒回り・造作等の木部修理、漆喰《しっくい》壁の塗り直し、また、組物、特に大斗に破損や台輪へのめり込みが生じており、詳細調査を実施して対処が必要か判断を行い、必要な場合には工法を検討・設計の上施工する。

中金堂落慶法要初日（撮影／飛鳥園）

中金堂小屋裏の筋交い

修理の期間は最低一〇年はかかるとも言われ、技術向上も視野に入れた大事業となることは間違いない。それだけでなく、文化財の維持には欠かせない木材調達や森林づくりへの課題なども考えていくことになると思われる。文化継承のためには、社寺はもちろん、国としても森林育成に力を入れていく必要を希求していかねばならない。

令和の大修理では新しい発見にも期待が膨らむ。この大業を成就できるよう、今後の興福寺を見守っていていただきたいと心から願う。

（興福寺境内管理室長　辻明俊）

五重塔の心柱調査風景

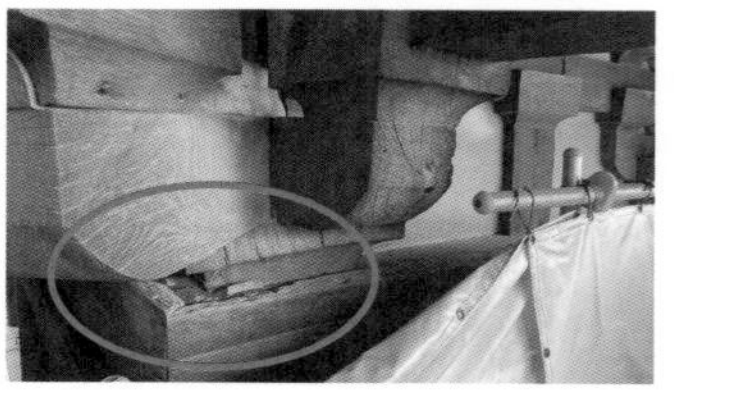

五重塔の大斗潰れ

興福寺参拝のおすすめ情報

興福寺へ足を運ぶ入り口をご紹介

中金堂

東金堂

南円堂

一言観音堂

参拝の証「御朱印」を拝受

参拝の証として授与いただける「御朱印」。興福寺には、中金堂、東金堂、南円堂などの朱印、また御詠歌の朱印がある。オリジナル朱印帳や、五重塔の切り絵が美しい「切り絵御朱印」など、参拝記念になるものも見逃せない。特別開扉中には貴重な１点を授かることもできる。

御朱印の受付場所と種類

受付時間：9：00 ～ 17：00（最終受付は 16:30）

【興福寺勧進所】
・中金堂
・東金堂
・東金堂の御詠歌
・令興福力
・千手観音

【南円堂納経所】
・南円堂
・南円堂の御詠歌
・令興福力
・一言観音堂
・一言観音堂の御詠歌
・北円堂（特別開扉中のみ）

※拝受できる御朱印の種類は随時変更されます。公式サイトの「お知らせ」でご確認ください。
※令和５（2023）年現在の情報です。

世界が認めた興福寺の“味”を持ち帰る「精進ふりかけ」

興福寺が「ゆかり」で有名な三島食品（広島市）と開発したオリジナル「精進ふりかけ」。赤しそ、大豆フレークをベースにワサビ葉や梅が入った「あを」、トマトフレーク入りの「丹(に)」、十二神将にちなんで 12 の素材をブレンドした「よし」の３種類で販売中。

（左）「精進ふりかけ」は国宝館ショップで販売　（右）ペン型容器のしそ塩もオススメ

いつかは拝観したい！ 南円堂のご本尊

毎年 10 月 17 日に厳修される【大般若経転読会】の際に、内陣を参拝することができる南円堂。この日を逃すと１年先まで拝観できないことになるが、待てないという人のためにとっておきの情報を。実は毎月 17 日の午前 8:30 から、堂内で月例法要が執り行われている。開け放たれた北面の扉から、なんと堂内を垣間見ることができる。声明や読経の声も聞こえるので、ぜひ遠くから手を合わせてみよう。

【南円堂特別開扉・大般若経転読会】10 月 17 日 10：00 ～ 17：00（法要は 13：00 ～ 14：00）

「大般若経転読会」（撮影／飛鳥園）

春日大社

春日大社はいつからある？

春日大社のお祭りはどのようなもの？

春日大社中門・御廊
（写真：桑原英文）

古代から引き継がれる聖地信仰 随所に見られる王朝文化や芸能

春日大社の創立

春日大社は、平城京から東に位置し、神山である春日山・御蓋山《みかさやま》の麓、東大寺・興福寺《こうふくじ》・新薬師寺に隣り合わせた場所にある（左図）。

平城京から見ると神の山である春日山・御蓋山には生命を支える光と熱の源である太陽が昇り、闇を明るくする月がかかり、さらにそこから発した水は生命の

源となる。この聖地の麓に平城京を守り、人々を守る神として、また藤原氏の氏神として創建されたのが春日大社だ。四柱の御祭神のうち、第一殿と第二殿には大和政権の樹立を語る国譲り神話中最強の武神である武甕槌命《たけみかづちのみこと》と経津主命《ふつぬしのみこと》を、第三殿には天岩戸《あめのいわと》で初めて祭祀を行った神で、中臣氏・藤原氏の祖先神である天児《あめのこ》屋根命《やねのみこと》を、第四殿にはその妃神、比売神《ひめがみ》を祀っている。その始まりは『古社記《こしゃき》』（鎌倉時代中期成立）によれば、神護景雲二（七六八）年、常陸国《ひたちのくに》の鹿島から武甕槌命が御蓋山の頂きへ降臨されたことだと言う。

国宝　春日大社御本殿（大宮）（写真：桑原英文）
＊特別参拝にて中門越しにかいま見ることが出来る。また同規模同形式の春日造の社殿（重要文化財）が若宮にて拝観可能

しかし神社の存在を伺わせる資料は奈良時代の初期からあり、中頃には確実な資料がある。例えば、天平勝宝三（七五一）年頃の早春、「春日祭神の日」に光明《こうみょう》皇后が、遣唐使となった甥の藤原清河《きよかわ》に贈った和歌「大船に 真楫繁貫《まかじしじぬ》き この吾子《あこ》を 韓国《からくに》へ遣《や》る 斎《いわ》へ神《かみ》たち」への返歌「春日野に 斎く三諸《みもろ》の 梅の花 栄えてあり待て 還り来るまで」（『万葉集』載）に「春日社四所を紫微中台《しびちゅうだい》に祭る」所（七五五）年の官符《かんぷ》（『春日社私記』所載）に「春日社四所を紫微中台に祭る」とあることから、春日野に藤原氏の氏神である春日祭神が奉斎されていたことが分かる。さらに天平勝宝八（七五六）年の『東大寺山堺四至《とうだいじさんかいしし》図《ず》』（正倉院宝物）に現在の春日大社の場所に「神地」と記された囲みがあり、なんらかの祭りを行っていたと考えられている。

『古社記』は創建について《称徳《しょうとく》天皇に対し山の麓に南向きに祀るようお告げがあり、神護景雲二年一一月九日に社殿が創建された》とする。そして国家の重要事項を記す正史『三代実録』元慶八（八八四）年八月二六日条には、「神護景雲二年一一月九日に奉献された春日社の神琴二面が破損したので新造した」とある。この神琴は国の主催する春日祭に神琴師が弾くための楽器と推定され、すでに藤原氏により祀られていた春日社四所が国家的な神社として現在の地に創建されたのが神護景雲二（七六八）年であったと理解される。

御本殿は奈良を中心に近畿一円に数多い春日造《かすがづくり》だが、神様の山を削らないように各御殿が段差を付けて建てられている。一二〇〇年以上、この形を忠実に伝えてきたのが、二〇年ごとに御社殿を建て替える式年造替《しきねんぞうたい》の制度だ。

御創建と鹿

『古社記』には《御祭神が鹿を馬として鹿嶋より御蓋山に移られた》《麓の御社へは榊《さかき》を乗り物とされた》ともある。この縁起を絵画に表したのが鹿座《しかざ》神影図で、春日鹿曼荼羅《まんだら》とも呼ばれ、背に神霊を象徴する鏡や榊を立てた神鹿《しんろく》が雲に乗る様子が表されているのが通例である。奈良を中心に盛んであった春日講の御本尊として数多く制作され、全国にも信仰が広まった。鹿が平安時代から神の使いとして大切にされていたことは、『中右記《ちゅうゆうき》』など貴族の日記に多くの例が見えている。

鹿座神影図
室町時代

御蓋山・春日山と春日大社

春日宮曼荼羅は境内の景観全体を描くことをもって神の存在を表し、拝礼の対象としたもので、関白など藤原氏の貴族が参拝の代わりに都の邸宅に掛けて、拝礼したことに始まる。図の中心は御社殿《ごしゃでん》だが、上方には御蓋山や春日山が描かれ、春日山や春日野が古

重要文化財　春日宮曼荼羅（奈良市南市町自治会所蔵、画像提供：奈良国立博物館）

代からの聖地であり、それが春日信仰の深層にあることを示す。

祭神が初めて降り立った御蓋山山頂（浮雲峰《うきぐものみね》）には本宮神社が祀られ、一一月九日には、山頂で例祭が行われる。禁足地のため年に数回の御蓋山登拝以外は参拝することはできないが、御本殿回廊の東には御蓋山浮雲峰遥拝所が設けられている。この遥拝所は御蓋山の山頂である浮雲峰から春日大社御本殿（大宮）を通り平城京大極殿《だいごくでん》までつながる尾根線上にある聖地で、御本殿の丑寅《うしとら》の角に残る平安時代後期以前の形式の土塀を間近に見ることもできる。

木を大切にする信仰

神山である春日山・御蓋山は狩猟伐木が禁止されたことが承和八（八四一）年に朝廷から出された太政官符からも明らかで、現在まで原生林として保たれている。春日大社の創建時、神護景雲二（七六八）年とされる託宣には、春日山の木々が枯れること（山木枯槁《さんぼくここう》）は、国を護る神々が春日大社から去った徴《しるし》だとある。山木枯槁が報告されると藤原氏の氏長者が主催して宮中から楽人《がくじん》が遣わされ、時には公家《くげ》も加わって七ケ夜の臨時御神楽による祈請が行われた。

御社頭《ごしゃとう》の大杉（樹齢八〇〇～一〇〇〇年）は山木を大切に守る信仰の証だが、大杉の根元から斜めに延びる樹齢約五〇〇年の柏槇《びゃくしん》（和名は伊吹《いぶき》）も神の聖域の木を大切にする信仰から、直会殿《なおらいでん》（重要文化財）の屋根を貫きながらも大切に生かされている。

重要文化財の直会殿と社頭大杉

春日祭や行幸啓《ぎょうこうけい》と建造物

都が京都に遷った後も春日大社はますます発展する。古くから官祭であった春日祭だが、嘉祥《かしょう》二（八四九）年に藤原長良《ながら》が春日祭使となり、盛大な形式で行われるようになったことが分かる。京都賀茂社の葵祭《あおいまつり》と同様に国家最大級の祭りとして朝廷により国家安泰が祈願され、最盛時の奉仕者は総勢二〇〇〇人以上に上ったと推定される。

貞観《じょうがん》元（八五九）年よりは二月と一一月の初の申《さる》の日が祭日と定められ、車舎《くるまやどり》、着到殿《ちゃくとうでん》、幣殿《へいでん》、直会殿、内侍殿などの建造物が整備され、平安時代以降、盛んになった天皇の行幸や上皇の御幸にも使用された。重要文化財に指定されたこれらの建物群は、建て替えや修理を経ながら平安時代の形式をそのままに伝え、優美な春日祭は一二〇〇年以上の月日を重ね今もなお斎行されている。現在は年一回、三月一三日に斎行され、宮内庁より天皇の御代理である勅使《ちょくし》が差《さ》遣《けん》され、平安時代の『延喜式《えんぎしき》』どおりの御幣物《ごへいもつ》が宮内庁にて調製されて神様へ捧げられ、勅使により国家安泰を願う御祭文《ごさいもん》が奏上される。

春日祭の勅使御棚《みたな》献進（写真：松井良浩）
＊春日祭は非公開。参進行列のみ一部拝観可

恒例神事に伝わる王朝文化

平安時代後期には所領の寄進や人員の拡充も行われた。関白藤原忠実《ただざね》が恒例祭典である日並《ひなみ》の御供《ごく》（毎日朝夕に神饌《しんせん》を奉る祭礼）や旬祭（毎月一日・一一日・二一日に行われる宮中の祭式を移した月次祭。上旬・中旬・下旬の初の日にあたり、現在も宮中と春日大社は同じ時間に斎行）の制度を整えた。今日も王朝様式の祭器具や装束を用いて優美な祭礼が続いている。二一日の旬祭には参列が可能なほか、日並の御供は中門越しに拝観が可能である。

春日若宮創建

春日大社（大宮）四神のお子様である若宮神の誕生は、『若宮御根本縁又根元同六所諸神根元并進物日記』に《長保《ちょうほう》五（一〇〇三）年、第四殿（比売神様）から落下したトコロテンのようなものから小さな蛇が出てきて、第四殿内に入っていった。》とある。蛇は水神の化身、龍に通じる。奈良周辺の水源である春日山には、香山《こうぜん》龍王社《りゅうおうしゃ》とも呼ばれる鳴雷《なるいかづち》神社など古くから水神が祀られている。大宮御本殿が南向きに祀られるのに対し、若宮本殿が山を背にして西向きに祀られることを考え併せると、若宮は古代から続く水神信仰の現れでもあったのだと思われる。

若宮神は出現後しばらく大宮第二殿と第三殿の間の獅子間《ししのま》に、祠《ほこら》のような形で祭祀されていたようだ。大《たい》治《じ》二（一一二七）年には白河上皇より若宮の宝殿を造進せよとの院宣《いんぜん》が下るが、御殿の創建は鳥羽上皇の院政期に前関白藤原忠《ただ》実、関白藤原忠通《みち》の親子を中心とする摂関家により長承四（一一三五）年二月二七日に完了し、上皇・関白が都から賑々《にぎにぎ》しく参拝したと考えられる。

春日若宮おん祭創始

創建の翌年には万民和楽を願う例祭の若宮おん祭が創始。祭礼には当初から興福寺が深く関与し、若宮様の御旅所《おたびしょ》にて神楽や田楽、猿楽、細《せい》男《のお》、舞楽などの芸能や流鏑馬《やぶさめ》、競馬《くらべうま》などの武芸が奉納され、御神威を高めた。現在、一二月一七日に行われる若宮おん祭は一〇〇〇人の奉仕者と五〇頭の馬により街を廻る壮麗なお渡り式が目を引くが、神霊を御本殿から御旅所へお遷しす

お渡り式（写真：松井良浩）

る遷幸《せんこう》之儀も古代の神遷しを唯一今に伝える神秘的なものである。

御旅所祭《おたびしょさい》では関白の代理と伝えられる日使《ひのつかい》の奉幣に続き、八時間に及ぶ芸能奉納が御仮殿の斎庭《ゆにわ》である芝舞台で行われる。この神事は芝居の語源ともされており、御旅所祭《おたびしょさい》の開始の合図である埒明之儀《らちあけのぎ》も『諺《ことわざ》草《ぐさ》』(江戸時代のことわざ辞典)に「埒が明かない」の語源であるという。このような歴史的、民俗的な価値の高さから春日若宮おん祭は国の重要無形民俗文化財に指定されている。

若宮神は水神としての御神格に加え、中世に大和全体を春日神領として支配権を握った興福寺の関与にもよって、大和一国の総鎮守として仰がれ、在地領主から庶民までこぞって信仰した。

御旅所祭　社伝神楽（写真：桑原英文）

若宮おん祭と春日大社の芸能

社伝神楽については延《えん》喜《ぎ》二〇（九二〇）年、宇多《だ》上皇の春日御幸の際に舞われた、八乙女《やおとめ》の神楽が神社における最古の神楽の記録として知られている。若宮おん祭の創始と同時期に若宮に拝殿が造られ、巫女が常時神楽を上げるようになった。神社への巫女の常駐としては最古ともいわれ、中世近世を通じて、国内最大級の神楽組織となり、神楽による祈禱が行われ、「神楽の音やむ事なし」と『春日大宮若宮祭礼図』は記す。

現在も恒例の多くの祭りや御祈禱をはじめ、参拝者の希望に応じて奉納されている。特に一二月一七日の若宮おん祭や四月五日の水谷神社例祭には、平安時代からの伝統を受け継ぐ舞衣《まいぎぬ》を着用し、組曲のように構成された多数の曲が雅やかに舞われる。社伝神楽は春日大社の巫女が舞人と箏師を務め、笏《しゃく》拍子《びょうし》、銅拍子、小鼓、笛などの楽器と歌が神職によって担われ、日々厳しい稽古を積み重ねて奉仕に務めている。

さまざまな芸能

春日大社に伝わる芸能の内、田楽や細男は現在若宮おん祭のために伝承が行われているが、猿楽は、今日も全国で活躍する能楽四座（観世《かんぜ》・宝《ほう》生《しょう》・金春《こんぱる》・金剛《こんごう》）によって担われている。平安時代より奉納を行ってきた大和猿楽が、おん祭や薪能《たきぎのう》の出勤により実力を養い、観阿弥・世阿弥を中心に能楽を発展させていった歴史があるからだ。春日大社ではおん祭の他、薪能の際にも呪師走《しゅしはしり》や御社上《みやしろあがり》などでその至芸を拝観することができる。

舞楽は、大陸伝来の音楽や舞が、平安時代に日本で再編されたもので、王朝文化を伝えるものでもある。社寺の都であった南都（奈良）には、鎌倉時代には既に専門の楽人が置かれ、南都楽所《がくそ》を形成していた。現在はその伝統を引き継ぐ公益社団法人南都楽所によって担われ、その本拠地は春日大社にある。春日若宮おん祭を

足利尊氏御教書

はじめとする祭礼の他、東大寺や興福寺など奈良の寺院での奉仕も担っており、五月五日、一一月三日には萬葉植物園で公開演奏会も行っている。

中近世の発展

鎌倉時代以降も、在地の武士たちからの篤《あつ》い崇敬はもちろん、時の武家政権から大和の国の中心神社、国家鎮護の神社として崇敬を受け、社領も保証された。その歴史は多くの古文書によって明らかなだけでなく、優れた甲冑や刀剣が伝わることによっても分かる。また庶民信仰がますます盛んになっていった様子は、『大和名所図会』をはじめとした多くの近世の名所記や三〇〇〇基を超える灯籠からうかがうことができる。崇敬が絶えることがなかったこと、また武家政権の下でも二〇年ごとの造替を行う制度が確立されたことにより、春日大社では文化財や景観など目に見えるものだけでなく、技術や芸能などの伝統が非常によく保持された。全国の名社の中でも特筆すべき特徴である。

神仏習合と社頭の景観

春日大社では一〇世紀から興福寺による神前仏事が行われるが、その発願者は藤原摂関家や皇室（特に上皇や法皇）であり、康和二（一一〇〇）年の白河上皇による毎日一切経転読、嘉承二（一一〇七）年の藤原忠実による長日唯識講が始まると、御本殿前に仏教空間たる立派な東西御廊《おろう》が成立した。

承安《しょうあん》五（一一七五）年の後白河院への注進文によれば本地仏は第一殿・不《ふ》空羂索観音《くうけんさくかんのん》、第二殿・薬師如来、第三殿・地蔵菩薩、第四殿・十一面観音、若宮・文殊《もんじゅ》菩薩だったが、春日大社を深く信仰した興福寺出身の解脱房貞《げだつぼうじょう》慶《けい》、東大寺出身で華厳宗の僧侶ながら篤い春日信仰では貞慶に劣らなかった明恵上人高弁《みょうえしょうにんこうべん》の釈迦信仰を画期として、第一殿の本地を釈迦如来とする説が広まった。神仏習合により御蓋山・春日山を含む境内は仏の浄土ともみなされ、多くの春日宮曼荼羅や鹿曼荼羅に本地仏がともに描かれた。春日浄土観の広まりにより境内の神聖性はさらに増していった。一方、春日大明神は縁のある罪人は春日野の地下にある春日地獄へと落とし、第三殿の天児屋根命の本地仏である地蔵菩薩が救って下さるとの信仰が広まった。春日野の一角である飛火野には古代の古墳や墓所があり、地獄へのリアリティが強く感じられる地であったと思われる。

春日浄土・春日地獄の信仰は古くは『春日権現験記絵《ごんげんげんきえ》』（国宝、鎌倉時代）などに見られ、能にも反映している。能を大成した世阿弥の『春日龍神』は明恵上人が春日明神から〈今は春日が本当の浄土だ〉と告げられ、インドへの渡天を中止する話、『野守《のもり》』は飛火野にあった地獄を鬼神となった野守が池を通して見せる話、『百万』は物狂いの女芸能者百万が仏に救われる話だが、その原形は春日の巫女であると考えられる。

かつては一之鳥居を入った参道北側に春日御塔《みとう》という壮麗な五重塔が二基

そびえていた。西側の塔は、時の関白藤原忠実の御願《ごがん》により永久四（一一一六）年に建造されたもので、殿下（氏長者）の御塔と呼ばれ、東塔は鳥羽上皇の御願により保延《ほうえん》六（一一四〇）年に建造されたもので、院の御塔と呼ばれた。その遺構は奈良国立博物館の敷地内に顕彰されている。

また萬葉植物園には、鎌倉時代の経蔵（重要文化財、円窓）が移築されている。元来は境内にあった仏教施設の一部で明治時代に九個の大きな丸い窓が開けられ、数寄屋風に改築されたものであり、神仏習合と神仏分離の日本の歴史の変遷を示す建造物である。

神仏習合の信仰は今日まで受け継がれ、正月二日には興福寺僧侶が揃って大宮・若宮で読経を行う興福寺貫《かん》首社参式《すしゃさんしき》が行われている。

興福寺貫首社参式

参道にも風物が多数存在
春日大社国宝殿と萬葉植物園のみどころ

一之鳥居と御旅所と影向の松

一之鳥居は春日大社の神域を示す結界であり、三月の春日祭や十二月の春日若宮おん祭の際には大きな榊が立てられる。高さ七・七五メートルの大鳥居で、日本三大木造鳥居の一つに数えられ、重要文化財に指定されている。

一之鳥居からしばらく続く真っ直ぐな参道は、一之鳥居からすぐ東には馬《ま》出橋《だしのはし》が、萬葉植物園の正門前に馬《ま》止《どめの》橋《ばし》があり、馬場として人工的に造られた道で、現存する神社の馬場としては最長のものである。中間地点の北側に春日若宮おん祭の斎場である御旅所があり、この馬場を使って流鏑馬《やぶさめ》や競馬が行われる。平安時代以降、春日祭や、行幸啓や藤原氏の氏長者の社参にも馬場での走馬《はしりうま》が行われ、祭りの後の遊宴のための馬場院が設けられた。御旅所が古くから馬場殿（院）とも呼ばれていたこともその歴史をうかがわせる。

一之鳥居を入った参道南側には能舞台に描かれたという影向《ようごう》の松がある

影向の松

（樹齢四〇〇年の松が枯れたため、今は後継樹に代わっている）。春日明神が降臨される松として、若宮おん祭では、この松の下で田楽や猿楽を奉納する「松の下式」が行われる。春日明神が松の上に現れ、万歳楽を舞うという物語は、『教訓抄《きょうくんしょう》』をはじめ多くの記録にあり、青々とした松は芸能の神である春日明神の依代《よりしろ》であると考えられた。世阿弥の能が足利義満に寵愛されて以降武士の好むところとなり、江戸時代に専用の能舞台が造られると、鏡板に影向の松が描かれるようになったと言われている。

庶民信仰を示す春日の灯籠

古い石灯籠の並ぶ御間道

　春日大社では灯籠の寄進は平安時代から始まり、石灯籠が二〇〇〇基以上、釣灯籠一〇〇〇基以上と、日本で一番灯籠の多い神社である。本来、灯籠は御神前や仏堂前に一基が建てられて灯火を供えるものだったが、春日大社では親神様の大宮（御本社）と御子神様の若宮をつなぐ参道の御間道《おあいみち》に、鎌倉時代末より灯籠が若宮側から並び始め、次第に境内全域へと拡がった。参道が御神前のような神聖な場所として考えられたためだろう。このような風習は、春日大社から全国の社寺へも伝わっていった。春日大社には室町時代以前の灯籠が二二四基あるが、全国の室町時代以前の灯籠の六割以上だと考えられる。宇喜多秀家、直江兼続、藤堂高虎、島左近など戦国武将の灯籠、徳川頼宣の石灯籠や、桂昌院奉納の銅製灯籠、徳川綱吉の釣灯籠など徳川家から奉納されたものが目立つが、九割以上は商家などの庶民からの奉納であり、いかに多くの人々から篤く信仰されていたかが分かる。春日大社と灯籠の関係の深さは一般的な丸竿に六角形の火袋の灯籠が春日灯籠と呼ばれることからも分かる。

　二月の節分、八月一四日・一五日の夜には、神前の瑠璃《るり》灯籠をはじめ全ての灯籠に浄火をともす幽玄な春日万灯籠が行われるが、大宮回廊内の藤浪之屋《ふじなみのや》には、日常的に万灯籠神事を体感できる空間が設けられている（特別参拝にて拝観可能）。

春日大社国宝殿

　春日大社が所有する国宝三五四点および重要文化財一四八二点をはじめ多数の文化財を収蔵し、展示する美術館。平安時代の美術工芸品に加え、日本を代表する甲冑や刀剣等の武器武具などが、特別展の展示テーマに合わせ随時公開されている。

神に捧げられた神宝
―王朝の優美な工芸品―

　古神宝の多くは昭和五（一九三〇）年の式年造替に際し大宮（御本殿）・若宮から下げ渡されたもので、武器武具の他、蒔絵《まきえ》や螺鈿《らでん》などで飾った楽器や化粧道具などが含まれ、山水の模様の蒔絵箏《まきえのこと》や、海浜の千鳥を銀板に黒漆象嵌《くろうるしぞうがん》で表す平胡籙《ひらやなぐい》など当社にしか残っていないものも数多いことから、「平安の正倉院」と称され、国宝・重要文化財に指定されている。

国宝　赤糸威大鎧（竹虎雀飾）
（写真：松井良浩）

武将の崇敬の証
—刀剣と甲冑—

刀剣は平安時代以降の飾剣《かざたち》、毛抜《けぬき》形太刀《がたたち》、兵庫鎖《ひょうごぐさり》太刀、革包《かわづつみ》太刀などの各種の最高級品が揃い、そのうち八件二五点が国宝に、八点が重要文化財に、七点が重要美術品に指定されている。特に国宝金地螺鈿毛抜形《きんじらでんけぬきがた》太刀《たち》は平安時代の最高の工芸品の一つで、金蒔絵のなかに飼い猫が雀を追う姿が煌《きら》びやかな螺鈿で表現され、金具は金製という黄金の太刀だ。また究極の豪華さと美しさを誇る国宝の赤糸威大鎧《あかいとおどしおおよろい》二領、機能美と優美さを兼ね備えた国宝の黒韋威《くろかわおどし》の胴丸が二領伝えられている。これらは日本を代表する甲冑でさまざまなメディアで紹介されている。

萬葉植物園
—『万葉集』に詠まれた植物を植栽する植物園

昭和七（一九三二）年、昭和天皇より御下賜金を頂き、一般からも寄付を募り、春日大社と奈良県、奈良市が中心になり開園した、日本で最も古い萬葉植物園である。当初の設計者は大屋霊城で、構想には万葉学の大家佐々木信綱も深く関与した。現在約三ヘクタール（九〇〇〇坪）の園内は、約三〇〇種の万葉集に詠まれた植物を植栽する萬葉園・五穀の里・藤の園で構成されている。万葉植物の多くは、食用、薬用、衣料、染料、さらには建築・工芸の材料など実用的な用途を持ち、人間の生活に密接に関係して質素ながらも可憐で美しい植物である。

萬葉園は開園当初からの区画で、現在も当時と変わらず万葉植物の八割以上を標本展示している。植物ごとに代表的な万葉歌の陶板と植物解説が並び、万葉人の植物に対する思いや生活の中での関わりを知ることができる。

藤の園

藤の園は春日大社ゆかりの藤を二〇品種、約二〇〇本を植栽。一般的な棚造りではなく、立木造という形式をとり、藤棚のように見上げずに自然な目線で花を観賞できる。早咲きの時期には、園内中に香りを広げる中国の麝香藤《じゃこうふじ》や濃いピンク色の昭和紅藤など、珍しい藤が多く咲く。その後に長い房の藤や八重黒龍藤などが咲き始め、四月下旬頃から順次藤が満開となる。なお藤は春日大社の社紋でもあり、境内の杜には自然の藤が何百本と自生しているが、社頭の砂ずりの藤は近衛《このえ》家の献木とされ、樹齢八〇〇年に近い霊木である。

（春日大社国宝殿 参事　松村和歌子）

春日大社の歩き方

神気漂う聖域への入り口
1 二之鳥居

鳥居をくぐると神気の高まりを感じながら祓《はらえ》戸《ど》神社を目指す。かつての貴族も身を清めて、ここからは歩いて参詣した。

祓戸神社の近くには鹿をモチーフにした珍しい手《て》水《みず》所《しょ》がある。

（Forest green ／ PIXTA）

鳥居に改修を施し楼門に
2 南門

重要文化財に指定されている南門《なんもん》は、高さ12mで春日大社の中でも最大級の大きさを誇る建造物。大宮の正門にあたる。

現在の南門は南北朝時代に再建されたもの。

幾多の灯籠に祈りを込めて
3 回廊

回廊の建物は重要文化財で平安時代に創建。

本殿とその一帯を取り囲む回廊。2月と8月に催される万灯籠では境内約3000基もの灯籠に火が灯され、幻想的な光景が見られる。

神の御座を守る朱塗りの門
4 中門・御廊

御本殿の前にある中門《ちゅうもん》は春日大社を象徴する建物の一つ。左右に伸びる御《お》廊《ろう》は現在、祭事で神職が座る場所となっている。

唐《から》破《は》風《ふ》の装飾は明治時代に付けられたもの。

（写真：桑原英文）

仲睦まじき縁結びの神
5 夫婦大國社

日本では唯一となる夫婦の大國様を祀る神社。夫婦や家庭の円満、良縁の願いが叶えられるとして多くの参拝者が足を運ぶ。

縁結びを願うハート型の絵馬の他、故事にちなんで杓子を奉納する習慣もある。

1階のカフェではオリジナルグッズも販売。

（写真：桑原英文）

約3000点の文化財が集結
6 国宝殿

春日大社が所有する国宝や重要文化財を展示。日本最大級の大きさを誇る鼉《だ》太《だい》鼓《こ》の他、宝物類、甲冑・刀剣などもテーマ展で公開。

奈良公園のシカ

なぜ奈良公園に
こんなにたくさんシカがいる？

奈良公園のシカ
（鹿サポーターズクラブ提供）

シカはどのように
奈良公園で暮らしてる？

神鹿として保護されてきた奈良公園のシカ

私たちは、奈良公園（以下、公園）を訪れると社寺境内や公園の緑地で暮らすシカの姿を見ることができる。なかでも、芝生の広がる春日野園地で群れてシバを食べるシカの姿は壮観である。公園にシカが生息している理由は、奈良の歴史と関係している。春日大社の社伝によると、神護景雲二（七六八）年に祭神の一柱《ひとはしら》である武甕槌命《たけみかづちのみこと》が白鹿に乗り、現在の茨城県鹿島から御蓋山《みかさやま》へと移ってきた。この武甕槌命を乗せたシカの子孫が、現在の公園で暮らすシカであると伝えられている。こうした経緯からシカは長らく「神鹿《しんろく》」と呼ばれ、江戸幕府などの公権力、春日大社や興《こう》福寺《ふくじ》などの社寺、奈良市民の手によって保護されてきた。現在、公園に生息するシカは、「奈良のシカ」の名称で国の天然記念物に指定されている。種としては、日本各地に生息するシカと同じニホンジカである。シカは公園一帯を生息地とする野生動物であり、所有者がいるわけではない。近年、公園に生息するシカは、約一二〇〇頭（令和五年の調査では一二三三頭：オス二八六頭、メス七七〇頭、仔一七七頭）で推移している。シカの頭数は、毎年七月中旬、シカの保護団体である一般財団法人奈良の鹿愛護会（以下、愛護会）により調査されている。朝五時から七時にかけて、愛護会職員を中心とする約三〇名の人員で一二班に分かれ公園内をくまなく調査する。この調査結果が、私たちの知るシカの頭数ということになる。

シカの一日、シカの一年

シカは早朝、日の出前後に泊まっていた林を出て、公園平坦部に移動しながらシバを採食する。この時間帯、春日野園地ではシバを採食するシカの群れを見ることができる。採食を終えると、シカは公園の茂みに座り食物の消化を行う。シカの胃は四つあり、時間をかけて何度も第一胃《だいいちい》と食道を反芻《はんすう》させて食物を消化する。この消化中に座って休む場所のことを「休み場」と呼んでいる。休み場は、茂みや日陰のほか、鹿せんべいを販売する露店や商店の近くにもある。夕方になると休み場を離れ、林に移動しながらシバを採食する。夜、シカはふたたび林に入り、小規模の移動と睡眠を繰り返す。シカの眠る場所は「泊まり場」と呼ばれる。多くのシカは、日の出前には林の泊まり場を出て西へと移動し、日中は公園平坦部で過ごす。そして日の入前には、東の林に向けて移動してもとの泊まり場に戻る。季節により移動の様子は多少変化するものの、シカは毎日ほぼ一定した移動を繰り返して生活している。

シカは、季節ごとにさまざまな姿を見せる。春は、出産と子育ての季節である。五月から七月にかけて、メスは仔を出産する。母ジカが仔の胎盤や羊膜《ようまく》をなめ、仔は約一時間で立ち上がる。母仔は、においと「ミーフーン」と聞こえる音声を介して互いを識別している。この頃シカは換毛期を迎え、冬毛から鹿の子模様の夏毛へと生え変わる。後述する愛護会の保護活動との関係から、六月は鹿苑で、七月中旬以降には公園で母仔の様子を観察できる。この頃、オスの頭部には袋角《ふくろづの》と呼ばれる生育中の角が生え始める。

八月中旬から一二月にかけて、オスは発情期を迎える。この頃には、年齢に応じて一叉から三叉に分かれるカルシウム質の角がオスの頭部に完成する。オス同士は出会うと、角を突き合わせて争うこともある。この頃のオスは、水たまりで泥を浴びたり、樹木に首をこすりつけたりすることで発情期独特のにおいをまとう。そして、つがいとなるメスを求めて公園内を縦横に移動するようになり、オス一頭に対して複数頭のメスからなる群れ（ハレム）をつくる。ちょうど同じ頃、夏毛から冬毛への換毛も始まり、オスはこげ茶色の毛並み、メスは茶色の毛並みとなる。

三月に入ると、オスは生えていた角を落とす。落ちた角は、落角《らっかく》と呼ばれる。ただし公園に暮らすオスの多くは除角《じょかく》（詳しくは後述）されることから、公園のオスジカは平らな蓋状の角を落とす。愛護会では、これを菊座《きくざ》と呼んでいる。

シカの生活と行動

シカの主食はシバである。シバは公園に自生しており、春から夏にかけてシカの重要な食料源となる。これに加え秋から冬にかけては、ドングリ（照葉樹の堅果類）も重要な食料源となる。公園にはブナ科常緑広葉樹のイチイガシやスダジイが生育しており、シカはこれら木々の落とすドングリと落ち葉を採食する。公園ではシカに与えられる食べ物として鹿せんべいも販売されているが、これはシカにとってお やつ（間食）程度の食べ物でしかない。

シカは群れをつくり生活する。メスは、仔をふくむ複数頭の群れをつくる。普段は公園平坦部で採食して過ごしているが、雨天や夜間では警戒心を強めて茂みに隠れる。この時に群れに不用意に近づくと、シカは「ピヤッ」と聞こえる警戒音を発して一斉にその場を走り去る。ただしオスは、繁殖期以外は単独行動で生活する。

シカは、公園一帯を移動して暮らしている。シカが生活のなかで行動する範囲を行動圏《こうどうけん》と呼び、なかには公園の外れまで行動圏とするシカもいる。そこで奈良県では、研究機関、愛護会との協力で発信機を用いた行動圏調査を行っている。シカに発信機を付けて行動軌跡を調べることで、シカの行動圏を明らかにしてシカの生息地保全につなげている。例えば公園の建造物や公園近くの耕作地、市街地の空き地に侵入するシカもいることから、公園内では垣や柵を設置して植栽被害を防止したり、交通事故を抑制したりしている。

近年の研究では、公園一帯に生息するシカが他地域のニホンジカと異なる遺伝情報を持つことも明らかにされた。このことは、公園のシカが他地域のニホンジカとは遺伝的交流のない群れ（独立個体群）であることを示すとともに、春日大社の神鹿として奈良の人々によって千年以上にわたり保護されてきた特別なシカであることを私たちに教えてくれる。

シカとの接し方
シカを見る・撮る・眺める

では公園を訪れる私たちは、どのようにシカと接したらよいのだろうか。ここでは、シカの見方を深める接し方を三つ紹介する。一つ目は、鹿せんべいを手にした散策である。鹿せんべいとは、米ぬかと小麦粉で製造される固形物である。鹿せんべいは、明治四五（一九一二）年に製造元、販売元を定めた観光産業として成立した。現在、鹿せんべいは愛護会の認証のもと、奈良市内で製造され、公園の商店や露店で販売されている。これらの場所で、私たちは一〇枚一束二〇〇円で鹿せんべいを購入できる。私たちが鹿せんべいを購入すると、すぐに周りからシカが集まってくるので、落ち着いて一枚ずつ与えてみよう。与えるときは、シカの口元を見てみよう。すると下の前歯で鹿せんべいをくだき、上下の奥歯で鹿せんべいを左右にすり潰すシカの仕草を観察できる。鹿せんべいが手元になくなったら、鹿に見えるよう手を広げるとよい。そうするとシカは状況を察して、その場から離れていく。鹿せんべいを手にした際は、こうしたシカの様子を見ながら公園を歩いてみてほしい。

二つ目は、シカの行動観察である。これは公園で働く人々や、公園を何度

鹿だまり（個人提供）

鹿せんべい
（（一財）奈良の鹿愛護会提供）

も訪れる人々が日課としている。なかでも土産物店で働く人々は、店前で生活するシカの行動を観察してその暮らしぶりを見守っている。最近では、群れたシカを観察できる場所は「鹿だまり」と呼ばれている。例えば平成二八（二〇一六）年から令和四（二〇二二）年にかけて、夏の夕暮れになると、約一〇〇頭から五〇〇頭のシカが奈良国立博物館新館前の排気口を中心に集まっていた。その様子は、報道や個人のSNSで知られるようになり、多くの人々が鹿だまりでシカを観察した。この鹿だまりは、同博物館の敷地や春日野園地、若草山山麓に不定期で現れるので、公園を散策する時はぜひ鹿だまりを探してみてほしい。

三つ目は、写真撮影である。もともとシカの写真は、公園の景観撮影や個人の旅行記念の一環で撮られてきた。近年ではシカを被写体にした写真が話題となるほど、さかんにシカの撮影が行われている。写真家による撮影と写真集刊行はもとより、奈良市民や観光客による個人の写真撮影も活発に行われている。とりわけ二月から三月にかけて梅の咲く片岡梅林、三月下旬から四月上旬にかけて桜の咲く浮見堂や春日野園地、七月から八月にかけて母ジカと仔ジカの歩く春日大社境内地飛火野《とびひの》（以下、飛火野）、そして一一月から一二月にかけて紅葉の深まる春日大社境内や東大寺境内では、多くの人がシカを眺めながら写真を撮影している。その写真の一部は、WEBやSNSで公開されている。この写真撮影の活動は、有志の間では「鹿活《しかかつ》」とも呼ばれ根強い人気を誇っている。

公園はシカの楽園？　シカを取り巻く環境と保護活動

交通事故、ごみポイ捨ての現実

社会の変化は、シカの暮らしにさまざまな影響をおよぼした。その一つが交通事故である。このことについて、私たちに警鐘を鳴らしたシカがいた。そのシカは、頭部に冠型の白い被毛《ひもう》を備えていたことから「白ちゃん」と呼ばれた。昭和三〇年代、氷室神社近くで暮らしていた白ちゃんは、その目立つ風貌によりシカのアイドルとして知られるようになった。

その一方で、白ちゃんは人々に追われるとともに、他のシカからも警戒された。白ちゃんは一度だけ仔を授かったものの、この仔は交通事故で命を落とした。白ちゃん自身も最後は、交通事故に遭い命を落とした。白ちゃんの事故死は、現在でも痛ましい出来事として多くの人々のあいだで語り継がれている。

このほか、観光客のもたらすごみがシカの生活に影響を与えてきた。実際、観光客の増加した昭和三〇年

白ちゃんと仔
昭和 38（1963）年撮影
（（一財）奈良の鹿愛護会提供）

代から昭和五〇年代にかけては、包装用の紙製やゴム製、ビニール製ごみのポイ捨てが顕著となった。平成時代以降では、レジ袋などプラスチック製ごみのポイ捨てが目立つようになった。こうして公園内にごみが散らばると、シカがごみを誤食することも出てくる。ごみを誤食したシカは、胃内にごみが蓄積することで食物の消化に支障をきたすことになる。最悪の場合、ごみを胃内にため込んだシカは栄養失調で死亡する。

シカの胃から発見されたプラスチックごみの塊（（一財）奈良の鹿愛護会提供）

愛護会主催の「クリーンアップならディアパーク」の様子（（一財）奈良の鹿愛護会提供）

私たち個人は注意してシカと接していても、実際には社会の負荷として交通事故やごみの誤食といったリスクをシカに負わせている。この現状を改善するために、近年では愛護会および美鹿パトロール隊による毎日の公園美化活動、ボランティア団体である鹿サポーターズクラブのパトロール活動、有志によるごみ拾い活動も行われている。このごみ拾い運動は定期的にイベント（「クリーンアップならディアパーク」「奈良公園ゴミゼロウォーク」など）として開催されており、一般市民や観光客も気軽に参加できる。

シカを守る取り組み

公園を歩いていると、脚を引きずるシカや外傷を負ったシカ、具合の悪そうなシカに遭遇することがある。こうしたシカの保護を担うのが愛護会である。愛護会では、文化財保護法にもとづき次のような流れでシカを保護している。まず市民や観光客から公園で具合の悪そうなシカを発見したと、電話で愛護会に通報が入る。愛護会の職員が通報者の待つ現場へと向かい、通報者から事情の説明を受けたのちシカの様子を確認する。そして治療を要すると判断した場合は、シカに麻酔をかけ、愛護会の活動拠点である鹿苑《ろくえん》へ運ぶ。運ばれたシカは、獣医師により診察され、怪我の具合に応じて手術などの処置を受ける。数日から数ヵ月の治療を経て、シカは公園へと解放される。

このほか、愛護会では四月から七月にかけて妊娠したメスのシカ、出産後の親仔ジカを鹿苑で一時的に保護している。これは母ジカの安全な出産、ならびに仔ジカを守ろうとする母ジカの威嚇、攻撃から人を守るためである。そして五月から六月にかけて、鹿苑では母ジカの出産期を迎える。生まれた仔は、七月中旬まで母ジカと鹿苑で暮らす。これにあわせて、愛護会ではシカの母仔を特別公開するイベント「子鹿公開」を開催している。

このように愛護会では、季節に応じたシカの保護活動を行っている。愛護会の発信する情報は、WEBやSNSで

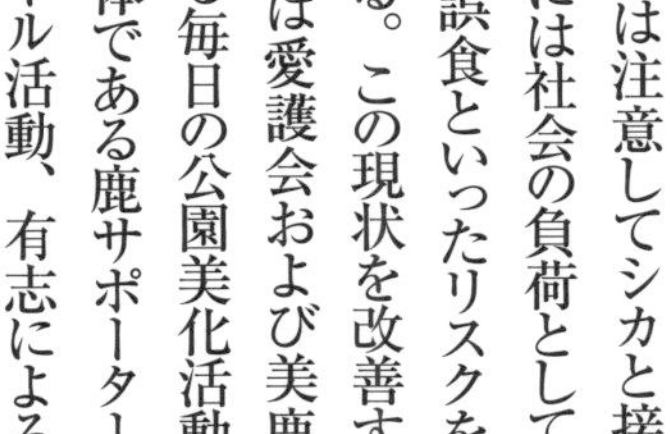

麻酔で眠らせたシカを慎重に担架に乗せる愛護会職員（（一財）奈良の鹿愛護会提供）

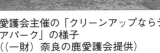

知ることができる。また保護活動に従事する愛護会職員の経験談は、後述する体験プログラムや年に二度制作される広報紙の「鹿瓦《しかかわら》ばん」で見聞きできる。

鹿苑でシカの生死に思いを馳せる

愛護会の活動拠点である鹿苑は、シカの保護を目的とした施設である。苑内は複数の区画に分けられており、常時三〇〇頭から五〇〇頭のシカが収容されている。収容されているシカは、前述した初夏における母仔のシカに加え、治療中のシカや野外生活の困難なシカなどである。これらのシカは、愛護会職員の経過観察を受けながら一日を苑内で暮らしている。

昭和４（1929）年に建設された鹿苑
（(一財）奈良の鹿愛護会提供）

鹿苑はシカを保護する場であるとともに、実はシカのお墓でもある。亡くなったシカは、死因を特定、焼却された後、鹿苑に埋葬される。公園でシカに親しんだ方々は、定期的に花束やお供えを寄せている。愛護会では亡くなったシカを慰霊するため、毎年一一月二〇日に鹿苑で慰霊祭を実施している。春日大社神職により慰霊詞が奏上され、愛護会の役職員や会員のほか、一般市民も加わり亡くなったシカの冥福を祈る。

また鹿苑は、環境教育の場としても知られている。鹿苑は一般公開されており、一〇時から一六時のあいだで鹿苑内の展示やシカの様子を見学できる。このほか、愛護会では団体向けに体験プログラムを提供している。プログラムでは、職員による鹿苑展示の解説や、シカの角を加工する鹿角細工《しかつのざいく》の体験が用意されている（いずれも要予約）。また秋から冬にかけて、愛護会では学校や企業、一般の方からドングリの寄付を受け付けている。寄付されたドングリは、鹿苑に収容されているシカや後述する鹿寄せの際にシカに与えられる。鹿苑では、苑内のシカにドングリを与えることもできる。来苑者はレーンをとおしてドングリを流すことで、目の前でシカの食餌《しょくじ》風景を観察できる。

このように鹿苑は、シカの生まれる場、シカを治療する場であるとともに、生涯を終えたシカの眠る場でもある。鹿苑を訪れた際は、ぜひシカの生死に思いを馳せてみてほしい。

鹿の角きり、鹿寄せ シカにまつわる独特の文化

ニホンジカのオスは一年に一度、角を生やすことで知られる。生育したシカの角は、骨と同様にカルシウムを中心とした成分でできている。そのため角の生えたシカに接するときは、注意してほしい。注意をおこたると、私たちが怪我を負うことになる。愛護会でも、シカの角による怪我や事故を防ぐため、毎年秋か

鋸を使用して角をきり落とす
（（一財）奈良の鹿愛護会提供）

ら冬にかけて角の生えたシカを捕獲して、角をきり落としている。愛護会では、この業務を除角《じょかく》と呼んでいる。除角は、昔は麻酔を使わずに行われていた。その名残を伝えるものが、毎年一〇月に開催されている「鹿の角きり」である。もとは、江戸時代にシカの角による怪我防止を目的として始められた。江戸幕府の出先機関である奈良奉行所の指示により始められ、長らく奈良の町衆によって担われてきた。明治時代に一時中断されたが、観光業の人々の尽力により復興され、明治二九（一八九六）年以降は秋の年中行事として春日大社境内地や現在の鹿苑で定期的に開催されてきた。こうして続けられてきた鹿の角きりであるが、現在の行事名称は「古式鹿の角きり」となっている。この古式とは、江戸時代から昭和時代まで続けられてきた人の労力に頼った角きり方式を指す。具体的には、勢子《せこ》と呼ばれる人々が連携してシカを追い込み、体を保定《ほてい》する。そして神官役と呼ばれる人が、シカの角をきる方式である。現在は、毎年一〇月上旬の三日間にわたり鹿苑内角きり場で開催されている。全国的にも希少な行事ということもあり、開催期間中は多くの観覧客で賑わう。

古式鹿の角きりの様子
（写真：東城義則）

鹿寄せの不思議

公園でシカを観察していると、シカの群れが一斉に跳躍して移動する場面に出くわすことがある。このシカの躍動した姿を見学できる観光行事が、飛火野で行われる「鹿寄せ」である。鹿寄せは、愛護会職員がナチュラルホルン（以下、ホルン）でベートーヴェン交響曲第六番「田園」の一節を演奏してシカを一斉に集めるものである。飛火野にシカが集まると、愛護会職員はご褒美として好物のドングリをシカに与える。ドングリを食べ終えたシカは、一頭また一頭と飛火野を離れていく。この鹿寄せは、奈良特有の観光行事である。その理由は、愛護会職員とシカとの関係にある。もともと生物としてのニホンジカは、先天的に金管楽器であるホルンの音に集まるわけではない。シカは何度も鹿寄せを経験することで、決められたホルンの音が鳴り響くとドングリがもらえることを学ぶ。これによって、初めてホルンの音によってシカが集まるようになる（心理学では、これをオペラント条件付けと呼ぶ）。一般に野生のニホンジカはホルンの音色を学習する機会を持たないことから、鹿寄せは愛護会職員とシカとの相互作用により育まれた独特の文化といえよう。

（立命館大学　授業担当講師　東城義則）

降雪時の鹿寄せは幻想的
（（一財）奈良の鹿愛護会提供）

歴史に触れるシカスポット４選

シカと子供の悲劇の伝説を伝える

興福寺菩提院大御堂

興福寺の子院・菩提院の本堂。大御堂入口前には、「伝説三作石子詰之旧跡」の木標が立つ。境内には石亀の供養塔があり、誤ってシカを死なせて「石子詰」の刑により穴に埋められた三作の悲劇を伝えている。

「子鹿」に会えるのは６月ごろ

鹿苑

国の天然記念物である奈良のシカを保護している施設。生態や歴史を記したパネルが展示されている他、餌やり体験なども行っている。10月には恒例行事の鹿の角きりを実施。

期間限定で〝鹿寄せ〟を実施

飛火野

悠々自適に過ごすシカたちが見られる春日大社内の芝原。夏と冬、奈良市観光協会のキャンペーンで伝統行事の「鹿寄せ」が行われる。もとは、御蓋山《みかさやま》を仰ぐ祭祀の地で、現在はビュースポットとして人気がある。

シカの背に乗ってきた神様を祀る

春日大社

日本全国の春日神社の総本社。奈良時代の初めに茨城県鹿島から武甕槌命が白いシカに乗ってやって来たと言われている。約3000点にも及ぶ国宝・重要文化財などを所蔵している。

シカのモチーフを探してみよう

奈良の住民にとってシカは観光のマスコットであると同時に、生活に密着した存在。グッズの他、看板や標識などでシカとの共生を感じることができる。

おみやげに購入したいシカグッズ。写真は春日大社の鹿みくじ。

シカとの衝突を未然に防ぐため、標識で運転者に注意を促す。

春日大社の万灯籠で灯される灯籠にもシカのシルエットが。

マンホールにもシカ。「ナラニクル」では同デザインのカードを配布中。

写真：（一財）奈良の鹿愛護会（鹿寄せ、子鹿、標識）、飛鳥園（興福寺菩提院大御堂、木標）、PIXTA＝LEOSHOU（春日大社）、T（鹿みくじ）、ポロ（灯籠）

奈良国立博物館

奈良国立博物館が「仏教美術の殿堂」といわれるのはなぜ？

奈良国立博物館　なら仏像館

正倉院展のはじまりは？

世界トップレベルの仏像展示 収蔵品や施設充実の歴史をひもとく

奈良国立博物館（以下、奈良博）は、東大寺や興福寺《こうふくじ》、春日大社などの古社寺に囲まれた位置にある博物館だ。明治二八（一八九五）年の開館以来、仏教と関わりの深い古美術品や考古遺品を中心とした文化財の収集や保存、展示公開などを行ってきたことから、「仏教美術の殿堂」とも称される。この「仏教美術の殿堂」というイメージがどのように形づくられてきたのかをたどってみよう。

奈良博誕生の背景

明治時代に入り、社会制度改革の影響や経済的な事情により、社寺の文化財が危機に直面する事態が起こった。そうした状況を受け、文化財を保護するためにさまざまな取り組みが進められていく。その中でも、奈良博がつくられるようになったきっかけとして特に重要なのが、博覧会の開催と文化財調査の二つだ。

パリなどで博覧会が開催された後、日本においても博覧会が開催されるようになる。奈良においても、明治八（一八七五）年に奈良県と地元奈良の有力者によって、奈良博覧会が開催された。東大寺の大仏殿回廊を会場として、奈良の古社寺に伝わる文化財のほか、正倉院宝物も展示された。

これが大変好評を博したため、奈良博覧会はその後、奈良博開館の前年にあたる明治二七（一八九四）年まで一八回にわたって開催されることとなった。こうした博覧会の成功により、実物を展示して公開する博覧会の重要性が認められるようになったのだ。

また、明治五（一八七二）年の壬申《じんしん》検査を契機として、各地に伝わる文化財の所在と保存状況を把握するために、文化財調査が行われるようになる。その中でも、岡倉天心やフェノロサらが関わった明治一七（一八八四）年以降の調査や、明治二一（一八八八）年から始まった臨時全国宝物取調局による調査によって、日本の古美術品を中心とした文化財の価値が再認識され、それらを保存・公開するための施設をつくるべきだという考えが広まっていくようになる。

そして、文化財を保存・公開するための施設として博物館をつくる計画が進められ、明治二二（一八八九）年に帝国博物館が東京・奈良・京都に設置されることが決まった。博覧会に続いて文化財の価値を広める役割と、社寺に伝わった文化財を守り伝える役割。その二つの使命を果たすために、奈良博はつくられることになったのだ。

展示施設の設計と建設

奈良の地に博物館をつくることが決まり、展示施設の設計および建設が進められた。建物の設計を担当したのは、明治時代を代表する建築家である片山東熊《かたやまとうくま》（当時宮内省内匠寮技師。一八五四〜一九一七）だ。迎賓館赤坂離宮（国宝 旧東宮御所）など、数々の日本近代建築を設計したことでよく知られている。明治二三（一八九〇）年から設計を開始し、明治二五（一八九二）年六月に着工。そして明治二七（一八九四）年一二月に完成した。こうして、奈良博のはじめての展示施設―長らく「本館」と呼ばれ、現在は「なら仏像館」として親しまれている西洋建築―が奈良の地に誕生したのだ。

意外なはじまり

そして明治二八（一八九五）年四月二九日に、東京国立博物館に次いで二番目に古い国立博物館として奈良博が開館した（開館時は帝国奈良博物館）。

「仏教美術の殿堂」というイメージから、開館前から数多くの仏教美術を集め、それらを展示する形で華々しく奈良博が開館した―そう思っている人も多いかもしれない。だが意外なことに、仏教美術の館蔵品や、社寺や個人などから依頼を受けて預かる寄託品がそろわないまま、開館の日を迎えたのだ。開館を記念する展覧会で展示されたのは、皇室ゆかりの宝物（御物）のほか、ほとんどが東京国立博物館（当時は帝国博物館）や個人から借りてきた品々だった。

また、開館時の館蔵品の大半は文化財の模写や模造品だった。大正時代に入ってから、模写や模造品を除く仏教美術がはじめて館蔵品に加わり、戦後になって館蔵品が本格的に増えていくこととなる。

寄託品の充実

明治三〇（一八九七）年六月に「古社寺保存法」が定められたことに伴い、奈良の古社寺の文化財が順次奈良博に預けられるようになり、寄託品が一気に増えることとなった。

寄託品の中には、奈良の社寺を代表する名品も数多くあった。例えば、法隆寺の観音菩薩像（百済観音）や、興福寺の阿修羅像、秋篠寺の伎芸天《ぎげいてん》像《ぞう》など、現在は国宝に指定され、教科書などでもよく取り上げられるような名品中の名品が、奈良博で保管および展示されていたのである。

そしてその後も着実に寄託品を増やしていく。明治三三（一九〇〇）年に、奈良博は宮内庁（当時は宮内省）の官制改正に伴って奈良帝室博物館と改称された。その九年後の明治四二（一九〇九）年には、寄託品の数は七〇〇件を超えるまでとなった。寄託品に恵まれたからこそ、開館以来の奈良博の「仏教美術の殿堂」というイメージが形づくられてきたのである。

正倉院展のはじまり

奈良博で開催されている展覧会といえば、まず正倉院展を思い浮かべる人も多いだろう。東大寺の蔵であった正倉院には、聖武《しょうむ》天皇や東大寺ゆかりの宝物などが約九〇〇〇件収められており、それらの一部を展示公開するのが正倉院展だ。毎年秋に宝物の点検のために正倉院の扉が開かれるのにあわせ、原則一七日間を会期として開催される。

正倉院展の第一回が開催されたのは、終戦を迎えた翌年の昭和二一（一九四六）年。実は、この前年の昭和二〇（一九四五）年の七月より、正倉院宝物を戦災から守るために、その一部が奈良博の収蔵庫に移されていた。しかし間もなく戦争は終結。その翌年の昭和二一（一九四六）年の春頃から、正倉院宝物の公開を望む声が上がるようになり、同年の一〇月一九日から一一月九日にかけて、のちの第一回の正倉院展となる「正倉院特別展観」が奈良博で開催された。

その後、昭和二二（一九四七）年四月に、奈良博の収蔵庫で保管されていた宝物が正倉院へ戻ることとなった。同年の五月、奈良博の所管が宮内庁（当時は宮内省）から文部科学省（当時は文部省）へ変わり、「国立博物館奈良分館」へと名称を変更。正倉院の宝庫と宝物は宮内府図書《ずしょ》寮の下に置かれた正倉院事務所の所管となり、奈良博とは別の組織になったが、前年に開催された「正倉院特別展観」が好評だったこともあり、この年の秋にも「正倉院御物特別展観」が開催された。以来、東京で開催された三回を除いて、毎年奈良博で正倉院展を開催している。開催回数はすでに七〇回を超えるまでとなった。毎年秋になると、正倉院展を見るために全国各地から大勢の人々が奈良に集まることから、奈良の秋の風物詩となっている。

仏教美術の専門館へ

奈良博は開館以来、寄託品を中心とした仏教美術の展示を行いつつも、例えば昭和二二（一九四七）年に「浮世絵名品展」を、昭和二七（一九五二）年に「日本初期洋画」といった展覧会を開催するなど、さまざまなジャンルの展覧会を行ってきた。

しかし、昭和二五（一九五〇）年以降、各社寺に文化財の収蔵庫がつくられるようになり、寄託品は次々と里帰りをするようになった。それまで、すぐれた寄託品に頼る形で仏教美術の名品の展示を行ってきた奈良博であったが、これを機に、改めてテーマを設定して仏

奈良国立博物館　新館
（向かって右側が西新館、左側が東新館）

教美術の展示を行っていく方針を打ち出す。奈良の古社寺に伝わった文化財を守り公開していくという開館当初の目的を果たすために、原点に回帰したのだ。そして、昭和三三（一九五八）年に「仏教美術入門展」（会期は四月五日から五月十日）を開催し、仏教美術の専門館として新たなスタートを切った。

館蔵品の充実

仏教美術を専門に展示する博物館として再スタートしたことをきっかけに、改めて仏教美術の館蔵品を増やすことに力を注ぐようになる。奈良博における館蔵品の充実は、購入、文化庁が購入した文化財の管理換え、そして個人などから寄贈を受ける方法の大きく三つに分けられる。

昭和三十年代から、おもに地元奈良にゆかりのある仏教美術の購入を積極的に進めていく。さらに昭和三六（一九六一）年には、文化庁（当時は文化財保護委員会）から、奈良博を代表する国宝 薬師如来坐像や国宝 地獄草紙、国宝 刺繡釈迦如来説法図などを含む計六件の国宝が奈良博に管理換えとなった。仏教美術を専門に展示する館だからこそ、これらの仏教美術を代表する名品が文化庁から託されたのであろう。

こうして戦後になってから館蔵品が本格的に増加していき、現在に至るまで着実にその数を増やしてきた。今や館蔵品の数は約二〇〇〇件（そのうち国宝は一三件、重要文化財は一一四件）におよんでいる（令和五年一月時点）。このようにして、質・量ともに誇れる仏教美術の館蔵品が集まったのである。

展示施設の充実

奈良博は開館以来、唯一の展示施設である本館でさまざまな展覧会を開催してきた。しかし、展覧会の充実や観覧者の増加に伴い、施設の狭さが問題となり、特に正倉院展開催時の混雑が深刻であった。

そうした課題を解決するために、新たに展示施設をつくることが計画され、昭和四七（一九七二）年に現在の西新館が完成した。だが、正倉院展における混雑は課題として残り続けた。

そこからさらに展示施設の増設が進められることとなり、平成一〇（一九九八）年に三つ目の展示施設となる現在の東新館が完成。展示面積は開館時のおよそ三倍にまで増えた。こうして長らくの課題であった混雑も解消されるとともに、より多くの展覧会を開催できるようになった。

また、平成一四（二〇〇二）年には、昭和一二（一九三七）年に収蔵庫として建てられた建物を改修し、寄贈された中国古代青銅器を展示する青銅器館を新たにオープンした。現在もなお、この四つの展示施設を活用し、数々の展覧会を開催している。

本館から「なら仏像館」へ

展示スペースの拡大により複数の展覧会を同時に開催できるようにもなった。そこで奈良博は、開館当初からあり、長らく本館と呼んでいた展示施設を、仏像を専門に展示する施設として名称変更することを決意。そして平成二二（二〇一〇）年、本館は「なら仏像館」となり、仏像専門

令和３（2021）年より新たに展示に加わった
奈良・金峯山寺の重要文化財 金剛力士立像２軀

の展示施設として再スタートしたのである。

奈良博には現在、館蔵品と寄託品を合わせると約六〇〇件の仏像が収蔵されている。「なら仏像館」では、これらの収蔵品の中から適宜選りすぐり、定期的な展示替えを行いながら、常時およそ一〇〇件の仏像を展示している。日本の飛鳥時代から鎌倉時代の仏像を中心としつつも、中国や朝鮮半島のものも含め、数多くの仏像の名品を間近に鑑賞することができる。このように、「なら仏像館」の仏像展示は、その質・量において大変充実していることから、世界トップレベルだといえる。

開館当初よりある「なら仏像館」の建物は、昭和四四（一九六九）年には「旧帝国奈良博物館本館」として重要文化財に指定され、完成から一二〇年以上を経た今もなお展示施設として現役である。平成二八（二〇一六）年に展示室の内壁や照明設備・展示ケースなどを大幅にリニューアルし、さらに令和三（二〇二一）年には、奈良県吉野郡吉野町の金峯山寺から、高さが五メートルもある巨大な重要文化財 金剛力士立像二軀を迎えて展示を一新するなど、展示空間を更新しながら、仏像の魅力を発信し続けている。

仏教美術資料研究センターと文化財保存修理所のオープン

これまで、主に仏教美術の収集や展示について紹介してきたが、奈良博は仏教美術の調査研究や保存修理においても中枢拠点としての機能を果たしている。

国立博物館　仏教美術資料研究センター

昭和五五（一九八〇）年には、仏教美術に関する調査研究資料の作成・収集・整理・保管、そして公開するために仏教美術資料研究センターを奈良博の事務所内に新たに設けた。そして平成元（一九八九）年五月から、現在の建物にて一般公開を行っている。建物は明治三五（一九〇二）年に完成し、奈良県物産陳列所として開館した、日本を代表する近代和風建築である。設計を担当したのは、建築史学者で当時奈良県技師として古社寺保存修理事業に尽力した関野《せきの》貞《ただし》（一八六七〜一九三五）である。昭和五八（一九八三）年より、奈良博が管理することとなり、現在はセンターの建物として活用されている。

さらに平成一四（二〇〇二）年に、奈良博の施設として文化財保存修理所をオープンした。国が設置した二番目の文化財保存修理所である。修理所には仏像や絵画・書跡、漆工芸品の修理を行う各工房が入所し、国内最高峰の修理技術を有する技術者が国宝や重要文化財をはじめとした数々の文化財の修理を日々行っている。

このように、奈良博は開館以来、進化を遂げてきた。そして今もなお進化し続けている。そんな奈良博にぜひ足を運び、仏教美術をはじめとした文化財の魅力を感じてほしい。

（奈良国立博物館　翁みほり）

奈良国立博物館を
公式キャラクター ざんまいずがご案内

奈良国立博物館

仏像美術の展示は国内有数 !!

奈良博には仏教美術を中心とした文化財が数多くあり、奈良博の文化財とお寺や神社などから預かっている文化財を合わせると、およそ4000件にも上る。飛鳥時代から鎌倉時代に至る日本の仏像を中心に、国宝や重要文化財を含むおよそ100体もの仏像がいつも展示されている「なら仏像館」は、世界トップクラスの仏像の展示施設といえる。

仏像模型の展示コーナー

仏像のつくり方などについて模型を使ってわかりやすく紹介しているコーナー。なら仏像館とセットでこのコーナーを見学するのがオススメ！ 仏像のことがよくわかるようになる。

地下回廊には
ミュージアムショップや
レストランもあるよ !!

地下回廊

なら仏像館と東新館・西新館を結ぶ全長150 mの連絡通路で、観覧者以外でも自由に入ることができる無料ゾーン。休憩スペースもあるので、気軽に立ち寄れる。

楽しく学べるで～

オリジナルグッズも
いっぱいあるぜ !!

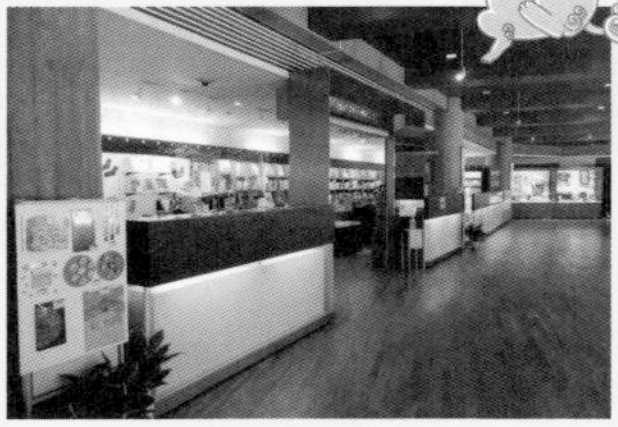

ミュージアムショップ

「ざんまいず」や仏像をかわいらしくPOPにデザインした「元気が出る仏像シリーズ」など、ここでしか買えないグッズがたくさん。

ならはく教育普及スペース「ちえひろば」

裸の仏像のレプリカに服を着せるワークショップなど、仏教美術を体験的に楽しく学べるワークショップを定期的に開催。詳しくは奈良博の教育普及ウェブサイト「ならはく教育普及室」をチェック！

レストラン

食事・カフェどちらも楽しめる。期間限定の特別メニューも登場。

【住所】〒630-8213　奈良県奈良市登大路町50番地
【URL】https://www.narahaku.go.jp

奈良公園周辺の地形

河川と活断層が織りなす谷・低地と台地のバリエーション

奈良公園の玄関口「東向商店街」はなぜ「東向」という名前がついている？

奈良公園の周りにはなぜたくさんの坂や崖がある？

東向商店街（南部）の北側入り口（写真右手）と撓曲崖末端（写真左手の坂）

古代奈良の都、平城京の主要部は、奈良盆地の北縁部に位置していた。平城宮は、盆地縁ではあるが、比較的平坦で起伏に乏しい低地に造営された宮であった。現在、史跡として知られている平城宮跡に対し、奈良公園は、奈良盆地北東縁に位置し、周辺には標高の異なるいくつかの平坦な土地とそれらを限る坂や崖が散在しており、起伏に富んだ地形環境の下に展開している（図1上）。ここでは、奈良公園とその周辺の地形の特徴を、特に、河川と活断層に着目しながら眺めてみよう。

奈良公園周辺を流れる川

奈良公園東部の山地からは、相対的に広い流域を持つ能登川と佐保川が、各々、奈良公園の南側と北側を流れている（図1中）。この二つの河川に挟まれて若草山を水源とする、率川《いさがわ》、水谷《みずや》川、白蛇《はくだ》川などの小河川が、東から西へ流れ出ている。率川の下流は、奈良市街地に入り暗渠化《あんきょか》され、下流部は菩提川と名を変えて佐保川に合流する。水谷川は、奥山から若草山と春日山の間を西に流れ出て、水谷神社北側の春日大社境内を流れ下り、下流で吉城《よしき》川と名を変え、佐保川に合流する。吉城川の最下流部は暗渠化されているので地上からそのルートを追うのが難しいが、中流部では吉城園や依水園付近を流下しており、その水は、庭園の景観維持に利用されている。

これらの河川群は、東にそびえる若草山（三笠山）や春日山（御蓋山《みかさやま》）から西北西～西～西南西に向かい、盆地に流下してからは、谷底低地《こくていていち》や扇状地を形成しながら流れ下る（図１中）。佐保川上流部は、山麓から奈良盆地に入り少しの間西流するが、しばらくすると奈良盆地の低所に向かってほぼ南流するようになる。支流の水谷川や能登川は、東の山地から西北西～西～西南西に流れ下り、佐保川本流に合流する。つまり、奈良公園とその周辺域を流れる河川は、大局

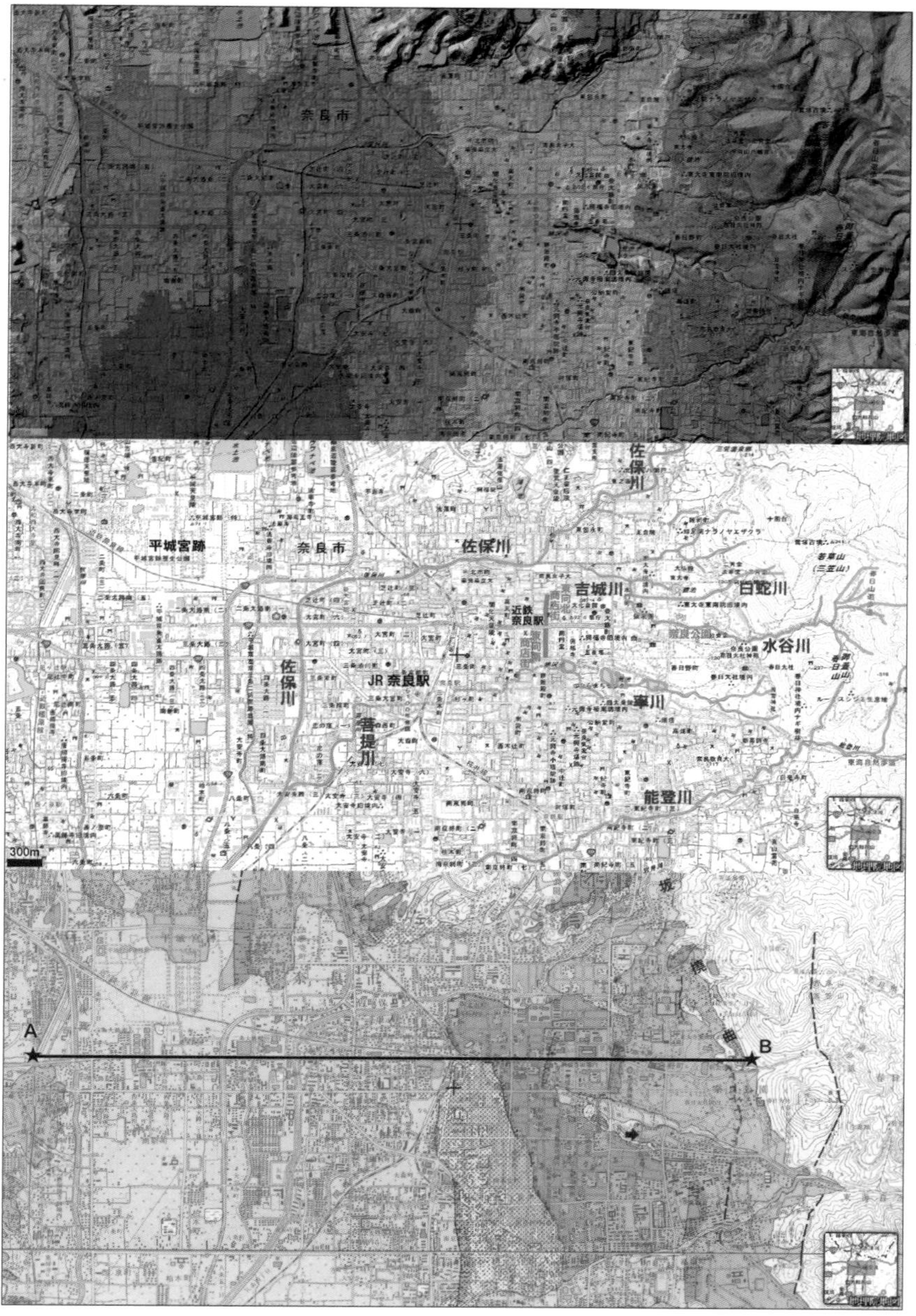

図１　奈良公園周辺の標高分布（段彩図（上）、水系図（中）、活断層図（下）（国土地理院ウェブサイト「地理院地図」を利用して筆者作成）
段彩図（上）
■…60m 以下　■…60m～70m 以下　■…70m～80m 以下　■…80m～90m 以下
■…90m～100m 以下　■…100m～110m 以下　■…110m～
活断層図（下）の薄緑色は谷底低地・扇状地（低地）、オレンジ色は河成段丘（台地）、赤線と赤矢印は撓曲崖・断層崖、黒破線は推定活断層

的には東から西方向へ流下し、それらの河川がつくる土地（谷底低地や扇状地）も、基本的には東側が高く西側が低い、という地形となっている。

扇状地の勾配と台地化した扇状地の勾配

河川は大洪水時には泥水や土砂を河道周辺に運び、それが地表付近に定着すると堆積物となり、堆積地形をつくる。例えば、奈良公園の南方を流れる能登川は、ナギ林で有名な春日山の南端付近の谷口から盆地に流入し、盆地域に土砂を堆積させることで扇状地をつくっている。現在、能登川がつくりつつある扇状地の地表面は、谷口（扇頂）から佐保川本流に合流するまでの間、勾配二〇～三〇パーミル（水平距離一〇〇〇mに対し標高が二〇～三〇m変化する）くらいの傾斜で西に傾き下がっている。このくらいの傾斜の土地であれば、人間の感覚でもおおよその傾斜の方向は認識できるし、例えば自転車のペダルを漕がずとも、地面の傾斜方向に自然と移動することが可能である。これに対し、奈良公園付近の台地をつくる地表面は大局的には東から西方向に標高が低下してゆくが、ところどころで傾斜の急な斜面が出現するため階段状となっており、しかも、傾斜の緩い部分の地表面が、ほぼ水平に近かったり、むしろ東方向の若草山・春日山・大和高原方面にゆるく傾いていたりする場合がある（図2）。奈良公園付近の台地は、河川沿いに形成された低地としての扇状地が、河床の低下によって、台地化し、もはや洪水時の水や土砂を被らなくなった土地である。したがってこの土地が扇状地として形成された当時は、大局的に標高高い東側から西に向かって傾き下がる土地であったはずである。それが現在、ほぼ水平か、むしろ東傾斜の勾配をもっているのは、極めて不自然なことなのである。このような奈良公園付近の、ほぼ水平かやや東方向に傾く台地地表面の傾斜には、大地震を引き起こす活断層の活動に伴う地殻変動の履歴が隠されている。

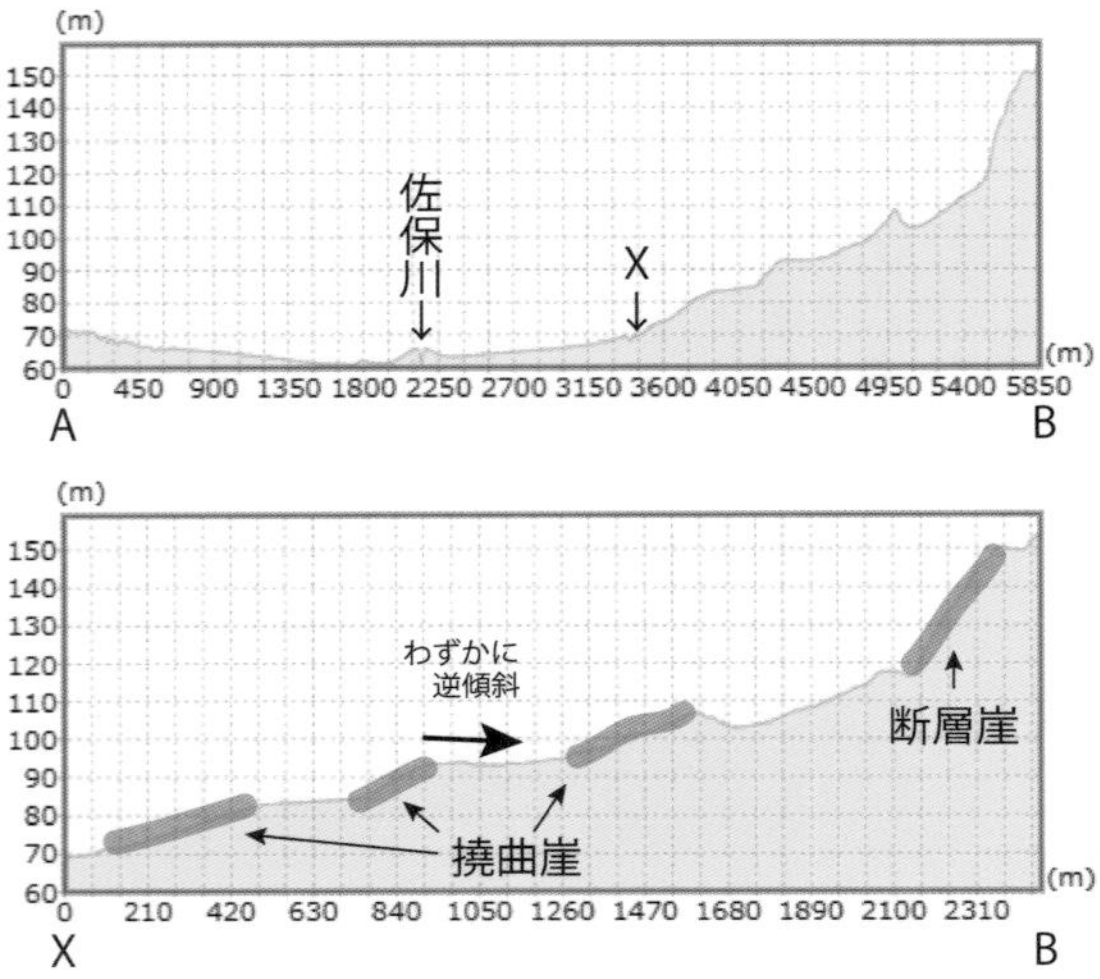

図２　登大路沿いの東西地形断面図（国土地理院ウェブサイト「地理院地図」を利用して筆者作成）
下段の断面図は上段右側の拡大図。断面の位置は図１参照

東向《ひがしむき》商店街が「東向」と呼ばれるようになった訳は？

奈良公園の入り口、近鉄奈良駅東口を南北に延びる〝東向商店街〟では、アーケードのかかる道の東西両側に商店が立ち並んでいる。しかしなぜ、〝東向〟なのか？　これは、かつて道路の西側にばかり商家があり、道路沿いの家がすべて東に向いているという意味で称されたからといわれている。商店街の東側は興福寺所領と接しており、古くは興福寺が伽藍近辺に商家をつくらせず、同寺築地のある東側には家がなかったらしい。江戸期永禄年間に西側、慶長～寛永年間に東側が町家となり、両側とも町並みになったといわれている（『奈良県の地名』、一九八一年）。この興福寺所領の西縁が、奈良盆地東縁断層帯を構成する活断層の活動によって形成された撓《とう》曲崖《きょくがい》（断層面が地表まで到達せず、地表面が緩やかに撓《たわ》むき下がる崖となった地形）の一つである。この撓曲崖の付け根が、東向商店街街路の東縁付近に位置しているのである。

河川と並行に延びる崖、河川と直交〜斜交する崖

これまで見てきたように、奈良公園とその周辺地域には、低地と高さの異なる何段かの台地（河成段丘）が分布しているが、低地と台地や、異なるグループ間の台地と台地を境する崖や坂には、大きく二つのタイプが存在する。一つは、河川の流下方向と並行するように続く崖で、典型的なものは河谷の谷壁斜面である。谷壁斜面は、斜面の基部を河川が浸食し、斜面基部を構成していた岩盤や土砂が運搬され失われてしまうと、不安定になる。不安定になった斜面は、最終的には、降雨による地下水位の上昇や地震時の震動などが引き金となり、谷底めがけて崩れ落ちることになる。このような作用は、河川の谷沿いを上流から下流に向けて続くことになるので、河川の流下方向と並行に、崖や急斜面が連続することになる。我々が野外で目にする崖や急斜面は、このタイプのものがもっとも多い。

一方、場所や地域にもよるが、河川の流下方向と直交〜斜交する方向に連続する崖や急斜面が観察される場合があり、これをもう一つのタイプの崖として区別することができる。奈良公園とその周辺域では、図1下の赤実線〜破線、黒実線〜破線で示されるような河川の流下方向と直交〜斜交する方向に延びる崖や急斜面が散在している。これらの崖や急斜面は、もともとは付近を流れる河川のつくる一連の扇状地が、河床の低下や土地の隆起などによって台地化した後、地下の活断層によって地表面の高さに食い違いがもたらされたために出現したと考えられている。研究者の目から見れば、地形の特徴から活断層の存在を推定することは可能であるが、平成七（一九九五）年に発生した兵庫県南部地震以降、全国各地で集中して実施されてきたボーリング調査、掘削調査や物理探査などによって、奈良盆地東縁でも、地表面下に地層のズレや地下深所にまで続く堆積構造の不連続が検出され、活断層が存在することが実証されている。令和五（二〇二三）年一月一三日に地震調査研究推進本部（文部科学省）から公表された最新の情報によれば、奈良盆地東縁断層帯の活断層は、平均活動間隔が約五〇〇〇年、最新活動時期が約一万一〇〇〇年前〜約一二〇〇年前、予想される地震規模がマグニチュード七・四程度、今後三〇年以内の地震発生確率（令和五年一月一日時点）がほぼ〇〜五%と、全国的にみても、内陸直下型大地震の発生確率がもっとも高いランクに属す活断層と評価されている。

人間はかなり昔から環境を改変してきた

東向商店街（南部）アーケード北入り口付近の近鉄奈良駅前には、噴

水とともに行基《ぎょうき》の銅像が建てられている。行基は飛鳥時代から奈良時代に活躍した仏教僧であるが、布教活動だけでなく寺院の建設やため池の築造、堀や溝の建設など、日本各地で建築・土木事業を指揮したことはよく知られている。平城京や藤原京の建設は自然環境を改変した大がかりな都市建設であったし、より時代を遡《さかのぼ》ると古墳の建設や水田耕作、環濠集落の建設（弥生時代）なども人の手によるかなり規模の大きな自然環境改変と言ってよいだろう。このように、人間は相当古い時代から、人為的に環境を改変し、利用してきた。

古代から人は〝盛って〟ます

現代社会では、SNSの発達とともに、多くの人が自ら簡単に情報発信できる時代になってきている。これに付随して、発信される情報が、生の、真の情報ではなく、虚偽であったり装飾が施されていたりする場合、所謂《いわゆる》〝盛られている〟場合も少なくない。同様に、現在、我々が目にする土地や景観も、長く続く自然の営みがつくり出した自然環境とは言い難い場合も少なくない。先の図2に示した地形断面図を見ると、奈良盆地北縁部を流れる佐保川の流路は、盆地底の一番低い所を流れずに南流しているので、人為的な工事によって現在の位置に強制的に付け替えられたものであることが容易に想像できるし、その他の河川流路にも、不自然に直線化されたり、直角に曲がったりしている箇所を目にすることがある。

登大路瓦窯跡群（平城京左京三条七坊、興福寺旧境内）
遺跡で観察された埋土堆積層（写真右手）

奈良盆地の北部では、平城京の条坊に併せて改変された直線的な流路が今もその姿をとどめている。

人間による土地改変の実態がどのようなものであるか、具体的な場所の具体的な事例の解明は意外に難しい。歴史資料に詳細が残されているものや、明治期の後半以降くらいであれば、ある程度実態が掌握できる場合があるが、遺跡の発掘調査などを通してはじめて認識される場合も少なくない。筆者はかつて、奈良県庁の北側で発見された登大路瓦窯跡群（平城京左京三条七坊、興福寺旧境内）の遺跡発掘現場で、地表から二m以上の層厚で奈良時代以降の埋土堆積物が広範囲に存在するのを観察したことがあるが（写真上）、この程度の規模の人為的な土地改変はいろいろな場所で行われてきた可能性がある。我々は、その土地土地の自然環境に思いを馳せる時、自然環境を改変しつづけてきた人間活動の影響力の大きさを忘れてはならないであろう。

（奈良女子大学人文科学系　教授　髙田将志）

不開坂《あけずのさか》

出ていくのみの門があった坂

かつて坂の途中、興福寺《こうふくじ》の境内に「不開《あけず》の門《もん》」があった。普段は開いておらず、西向きだったことから、死者や不浄なもの、興福寺の修行から脱落した者が出ていく門だったとされる。

奈良県奈良市登大路町 43、
奈良県奈良市東向中町

油阪《あぶらざか》

油屋さんが多く住んだ町

鎌倉時代中期に奈良市中の油販売・製油を独占した「符坂の油座」の座衆が集団で住んでいた地域。元は「油坂」で明治中期に「油阪」と改字した。かつてはこの坂に近鉄油阪駅があった。

奈良県奈良市油阪町

辷坂《すべりさか》

滑らずに歩けば受験は安泰かも

三条通りの興福寺付近で傾斜を成す坂道。先には春日大社一之鳥居がある。雨や雪の日は滑りやすいようで、受験生には気になる名称。興福寺五重塔や猿沢池を望む景勝の坂でもある。

奈良県奈良市登大路町

猫段《ねこだん》（猫坂）

転ぶと猫になる⁉

東大寺大仏殿回廊の東側から鐘楼にのぼっていく100段の階段坂。「この坂で転ぶと猫になる」と言われたことが名の由来。坂で遊ぶ子どもたちへの警句として使われたのだろう。

奈良県奈良市雑司町 406-1

奈良公園の景観

奈良公園の
景色の特徴はなんですか？

浮見堂

奈良公園の景観は
どのように管理されていますか？

自然美と人工美の見事な融合は長い時間の人と自然の相互使用で醸成された

奈良公園の景観の特性

　奈良公園を訪れる人々は、近鉄奈良駅から春日大社に至る登大路《のぼりおおじ》ないし市街地を東西に貫く三条通を東に向かって歩くうち、いつの間にか自分が奈良公園に来ていることを体感する。そしていったん足を踏み入れると、シカが戯れる緑地のなかに、歴史的建造物が点在する風景が壮大なスケールで広がっている。どこからどこまでが公園なのか、公園の「内」と「外」の境界は不明瞭で、全体として雄大で一体的な景観が構築されている。俯瞰すると、まるで東の山々の緑が市街地に流れ込んでいるかのように見える（図１）。このような形状の都市公園は、全国的にみても非常に珍しい。

　この全体景観の特性は、往々にして人々の称賛の的となってきた。例えば、明治政府によって招聘され近代医学の発展に大きな功績を残したドイツ人医師エルヴィン・フォン・ベルツは、明治三七（一九〇四）年四月一七日、奈良を訪れた際の日記に次のように記している。

　なんとなく自然的な雄大さが

図１　奈良公園全景　出典：国土地理院地図（gsi.go.jp）
（全国最新写真（シームレス）に陰影起伏図を重ねて掲載）

あり、よくある箱庭趣味によってゆがめられていない。特に、こせこせした築山や、引きずってきてすえつけた岩石などがないのが気持ちよい。（中略）何しろ、自然そのものが背景に丘陵、山岳を配し、前景の地形を優雅に構成しているからだ。道路は清潔である。樹木のあいだからは寺院や黄色い模様のある緑の野や、その端の青い山がのぞいている。木立ちは、美しい公園で見受けるようにあまり密生せず、ここかしこの丘のすそで、まだ斧を加えられたことのない、荘厳な原始密林に連なっている。

（エルヴィン・フォン・ベルツ『ベルツの日記（下）』（昭和五四年刊、トク・ベルツ編）岩波書店、五四ページ）

他の一般的な公園とは一線を画す、山まで一体的に広がる奈良公園ならではの雄大な風景美が絶賛されている。

また、奈良公園は大正八（一九一九）年制定の「史蹟名勝天然紀念物保存法」に基づき、大正一二（一九二三）年三月に優れた景勝地として国内初の「名勝」に指定されたが、この過程でも同様の景観評価がみられる。当時の木田川奎彦《ふみひこ》奈良県知事が残した公文書（内務省からの名勝指定に関する紹介に対する回答：大正一〇年七月一五日教第四一四九号）には、「奈良朝時代ノ遺物及史蹟ヲ抱擁セル」「厖大ナル地域」と、まずその広大さが示されたうえで、「一見公園地ト鑑別シ得サル民有地等相錯綜シ其ノ隣接地モ亦複雑ニシテ且ツ公園ノ風趣ニ直接関スヘキ景勝ノ地点」（同右）が少なからず見られると併記されている。一見ではその境界線が不明瞭な、公園内外の連続した景観が、総体として奈良公園の「風趣」を醸成していると評価されていたことが分かる。

景勝地としての保全継承

名勝に指定された当時の奈良公園の区域は、明治一三（一八八〇）年に誕生した原初期の奈良公園区域である興《こう》福寺《ふくじ》元境内および猿沢池近傍に、若草山、春日山、花山、芳山《ほやま》などの広大な山野、東大寺や手向山八幡宮《たむけやまはちまんぐう》、氷室《ひむろ》神社、天神社、瑜伽《ゆうが》神社などの社寺境内地、隣接する民有地を買い上げて拡張整備がなされた、広大なものであった。「名勝」奈良公園の指定範囲には、この当時の「奈良公園」区域全体、さらに未買収であった公園「外」の民有地も包含されて、現在に至る。

社寺境内地は後に公園地解除となり、各々の所有に帰した。従って、現在の「奈良県立都市公園」奈良公園の区域は、特に平坦部においては限

図２「奈良県立都市公園」奈良公園の区域
出典：奈良県まちづくり推進局奈良公園室『奈良公園基本戦略』2012

定的で、飛び地状になっている（図2）。この状況にもかかわらず、現在も雄大で一体的な全体景観が保持されている背景には、人々に愛でられてきた景勝地を文化財として守り伝える仕組みである「名勝」が重要な役割を果たしているといえる。

さらに、名勝に重ねて、土地利用に一定の制限を課すゾーンを公園内外に広く設けることで、時代とともに変化する土地利用のニーズにより奈良公園固有の風致景観が変貌しないよう工夫を凝らしてきた。都市計画法に基づく「風致地区」、高度経済成長期の開発圧力への緊急対策として成立した「古都における歴史的風土の保存に関する特別措置法」に基づく「歴史的風土保存区域」「歴史的風土特別保存地区」である（図3）。現在私たちが享受している奈良公園の景観は、その特性と価値を守り、継承していくことを旨とした、先人たちの創意工夫に支えられているのである。

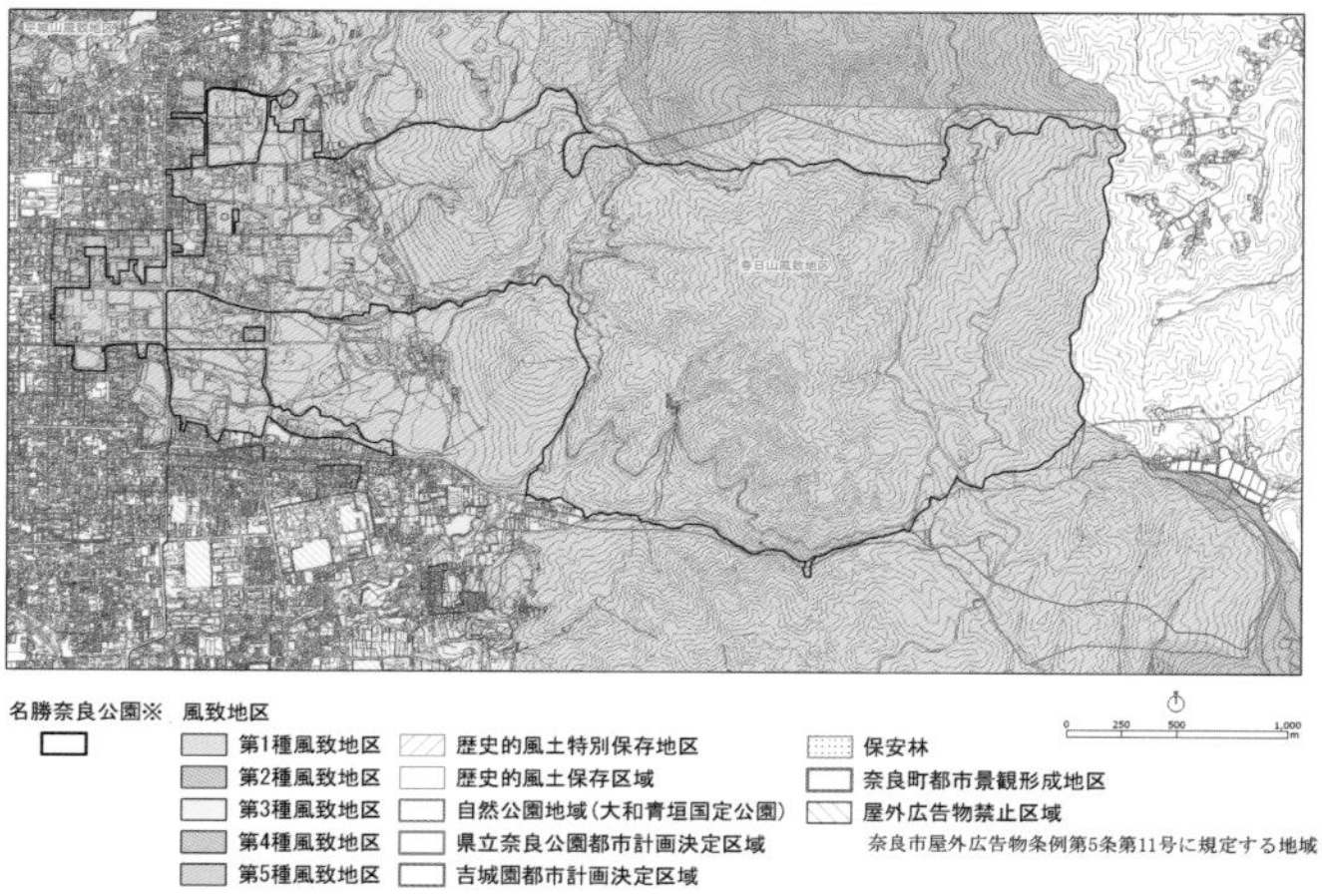

図３　奈良公園周辺の法規制状況
出典：奈良県土木部まちづくり推進局公園緑地課、奈良県教育委員会文化財保存課『名勝奈良公園保存管理・活用計画』2011

※出典：奈良県教育委員会編『奈良県史跡名勝天然記念物集録1』を基に作図

自然と人工美の融合の背景

奈良公園を訪れる人々は、シカが戯れる豊かな緑地のなかに、歴史的建造物等の人工物が見え隠れする風景を至るところで目にする。このような自然美と人工美の融合も、奈良公園の風致景観の特性として広く愛でられてきた点である。近代を代表する文豪、志賀直哉による随筆「奈良」には、「兎に角、奈良は美しい所だ。自然が美しく、残つてゐる建築も美しい。そして二つが互いに溶けあつてゐる点は他に比を見ないと云つて差支へない。今の奈良は昔の都の一部分に過ぎないが、名画の残欠が美しいやうに美しい。」（志賀直哉「奈良」昭和一三年）という有名な一節がある。奈良公園の美の神髄を、自然と歴史的建造物の「二つが互いに溶けあつてゐる点」、すなわち両者の融合に見いだしているのである。

この融合は、一朝一夕に形成されたものではない。奈良公園の立地基盤となっているのは、奈良時代に平城京の外京に創建された、興福寺や東大寺を中心とする社寺境内地と背後の山野である。都が移った後、社寺を中心に町が形成され発展していくなかで中心地となったのが、この一帯であった。しかし明治維新直後、全国的な廃仏毀釈《きしゃく》の動向と社寺領上知令《あげちれい》による経済的基盤の喪失に伴い、町の発展を牽引してきた代表的な古代寺院である興福寺の境内地も、荒廃の一途をたどることとなる。この状況に心を痛め、保全しようとする町民有志の請願をきっかけに、明治一三（一八八〇）年二月、興福寺の旧境内外を「公園」として開設することが認可された。これが、原初期の「奈良公園」である。

その後、大阪府に編入されていた奈良県が再設置され政情が安定すると、県は奈良公園の拡張整備に注力していった。明治二二（一八八九）年三月に告示された新たな奈良公園の区域は、先述の通り、広大な山野と集積する社寺境内地を編入した広大なものであった。この拡張整備（当時は「改良」と称されていた）の意図は、美しい自然と豊かな歴史文化遺産が集積している近傍の土地を広く取り込むことで「完全至美ノ一大公園」（公園地取拡之義ニ付上申、明治二一年）を形成することにあった。公園にすることで、これらの資源を長く「保存」すると同時に、さらなる来遊を促し地域の繁栄につながる「活用」が期待されたのである。

この広大な区域を一体の奈良公園としていかに整備していくか、具体的な検討過程では、県知事主導の案に対し県会が激しく異論を唱え、奈良町の町民も独自の案を提出するという複雑な事態となった。ただし、この過程で幾度も重ねられた議論を通して、奈良公園固有の価値とは何か、あるべき姿とはどのようなものかが、次第に浮き彫りにされ共有されていったのである。ここで、奈良公園ならではの「風光」を支える重要な要素として挙げられたのが、地形と「千有余年生ヒ茂リタル樹木」（県会議事録二二番／奈良町選出の橋井善二郎議員による修正案趣旨説明、明治二六年）であった。これを受けて、地形はみだりに改変せず、保存を原則とし、崩れている場所は整地すること。植栽は華美なものは避け、基本的に松・杉・桜（吉野桜に限定）・楓の四種類に限るという整備方針が固まった。

以後、この方針に沿って公園の拡張整備が推進されていった。また、町民の協力のもと、複雑に入り組んでいた隣接する民有地の買収も進み、整地されて、他の公園地と同様にシカの採食により維持管理された天然の芝生が広がっていった。時の経過とともに、植栽された樹木は生長し大木となり、地表には地形に従ってゆるやかに起伏していく一連の芝生地が自ずと形成されていったのである。このように、奈良公園の風致景観の特性である自然美と人工美の融合は、長い時間のなかで、この場所ならではの自然と人の営為の相互作用が積層し、醸成されたものである。

眺望の良い奈良公園の風趣

奈良公園では、一般の公園で見られる中低木や草は、シカの採食によりほぼ失われている。高木も、同様の理由で枝下の高さが約二mにカットされている。その結果、緑量は豊かだが閉塞感はなく、視線が奥まで通りやすい。視線の先に、樹間に見え隠れする歴史的建造物が確認でき、歩きながら自然美と人工美の融合とその変化を楽しむことができる。

先述の通り、公園整備において重視され保存された当地の地形は、山麓に至るまで東に向かって緩やかな上り坂が続き、若草山、御蓋山《みかさ》の西側で急激に高まり急斜面を形成し、そこからは三〇〇m～五〇〇mの山々

視点の通りと歴史的建造物

浮雲園地から望む東の山々

（上）現在の猿沢池の眺望
（下）奈良公園植栽計画パンフレット（「奈良公園植栽計画」のあらまし、奈良県 2014）掲載の昭和初期の猿沢池の眺望

が連なる。このような特徴的な地形が、山麓に至る平坦部（厳密には緩やかな丘陵部）に、東の山々を遠景とした印象的な眺望を愛でることができる視点場を幾つも生み出している。遠景となる山々の植生は、人との関わりの歴史によって異なるため、その景観は変化に富む。近景や中景には、樹間に見え隠れする歴史的建造物はもちろん、当地ならではの水の景が風趣を添えることも多い。

その一例が、奈良時代に興福寺の放《ほう》生《じょう》池《ち》として造成された猿沢池の池畔《ちはん》からの眺望である。池面越しに、樹間に垣間見える五重塔、その先に東の山を望む。「池畔より春日・若草の両山を遠くに望み、柳の間より興福寺の五重塔を近くに眺むる風景は頗《すこぶ》る佳《よ》い」（坂田静夫(昭和一二年)『大和史蹟名勝案内』東洋図書、一五ページ）と絶賛され、絵画や写真の題材にもしばしば取り上げられてきた代表的な眺望だが、時の経過とともに高木化、過密化した樹木により、歴史的建造物や山への眺望が遮られる状況が続いていた。現在では、二〇一二年度に設立された「奈良公園植栽計画検討委員会」による検討を経て段階的な整備が実施され、再び往時の姿に近い眺望を楽しむことができるようになっている。

また、明治四一（一九〇八）年に観賞用の池として築造された鷺池の池畔からの眺望も、奈良公園を代表する景観として広く知られている。水面とそこに浮かぶ六角形の浮見堂《うきみどう》越しに、背後に広がる東の山々を望む。浮見堂は、大正五（一九一六）年に「春は花見、秋は月見、虫聴、冬は雪見に宜しく四季遊ぶ人絶たざるべし」（大正五年七月二六日付奈良新聞記事「浮見堂成る」）と、奈良公園の四季を享受できる施設として建設され、以後修復と再建を経て現在に至る。この浮見堂自体が、池畔から望む景観に興趣を添える要素となっており、堂内からの眺望も四季の変化に富み美しく、人々を惹きつけている。

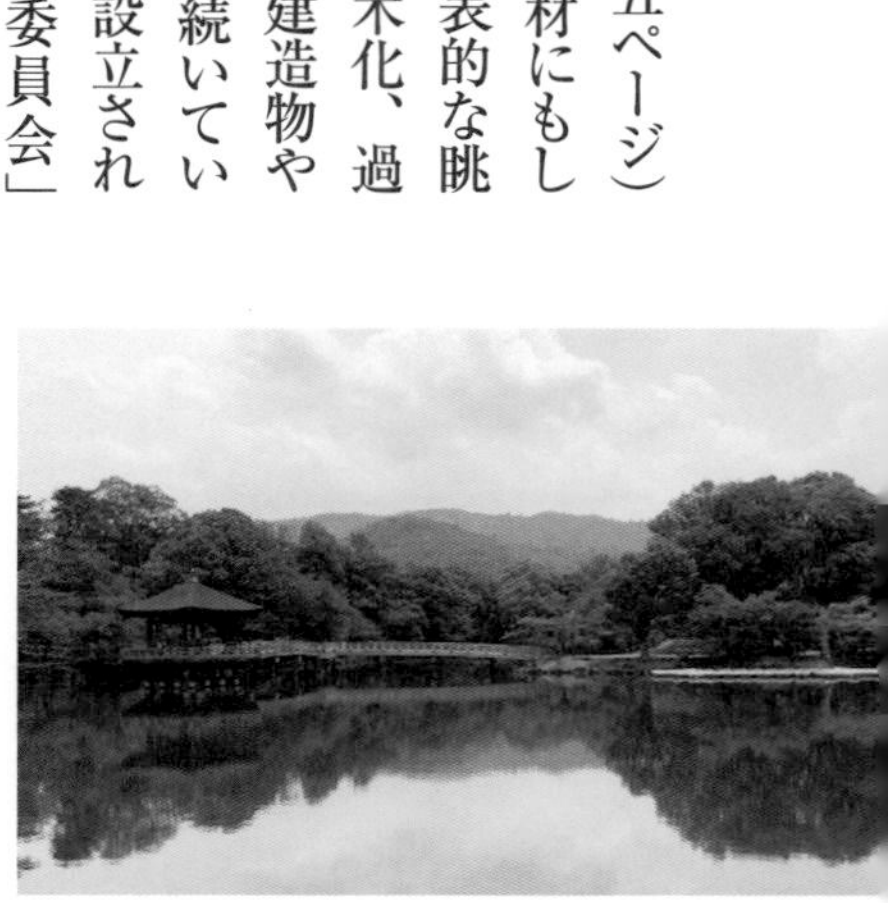

現在の鷺池・浮見堂の眺望

奈良公園に足を踏み入れ、樹間に垣間見える歴史的建造物に誘われて、その変化を楽しみつつ歩を進めると、パッと視界が開ける。遠景の山を含む緑と水、そしてシカが生み出す自然美と、歴史的建造物などの人工美が見事に融合した風致景観を一望できる視点場へとたどり着く。ぜひ、四季折々に、お気に入りの視点場を交えた思い思いの周遊コースを設定し、比類ない、奈良公園固有の美しい眺望をじっくりと味わっていただきたい。

（奈良県立大学地域創造学部 教授
井原縁）

奈良の絶景スポット四選

猿沢池

興福寺五重塔が水面に映る神秘

興福寺五重塔を望む奈良を代表する景勝地で、池の柳と一緒に映る水面の風景が人気。中秋の名月には、管絃船《かんげんせん》が池を巡る「采女祭《うねめまつり》」の華やかな行事を見ることができる。

住所　奈良市登大路町猿沢
HP　https://www3.pref.nara.jp/park/item/2683.htm

若草山

古都奈良の大パノラマを一望

雄大な山々に囲まれた古都奈良の風情溢れる街並みを見渡す、山頂からの景色はまさに絶景だ。夕焼けや新日本三大夜景のひとつである夜景は、うっとりする美しさに感動。

住所　奈良市雑司町
HP　https://www3.pref.nara.jp/park/item/2585.htm

浮雲園地

早春を告げる山焼き観賞が人気

奈良公園内の広大な芝生広場は、桜や紅葉、夏の百日紅《さるすべり》など四季の風景を楽しめる。また、若草山の山焼きを見渡せる人気スポット。山焼きは平城宮跡からの景観もおすすめ。

住所　奈良市春日野町 23-2
HP　https://www3.pref.nara.jp/park/item/2594.htm

鷺池

浮見堂が浮かぶ風光明媚な情景

鷺池から望む浮見堂は、春は桜、冬は雪景色と四季折々の風光明媚な景色が美しく、池に映る姿にも心が癒やされる。また、水辺を泳ぐ野鳥などを見ることができる。

住所　奈良市高畑町
HP　https://www.pref.nara.jp/18172.htm

写真：PIXTA＝bengoro（猿沢池）、奈良観光（若草山）、でじたるらぶ（猿沢池）

奈良公園の植生と植物

〝持ちつ持たれつ〟の植生とシカ 奈良公園の植物の生態を知ろう

奈良公園の芝生は誰が管理している？

若草山とシカ
（奈良観光 /PIXTA）

春日山原始林はなぜ貴重なのか？

芝生とシカのいい関係

奈良公園と聞いてまず思い浮かぶのは、広い芝生と、そこでシカの群れが草を食む景色ではないだろうか。意外なことに、この美しく整った芝生は、芝刈りもいらなければ肥料もいらない。生育している植物はシバというイネ科の在来種であり、この場所が草地生態系として自律的に維持されているという点が、他の公園や普通の家の芝生とは大きく異なる。シバ草地が維持される仕組みは、シカ、シバ、その他の小さな生きものたちがそれぞれに持つ生態の組み合わせに秘密がある。

日本は気温と降水量の条件に恵まれており、長い時間が経てばほとんどどこでも森林になるといわれている。シバはたいへん背の低い植物だから、より背丈の高い植物が生育して上を覆うと光不足となり枯れてしまう。けれども奈良公園ではそんな背丈の高い植物が育とうにも、ことごとくシカが食べて排除してしまう。つまりシカの採食圧によって、草地から灌木林《かんぼくりん》への遷移の進行が止められているのである。

一方シバは、草食動物に食われ踏まれることを織り込み済みの生態を持っている。細くて丈夫な匍匐茎《ほふくけい》が地面を走り、多数の節から根を張りながら茎葉《けいよう》を伸ばす。葉や茎が食いちぎられても植物の断片が地面にしがみついてしぶとく残り、そこから再び茎葉を伸ばして回復することができる。高さが五㎝まで抑えられてもシバだけは生きていけるのである。また種子はシカに食われても、何重も皮に護られ、生きたまま消化管をくぐり抜けて糞として散布される。

　このようにシバ草地が存続することでシカはシバを餌として持続的に利用でき、シバは競争相手の排除や種子散布をしてもらうことで生き続けることができるのである。

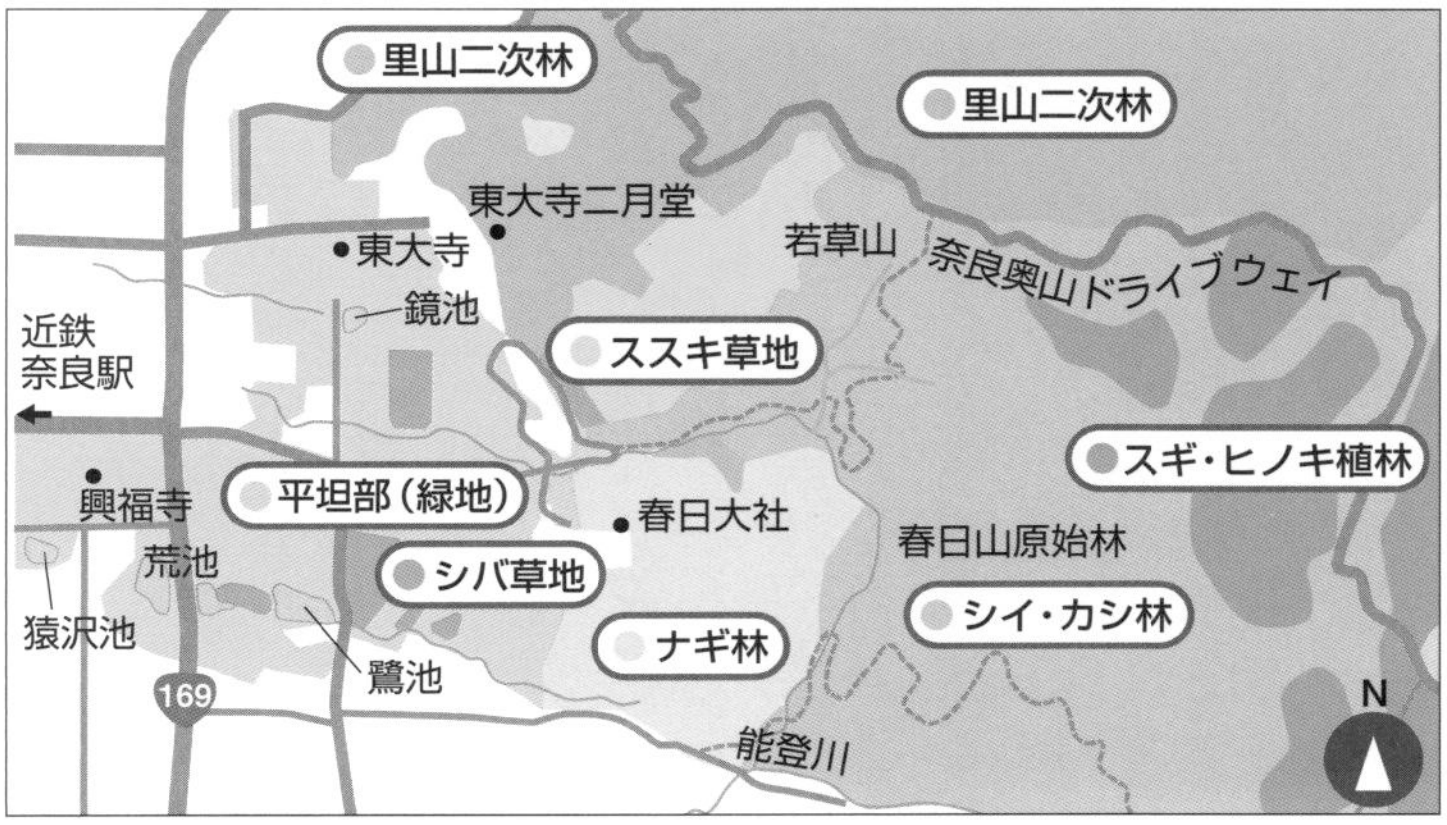

奈良公園の植生分布図（環境省 1/25,000 植生図を改変）

シカが食べない植物

　強いシカの採食圧に曝されることによって、奈良公園や春日山の植生や植物相は、様々な特徴を示す。まず綺麗な目立つ草花はほとんど生えていない。樹木はシカの口が届く一定の高さまで枝葉がなく、木立の間は下草がなく、向こうまで見通しやすい。

　しかし植物の側にもただ食われるままになるのではなく、毒を生産し自分を不味くして化学的に防衛するものがいる。毒を持たない植物をシカが食べることで、生育場所や光の獲得に有利になるなどの漁夫の利を得ることになる。そのようなシカの不嗜好種としてアセビ、イヌガシ、シキミ、ナギ、ナンキンハゼなどが挙げられ、これらの種は奈良公園や春日山の森の中では数が多く栄えている。

　アセビは庭木によく使われるツツジ科の低木で、二月頃から枝先につけた花序《かじょ》に多数の白い小さな釣鐘形の花を咲かせる。公園にも多数植えられ、また山中には樹高数メートルの個体も生育している。「馬酔木」と書かれるとおり、毒があり昔から草食動物が食べないことが知られていたが、最近は時々食われているようだ。奈良国立博物館前の歩道の花壇に植えられた小個体は二年も経たないうちに丸坊主にされ多数が枯死した。シカは毒とどう折り合いを付けたのだろうか。

　イヌガシはクスノキ科の亜高木《あこうぼく》で、稚樹《ちじゅ》も育っている。雌雄異株であり、早春に多数の赤い小さな花をつける。

アセビ

雄花は雄しべの葯《やく》まで赤い。葉の中央に一本と両脇へ一本ずつ、計三本の葉脈が特徴で三行脈《さんこうみゃく》と呼ばれる。

シキミ（樒）はシキミ科の亜高木である。関西では枝の束をお墓に供える風習がある。花も実も猛毒である。下枝にも葉が付いているのはシカに食べられていない証拠だ。

さらに、採食をまぬがれる草本や樹木の中で、興味を引くものを拾ってみよう。

シキミ（極楽蜻蛉 /PIXTA）

イヌガシ（hiro/PIXTA）

風変わりな姿が面白いのが、ウラシマソウ。東大寺三月堂裏の山裾に四月頃に現れるサトイモ科の多年草である。仏炎苞《ぶつえんほう》という花序のおおいの中から釣り糸が振り出されたかのような紐状の器官が出ていて、この植物は何がしたいのだろうかとなにやら楽しくなる。

鳥に花粉を運ばせるというオオバヤドリギ。他の樹木の枝の上で発芽して取りつき、光合成もしながら半寄生するヤドリギ科の着生植物である。長さ三㎝の花は赤褐色の毛に覆われた筒状で、奥に蜜がある。四つに裂けた花被（花びら）が反り返り、花被の緑と雄しべの赤の鮮やかなコントラストが熱帯風だ。萬葉植物園近くの表参道に生えたイロハカエデの樹上に着いているものが観察しやすい。

触れると毒液の入った微細な棘（刺毛）を刺してくるという邪悪な多年草が、イラクサ科のイラクサ。イラッとするのでイラクサというらしい。シカがすむ地域ではそうでない地域に比べて刺毛の密度が高いという。棘毛は草食動物に対する防衛なのである。

イラクサ

オオバヤドリギ
（奈良植物研究会 尾上聖子氏提供）

ウラシマソウ

絶滅危惧植物のフウランは、照葉樹林の大木に着生する小さなラン科の多年草だ。初夏に咲く花は可憐でいい香りがするが、嵐で枝が落ちたりしない限り普段はお目にはかかれない。

　鮮やかなピンクの花をつけるクリンソウは、沢や湿地に生育するサクラソウ科の多年草で花期は四月から六月。有毒であり葉はシカに食われても花や実は食われない。春日山遊歩道を歩いて小さな沢に出合ったら、奥をのぞいてみると出合えるかもしれない。

　シカが食べない大型のシダ植物の代表格がイノモトソウ科のナチシダ。背丈と葉の幅が一mにもなる。紀伊半島南部の那智で見つかった暖地性の種である。

　黒くて丸い種子が羽根突きの羽根の玉に使われたムクロジ。偶数羽状複葉を持つムクロジ科の落葉高木で、谷筋に生育する。果実は直径二〜二・五cmの球形で橙黄色に熟し、果皮はサポニンを含み泡立つので昔は石けん代わりに用いられた。

特別天然記念物である春日山原始林

春日山原始林の特徴

　奈良公園平坦部の植生を解説する前に、春日山原始林のことに触れておこう。興味がわいて森の入り口までも足を伸ばす人が、一人でも増えることを期待したい。

　公園平坦部から東の山を望むと、手前に御蓋山《みかさやま》があり、その背後に濃緑の森が稜線まで続いている。北は草地が広がる若草山で区切られる範囲が春日山原始林である。

　春日山の森はブナ科のシイ、カシ類を主体とする常緑広葉樹林である。ブナ科のほかクスノキ科、ツバキ科、ハイノキ科、モチノキ科などの種も含まれる。構成種にクチクラ層（葉の表面を覆い内部の保護の役割を果たす）が発達し葉に光沢のある樹種が多いことから照葉樹林とも呼ばれる。

　春日山原始林は大正一三（一九二四）年に国の天然記念物に指定され、さらに昭和三〇（一九五五）年に特別天然記念物に格上げされた。「原始林」は指定時の名称だが、周遊道路を車が走り、ところによっては人工林が見える現状は「原始」とはいいがたい。かつて豊臣秀吉は一万本のスギを植栽したと伝えられ、昭和の台風の後にはイチイガシが植栽されたという記録もあり、人為的影響は皆無ではない。それでも、承和《じょうわ》八（八四一）年に伐採が禁止されて以来、千年以上にわたり保護されてきた森の希少価値はますます高まっている。

　日本の照葉樹林の面積は国土の一・六％まで減少した。原生的な照葉樹林は西表島、屋久島、対馬、宮崎県綾など数えるほどしかない。二五〇haという限られた面積だが、春日山原始林は、なお原生的な特徴を備えた貴重な森林なのである。

　その第一の特徴は大木が多いことである。森林が保護され樹木が長い寿命を全うしているなによりの証だが、それは森に入ればすぐに体感できる。奈良県が行った調査では、平

ナギの枝と種子（いがぐり /PIXTA）

イチイガシ

成二五（二〇一三）年現在、胸高直径一m以上のシイ、カシ類が一四〇本（同八〇cm以上なら三六二本）確認されている。またスギ、モミなどの針葉樹大径木も多数生育している。

　第二は樹木の多様性が周辺の里山に比べ段違いに高いことである。常緑の優占種はシイのほか、カシ類だけでイチイガシ、ツクバネガシ、ウラジロガシ、アカガシ、アラカシの五種が出現する。このほかイヌシデやアサダ、ムクロジなどの落葉樹や、モミ、ツガ、スギなどの針葉樹も林冠を構成し、主要な構成樹種だけでも四〇種以上にのぼる。

　中でもイチイガシは春日山照葉樹林を象徴する樹種だ。日本のカシ類の中で最も温暖な地域に分布し、最も大きく成長する。大径木は春日大社境内地にも生育しており、禰《ね》宜《ぎ》道《みち》や春日山周遊路を歩けば必ず出会える。近隣の里山や京阪神の低山地ではなかなか見られない。

　イチイガシの葉は比較的小さくて緑が濃く、葉身の元から三分の二ぐらいのところで幅広になる（倒《とう》披《ひ》針《しん》形《けい》）。そこから先端まで小気味よい鋸《きょ》歯《し》（ギザギザ）が出る。当年の新枝、葉柄、葉の裏面には淡褐色の星状毛が密布する。この特徴を一度覚えたら他のカシ類との識別は易しい。

　もう一つの重要種がシイ、正確にはコジイ（ツブラジイ）である。五月の大型連休が明ける頃、原始林のモコモコとした林冠は黄金色に沸き立ち、森内にむせかえる香りが漂う。遠目にも見て取れるシイの盛大な開花イベントである。

　原始林のシイの幹は平滑ですらりと伸びる。葉は革質、披針形で、樹冠を下から見上げると、緑色というより褐色がかった色合いが特徴である。

　平坦部の園地にもシイが多数植えられている。ところが厳密には大部分が本来は沿岸地域に分布するスダジイというコジイとは別種の木であった。両種はよく似ているのでシイとして混同されてきたのかもしれないが、保全の観点から理想をいえば、苗木は春日山の自生個体の実を採取して作るべきであろう。

　ちなみにシイの実はドングリと同じ堅果だが、渋みがなく炒って美味しく食べられる。

　第三の特徴は、木本性の蔓植物が多いことである。大木に這い上がって茂るさまは、亜熱帯の森林を連想させる。マメ科のフジは原生林で生育するものはおそろしく太い幹を垂らす。キョウチクトウ科のテイカカズラは六月に開花し森の中に甘い香りを漂わせる。茎に細工物のようなフックをつけるアカネ科のカギカズラ、鋭い逆棘と黄色い派手な花をつけるマメ科のジャケツイバラ、ブドウ科のウドカズラなども、よそではなかなか見ることができない。

御蓋山のナギ林

奈良公園に来たら、ぜひナギを覚えて帰ってほしい。ナギは裸子植物のくせに楕円形の葉をつけるマキ科の高木で耐陰性がある。春日大社では神聖な木とされ、サカキ（榊）の代わりに神事に用いられてきた。たとえば一二月の春日若宮おん祭の際には、一之鳥居にナギの枝が掛けられ、御旅所《おたびしょ》の御仮殿《おかりでん》（仮神殿）もナギの垣で囲われる。

もともと奈良には自生しない暖地性の種で、古い時代に献木されたものが、この地で繁殖し御蓋山を中心に樹林を形成するまでに分布を拡大した。稀な樹木がまとまって生えていたことから、大正一二（一九二三）年に「春日神社境内ナギ樹林」として国の天然記念物に指定された。ナギの分布拡大は現在も進行中である。最近になりようやく春日山原始林への侵入を防止する対策がとられるようになった。令和五（二〇二三）年度からは、料理旅館月日亭の手前の南向き斜面で、奈良県による試験伐採と効果のモニタリング調査が実施されている。

天然記念物のナギ林は、春日大社本殿の南門から若宮神社への山手側にある。上の禰宜道《ねぎみち》のまわりでもナギを見ることができる。また春日山周遊路を南側から入るとすぐ道の両側に生えている木はことごとくナギである。茂みはうす暗く、樹皮が新しく剥がれたところだけ赤褐色を呈する滑らかな黒褐色の幹が印象深い。

大木も多い奈良公園平坦部の植生

奈良公園の平坦部の樹木はほとんどすべて公園整備のために植栽されたものである。ただし公園のスタートが明治時代まで遡るため大木も多い。最後に利用者の多い平坦部（園地）の植生を見ておこう。

クロマツ・アカマツ

園地で一番目につく木はクロマツ（黒松）である。公園北側の大通り沿いにも植わっている。大きなものでは樹高一五m、幹の胸高直径一mに達するものもある。クロマツはもともと海岸に多く自生する種だが、古くから社寺の境内、屋敷や街道沿いに植えられてきた。一方奈良に自然分布するマツは幹が赤味をおびるアカマツ（赤松）であり、針葉はクロマツより細く柔らかい。鷺池の周りや東大寺境内にあったそうだが、一九七〇年代から猛威をふるった松枯れ病によって壊滅的な打撃を受け、立派な木はなくなってしまった。立ち姿からクロマツを雄松、アカマツを雌松とも呼ぶ。奈良国立博物館の敷地には枯死して伐採されたクロマツと思しき伐根がいくつもある。

スギ

山裾に近い東大寺境内や春日大社

境内では、針葉樹はスギが多くなる。巨樹も多い。樹齢が五〇〇年、七〇〇年に及ぶものが確認されている。前述の春日山原始林にもスギの巨木が多数生育している。これらは「春日杉」と呼ばれ、かつて倒木は運び出されて高値で取引されたという。

サクラ

春、奈良公園では多種多様なサクラが、ひと月あまりかけて咲き継いでいく。一番早く三月下旬に開花するのはシダレザクラである。エドヒガンという野生種に由来する枝垂れの栽培品種であり、氷室神社境内の古木「奈良一番桜」が有名だったが、今は瀕死状態となり隣に跡継ぎの若木が植えられている。東大寺大仏殿の北の境内地には垂れ下がった枝を切り揃えたようなシダレザクラがあって近ごろ人気がある。

ナラノヤエザクラ
（奈良県フォレスターアカデミー 河合昌孝氏提供）

四月初めにはソメイヨシノとヤマザクラが開花する。ソメイヨシノはエドヒガンとオオシマザクラとの雑種由来の栽培品種で、現在はサクラといえばソメイヨシノを指すといってもよいほどである。ソメイヨシノはすべての花が一斉に開花し、花が散った後に葉が展開する。一方ヤマザクラは野生種で、花数は格段に少なく、開花と同時に新葉も展開するので区別がつく。

四月中下旬にはサトザクラが咲く。サトザクラはオオシマザクラを原種とするいかにも栽培品種らしい豪華な八重咲きのサクラたちの総称で、御衣黄、普賢象、関山など独特の品種名がついている。バラ科のサクラは普通花びらが五枚であるが、八重咲きの品種では無数にあり、そのかわり雄しべがない。これは雄しべになるべき器官が花弁になるように遺伝子のスイッチが変化して固定したことによる。サトザクラは奈良春日野国際フォーラム別館北の若草山に向かう斜面にまとまって植えられている。

四月下旬になると、ナラノヤエザクラが開花する。古い時代に奈良で生みだされた栽培品種で、花は八重咲きだがサトザクラと比較すると小さく清楚な印象をあたえる。奈良固有の品種であることから、奈良県と奈良市の花に指定されている。母種のカスミザクラは春日山にも自生し、淡い色の花がヤマザクラと間をおいて遅く咲く。「東大寺知足院のナラノヤエザクラ」は平安時代に歌に詠まれたサクラであることを三好学博士が認定し、大正一二（一九二三）年に国の天然記念物に指定された。その個体は平成二一（二〇〇九）年に倒れ、その後に枯死した。現在は予め組織培養によって増殖されていた二代目の木が植わっている。これと同じ遺伝子を持つ苗木は東大寺境内地や奈良公園内に多数植えられ、とくに公園東北部の茶山園地周辺でまとまって見られる。

（奈良教育大学　松井淳）

奈良公園ならでは！ 桜が〝おかっぱ〟になる理由

しだれ桜は、花の枝が柳のように垂れ下がるエレガントな曲線と華やかさが特徴だ。けれども奈良公園のしだれ桜の大半は、なぜか下をきれいに切りそろえたおかっぱ形。これは、シカたちが地上２ｍくらいまで花や葉を食べてしまうことから自然に生まれたカタチである。「おかっぱ桜」と呼ばれ、インスタ映えするスポットとして注目を浴びている。

樹齢 800 年の木も！春日大社と藤の関係

藤原氏の氏神を祀る春日大社の社紋は「下り藤」で、境内のいたるところで多くの野生の藤が自生している。また「萬葉植物園」には、20 品種・約 200 本が植栽され、4 月下旬になると色鮮やかな花々が咲き誇る。なかでも注目は、回廊の慶賀門近くの「砂ずりの藤」。鎌倉時代の絵巻物『春日権現験記』にも記載があり、樹齢は 800 年程度といわれている。

東大寺のお水取りにも登場　奈良三名椿の一つ

奈良三名椿として有名な東大寺開山堂の「糊《のり》こぼし」の椿。この名は修二会《しゅにえ》（お水取り）で供える造花を僧侶が作っていたとき、誤って赤い和紙に糊をこぼしてできた白い斑点が、庭の椿に似ていたことに由来する。お水取りの期間、奈良市内の和菓子店では椿を模した生菓子が販売されるほど、地元では親しまれている花である。

写真：PIXTA ＝ masaaki（おかっぱ桜）、オフィスＫ（春日大社の藤）、写真家・三好和義（糊こぼしの椿、お水取りの準備）

奈良公園の説話

神龍、大蛇、牛鬼……奈良公園にまつわる数々の伝説

若草山の山焼きの起こりはいつから？

毎年山焼きをしないと妖怪「牛鬼」が出る？

若草山の山焼き（花火/PIXTA）
※長時間露光撮影により実際の見え方とは異なります

采女の物語と猿沢池

　ここでは、文学史上の説話だけでなく、伝説など民間の説話や言い習わしも扱うことにしたい。とはいえ、平安時代の『大和《やまと》物語』に記された猿沢池の采女《うねめ》（女官）の話は、当地の有名な説話として、まず挙げなければならないだろう。同書の百五十段には、次のような物語が記されている。

　奈良時代、天皇に仕える美しい采女がいた。彼女は天皇を慕い、ほかの男の求婚には応じなかった。一度、天皇は彼女を召すが、再び召さず、悲観した彼女は猿沢池に身を投げた。これを知った天皇は池に出かけ、柿本人麻呂らと哀悼の歌を詠み、同地に采女の墓を造った。

　現在、池の東に、采女が入水時に着物を掛けたという衣掛柳《きぬかけやなぎ》、北西に采女を祀《まつ》ったという采女神社があり、昭和八（一九三三）年の『大和の伝説』もこれらを記載している。それによ

猿沢池にある衣掛柳の石碑

采女神社

ると、采女神社の鳥居は東の池に面しているが、社殿は反対向きで、これは采女が入水した池を見るのは恨めしいと、一夜のうちに西に向いたのだという。

ただし『大和物語』には采女の墓を造ったとあるだけで、衣掛柳や采女神社の向きに関する伝説は、近世の名所記類から現れるようだ。例えば、『南都記』（宮内庁書陵部蔵）は「西に采女《うねめ》ノ宮あり、東に衣掛柳《ころもかけやなぎ》といふ有《あり》」と記す。同書には奥書がないのだが、本文中に「寛文四年迄《まで》何々年」という記述があり、寛文年間（一六六一～一六七三年）の初めのものと推定できる。延宝六（一六七八）年の『奈良名所八重桜』も、采女を祀る「采女祠（采女神社）」と、入水時の衣を掛けた「衣掛の柳」を記すが、社殿の向きは春日明神を敬って西にしたものだという。一方、享保二〇（一七三五）年の『奈良坊目拙解《ぼうもくせっかい》』は、土地の伝えとして、采女が池を恨むので社殿を西向きに造ったと記している。同書はこれを否定し、別説を考証するのだが、社殿の向きの歴史的な理由は現在も不明である。いずれにしても、不思議な神社の配置と、猿沢池のほとりという立地が、さまざまな想像を招いている。

猿沢池と龍

猿沢池も不思議な言い伝えが多い。興福寺の旧南大門前に位置する池で、俗に「澄まず濁らず、出ず入らず、蛙はわかず、藻は生えず、魚が七分に水三分」という。

「魚が七分に水三分」とは、興福寺の放生池として長く魚が放されてきたことを表すのだろう。平安時代末の『興福寺流記《るき》』が引く「天平記」に「佐努《さぬ》作波《さわ》池」と記され、すでに天平年間（七二九～七四九年）には池が存在している。「出ず入らず」ともいうが、池の水は南西部から率《いさ》川《がわ》に流れ出す。さらに、あまり知られていないが、春日山を水源の一つとする水谷川《みずやがわ》の分水が、春日大社や興福寺を通って池の東北から流れ込むようになっている。

猿沢池（いってき/PIXTA）

この池には、古くから龍がいるとされてきた。先の『興福寺流記』によると、猿沢池は神龍の池で天下が干ばつの時でも水は半分も減らない。また、この龍は室生《むろう》に二百年、次に興福寺南大門に七十年、次に香山に四十年、次にまた室生に移ったという。室生には、龍王がいる「龍穴」と室生寺があり、古代から雨乞いで知られる。こうした龍穴は、興福寺南大門の東南の崖下にもあったと平安時代後期の『七大寺巡礼私記』に記されている。一方、「香山」は、春日山にある春日大社奥山五社の一社で、かつては「香山《こうぜん》龍王社」と呼ばれた鳴雷《なるいかづち》神社である。この「香山」は「高山」とも書き、祠の脇の「安政四巳年／閏五月吉日」の銘のある灯籠には「高山龍王社」と刻まれている。

鳴雷神社（春日山原始林に鎮座。奈良奥山ドライブウェイの芳山（ほやま）交番所の西方）

龍王池

その階段下には、干ばつでも水が涸れないという龍王池があり、こちらも雨乞いの場所だった。このような龍の移動に関する伝承は、龍の出没地は通い合っていて、龍の棲《す》む世界への通路だという、中世的な世界観をうかがわせる。

鎌倉時代前期の『宇治拾遺物語』巻十一ノ六は、恵印《えいん》という僧が、猿沢池に「何月何日に龍が登る」と書いた札を立てた話である。これは恵印のいたずらなのだが、あまりに人が集まり、恵印もその気になって見にいったところ、龍は現れなかったという結末になる。

また、謡曲「春日龍神」では、仏教の聖地訪問のため、中国・インド行きを志した明恵《みょうえ》上人が、暇乞いのため春日明神に参詣する。すると、宮守から、聖地は国内にもあると渡航を止められ、春日野で龍神が釈迦の説法を聞くありさまを見せられる。上人が出国を思いとどまると、龍神は猿沢池を波立て、大蛇になって池に入ったという。

「春日龍神」の龍神は大蛇に変じているが、日本では、特に民間信仰上、龍と蛇の区別が曖昧である。これは、古来の水神、水界のヌシ（支配者）である蛇の信仰に、中国からの龍の観念が覆いかぶさったためである。中世から近世、猿沢池の水が変色するなど異変が記録され、しばしば凶兆と解釈されていた。これも、水界からのお告げと考えられていたのではないか。『南都記』には「此《この》池の底より龍宮へ通ひたる井あり」とあり、『奈良名所八重桜』も、池の中に龍宮城に通じる三つの井戸があるという伝説を記している。猿沢池は龍の棲む水の別世界への通路だという考えは、後世にも引き継がれていた。

山焼きの起こり

若草山の山焼きは奈良公園の冬の風物詩である。

現在は一月の第四土曜日だが、以前は一月一五日。明治時代から太平洋戦争までは二月一一日の紀元節の行事で、その前には早春に山を焼いていた。

この山焼きは、有名なわりに起源がよく分かっていない。一説に、興福寺と東大寺の境界争いがあり、宝暦一〇（一七六〇）年、奈良奉行所が仲裁し、五万日間、若草山を預かることにしたのが始まりという。しかし『興福寺略年代記』の建長七（一二五五）年二月一一日の記事を見ると、葛尾《つづらお》を焼く時に起きた興福寺と東大寺の公人《くにん》（下級職員）の刃傷《にんじょう》事件が記されていて、「つづらお」山は若草山の旧名であることから、当時、同山で山焼きがあったことが分かる。ただし、その目的やいわれは不明である。一方、先述の『南都記』に次の記述がある。

若草山　大かたの人是《これ》をつつらを山といふ。（中略）同《おなじ》ク山のうしろに牛の墓と云有《いうあり》。昔かの所より牛鬼と云化生出《けしょういで》けると也《なり》。毎春此《この》山を焼《やく》也。若《もし》やかざれば又彼《またかの》化生のもの出けるといひつたへたり。

これによると、毎春、若草山を焼くが、もし焼かないと、昔のように山中

鶯塚古墳（古墳時代前期の前方後円墳）
（奈良観光/PIXTA）

の「牛の墓」から「牛鬼」という「化生」、つまり妖怪が出るという言い伝えがあった。同様の伝説は元文五（一七四〇）年の『南都年中行事』にも記されていて、早春に若草山を焼かないと牛鬼が出るといい、誰がするということもなく、正月丑《うし》の日に放火をする。近年では元日より三日以内に焼くという。

『南都記』にある「牛の墓」は若草山山頂の鶯塚《うぐいすづか》古墳である。この古墳は、近世前期の東大寺境内を描く「寺中寺外惣絵図」に「牛墓」と記されている。『奈良名所八重桜』には「牛が塚」とあり、大仏再興時に大木を引いた牛を葬った所だという。しかし「牛」は本来「大人（＝うし）」つまり、主や貴人、富者、父親などの尊称と考えられ、動物の牛に関する伝えは、「牛」の漢字に影響されたものだろう。「牛鬼」は日本各地に伝説がある妖怪で、主に淵や滝、海岸など水辺に現れる。奈良の近くでは熊野の山中で多く伝説が聞かれ、若草山のような町に近い土地での話は特異である。これも、若草山に現れる妖しい存在の話が、「牛」の字に引かれて「牛鬼」とされたのではないか。ただし水辺の妖怪という点は注意したい。

聖宝の大蛇退治

山焼きの起こりには、理源大師《りげんだいし》聖宝《しょうぼう》にまつわる話もある。聖宝は平安時代の真言宗の高僧で、元興寺や東大寺で学んだほか、吉野の金峯山《きんぷせん》で修行し、後に京都に醍醐《だいご》寺を開いた。また、大峰山を再興した修験道の中興者としても仰がれる。その学業時代、東大寺の東僧房に住んでいたと伝えられ、東大寺東南院（跡地は現在の東大寺本坊）の初代院主に就《つ》いた。この東南院の前身は、聖宝がいた東僧房だと俗に伝える。

聖宝の事績は多くの伝記や縁起、説話集などに記されているが、大峰山の大蛇退治の話は有名である。一方、荒れていた東僧房の鬼神を退治した話もあり、承平七（九三七）年の『醍醐寺根本僧正略伝』によると、「種々の形」で現れた「鬼神」を聖宝が戟《ほこ》で退散させたという。

この話は多少変化しながら後世の文献に記され、元永元（一一一八）年の『東大寺要録』では、鬼神の僧房に住んだ聖宝の元に大蛇が出現する。それによると、夜、茶を用意し、学問に励んでいると、天井から口を開いた「大虵《だいじゃ》（大蛇）」が下がってきた。その影が「茶之底《ちゃのそこ》」に映り、聖宝はこれを剣で切った。その後、住処《すみか》がなくなったと訴える妻の大蛇を他所へ移すと、多くの「奇妙之事」があった。要録の筆者はこれを「一虵（蛇）の命、多人の寿《よわい》を与ふ」と評しているが、大蛇の退治や供養、あるいは交渉によって、多くの人々の寿命に関わる何かの奇蹟が起きたと考えられていたようである。

東大寺旧東南院跡

これと似た話が『奈良名所八重桜』の「袈裟渓《けさだに》」の条に記されている。こちらでは修験者を邪魔する葛城山の

白蛇川（若草山から旧東南院の北を流れ、水門町で吉城川（水谷川）と合流し、押上町で雲井坂の坂下にかかる橋をくぐる）

大蛇を聖宝が宥《なだ》め、住処を与えるから東大寺に来るよう諭《さと》したことになっている。そして、聖宝が東南院で「うさ八まん（手向山《たむけやま》八幡宮）」の参詣支度に髪を剃っていると、天から大蛇が下がってきた。聖宝は若草山で待つよう大蛇に命じ、小さくなった蛇を袈裟で包んで山の奥に放した。聖宝は蛇に山を与えるといい、頭と尾から水を出すよう命じ、自分は山に木が生えないようにすると誓った。こうして蛇の頭と尾が若草山から流れる川、「水谷川」と「河上」の川（佐保川）の水源になり、毎年の山焼きが始まった。この蛇を包んだ袈裟を捨てたので、「袈裟谷」と呼ばれたという。

この話は、訳の分からない所があるものの、若草山の水源と山焼きの起源譚になっている。「袈裟谷」の名は現在知られていないが、貞享《じょうきょう》四（一六八七）年の地誌『奈良曝《ざらし》』の記述から、若草山山麓の水谷社と手向山八幡宮の間の谷だと分かる。これに符合するのは八幡宮の南の谷で、東南院の北側を流れる白蛇《はくだ》川《がわ》の上流にあたる。

雲井坂（奈良県警察本部の東の公園に石碑。同地から北に下る坂）

こうしたことから考えると、聖宝の大蛇退治説話は水との関わりが深い。『東大寺要録』で、聖宝の茶に大蛇の影が映ったのも、水のある所に水界のヌシが現れるという考えの表現ではなかったか。『奈良名所八重桜』で、若草山の水源になる大蛇が聖宝の元に出現した時、聖宝は髪を剃っていた。その傍らには、剃刀《かみそり》と、水を入れた盥《たらい》があっただろう。その水に大蛇が映る。そういう設定があったと想像されるのである。

なお、『奈良坊目拙解』によると、押上町の「雲井坂」の名は、大峰山から東南院まで追ってきた大蛇を聖宝が切ったという言い伝えに由来し、その大蛇が現れた時、黒雲が聖宝を覆ったので「雲蓋坂《くもおおい》」と呼ぶようになったという。また、同町の「一里塚」は、東南院で聖宝に切られた大蛇を埋めたところだという。そのほか、南水門町（現・水門町）の「水門石橋」などにも、聖宝の大蛇退治に関わる伝説が記されている。さらに、近年の筒井寛秀《かんしゅう》『誰も知らない東大寺』が記す言い伝えでも、聖宝は大峰山麓の洞《どろ》川《がわ》にいた白蛇を封じ込め、後に白蛇川に放したので、この名があるという。

一里塚（押上町バス停の東の公園内に石碑）

大蛇退治説話の基底には、神仏や英雄、僧などに服属し、祀《まつ》り込められた水界のヌシが、その恵みを人に与えるという観念が想定されるのだが、山焼きも少なくとも近世にはこうした観念と関わっていたのではないだろうか。

（天理大学文学部 教授 齊藤純）

奈良公園は日本屈指のパワースポット

名だたる国宝や世界遺産を数多く有する奈良公園。連綿と受け継がれる神聖な歴史を背景に、さまざまなパワーが宿るスポットが点在する。

采女《うねめ》神社

（とっしー/PIXTA）

中秋の名月にみる「糸占い」

猿沢池に身を投じた采女の霊を鎮めるために創建された神社。毎年、中秋の名月に執り行われる「采女祭」では、赤い糸を針に通すことができれば願いが叶う「糸占い」が人気。

住所 奈良市樽井町 15
アクセス 近鉄奈良駅から徒歩 5 分、JR 奈良駅から徒歩 15 分

春日大社 金龍神社

お百度参りができる金運の神様

春日大社の摂末社の中でも、とりわけ知られた金龍神社。夫婦大國社で専用の数取紐《かずとりひも》（初穂料 500 円）をいただき、お社を 100 回廻りながら祈願すれば開運財運が守られるとされている。

住所 奈良県奈良市春日野町 160
アクセス 春日大社本殿バス停より徒歩すぐ
公式 HP https://www.kasugataisha.or.jp/guidance/wakamiya

（ふくいのりすけ/PIXTA）

興福寺 南円堂

一言の願いを叶えてくれる観音様

西国三十三所第 9 番札所の「興福寺」。国内最大の八角形円堂「南円堂」の隣には、人々の願いごとを一言ずつ聞き届けると言われる「一言観音」が祀られている。

住所 奈良市登大路町 48
公式 HP https://www.kohfukuji.com/construction/c03

（denkei/PIXTA）

東大寺 二月堂

天下安泰を祈る「お水取り」

1200 年以上続く「お水取り」の舞台。期間中に行われる「お松明」では、6 m の松明が火の粉を捲き上げ二月堂を進む様子が見られる。この火の粉は無病息災のご利益も。

住所 奈良市雑司町 406-1
公式 HP https://www.todaiji.or.jp/information/nigatsudo

（撮影／写真家・三好和義）

奈良公園ゆかりの歌

奈良公園と万葉歌の関係とは？

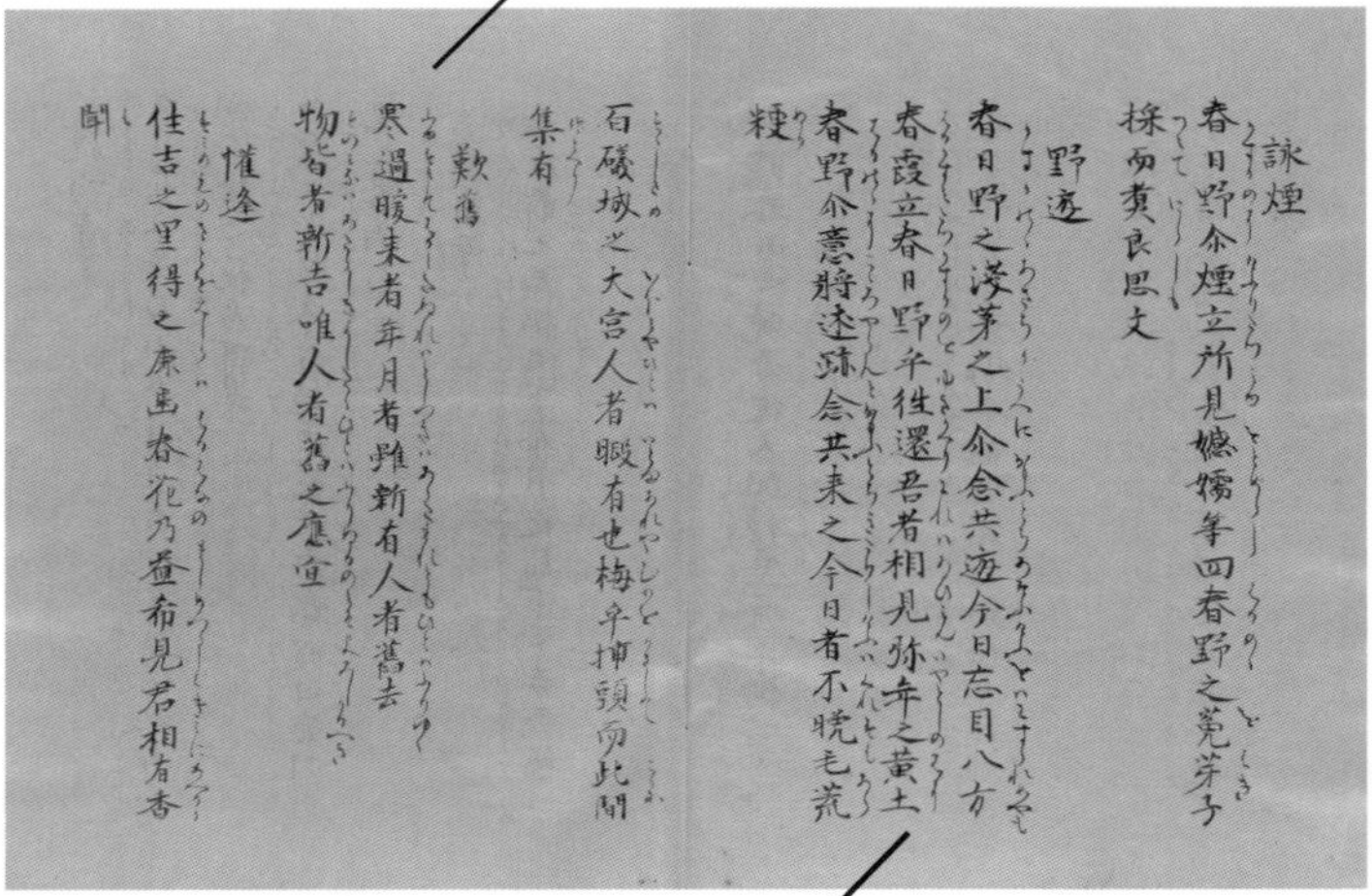

和歌文化は現代に溶け込んでいる？

『万葉集』写本
（奈良県立万葉文化館蔵）

奈良公園の地域で詠まれた数多くの和歌

平城京と『万葉集』

現在、奈良公園と称される地域は多くの和歌に詠まれた場所でもあった。現存する最古の和歌集である『万葉集』には主に七～八世紀の歌が収載されており、八世紀後半に編さんされたとみられている。奈良に平城京が営まれていた時代にあたる。

中国式の都城を踏襲して碁盤の目状に造営された古代の都には、数多くの人が住み、他の地域にはない都市文化を形成した。塀で区切られた生活空間が出現したことで、人工的な「自然」をつくり愛でる文化が生まれた。限られた空間をデザインするように草木を植え、四季折々の様子を観察し、ことばで表現する方法が発達した。それは和歌がしばしば微視的な表現を用いることからもうかがえる。

漢字や漢詩文などをはじめとした外来文化を享受した識字層は、自国の文化を相対的に認識することとなり、口承文芸として成立した歌を文字化するようになった。そのおかげでより豊かな表現を創出し洗練させてもいった。元号「令和」の出典となった天平二（七三〇）年の梅花宴歌群（『万葉集』巻五）も、そうした時代の産物である。

春日野の野遊び

平城京の近郊では、都市空間とは異なる開放的な景色を満喫することができ、折に触れて貴人たちが集ったようである。

見渡せば春日の野辺に霞立ち咲きにほへるは桜花かも

（『万葉集』巻十・一八七二）

春日野に霞が立ち込め桜花が美しく咲いている様子が、詠嘆とともに描かれている。春日野とは平城京近郊の地であり、現在の奈良公園の主要地域にあたる。霞は大気中の細かな水滴や塵が原因で遠くがぼんやりとして見えにくい現象をいい、ことに春の季節に特徴的である。満開の山桜はその霞と見紛うようであり、「春日」の地名にふさわしい春のうらかな情景を醸し出す。

「春日」という表記は、地名カスガの枕詞に由来する。トブトリノアスカと同様に、歌の表現として人口に膾炙《かいしゃ》してはじめて成立し得る表記であり、こうした地名もまた和歌文化の一種といえる。

『万葉集』には、この地で春の菜摘みに興じた際の歌なども収載されている。

春日野に煙立つ見ゆ乙女らし春野のうはぎ摘みて煮らしも

（巻十・一八七九）

早春に若菜を摘み、その生命力を食す行事は、正月七日に七草粥を食べる風習として今に伝わっているが、その代表的な地として歌に詠まれたのが春日野であった。

秋萩の散りのまがひに呼び立てて鳴くなる鹿の声の遥けさ

（巻八・一五五〇）

という歌などもあり、近郊の景は季節を通じて都人に愛されたことがうかがえる。

後世の春日野

都が京都に移った後も、旧都とその近郊は古き良き時代を象徴する地として愛された。

最初の勅撰和歌集である『古今和歌集』（一〇世紀成立）には次の有名な歌が載る。

天の原ふりさけ見れば春日なる三笠の山にいでし月かも

（巻九・羇旅歌・四〇六）

「唐土にて月を見てよみける」と題された安倍仲麿の歌である。彼の地で故国のことを思う際に情景として仲麿の脳裏に浮かんだのが、春日なる三笠（御蓋）の山の月であった。

先掲のとおり、奈良時代の都人にとって当地は慕わしい特別な場所で

坪内滄明《奈良春霞》（奈良県立万葉文化館蔵）

御蓋山と月（撮影／桑原英文）

あったとみられる。仲麿は奈良時代の人物であるが、遣唐使として海を渡りついに帰国は果たせなかったため、平安時代の歌集に採歌されたと考えられる。

　ほかにも『万葉集』以来の伝統を踏まえた春菜摘みの歌も詠まれている。

　春日野の飛火の野守出でて見よ今いくかありて若菜摘みてむ
（『古今和歌集』巻一・春歌上・一八）

　春日野には野を守る番人がおり、若菜摘みのタイミングを教えると考えられたようである。平安貴族たちが実際に奈良を訪れたとは考えにくいが、表現の枠として機能していた。

　『詞花和歌集』（一二世紀成立）には、次のような歌もある。

　いにしへの奈良の都の八重桜けふ九重に匂ひぬるかな　（二九）

　平安中期の歌人であった伊勢大輔《いせのたいふ》が、奈良から献上された八重桜を題材として詠んだ歌である。小倉百人一首にも採られた秀歌で、中宮彰子《しょうし》に仕えた女房として朝廷の繁栄を華やかに表現した。平安時代に至り、花といえば桜を意味するほどに桜花が愛でられたが、その際にも旧都の桜が重用されたようである。

　前掲の若菜摘みのモチーフは『風雅和歌集』（一四世紀成立）にも登場する。

　春来れば雪消沢《ゆきげのさわ》に袖たれてまだうらわかき若葉をぞ摘む　（一七）

　幼帝として即位し、和歌をよくした崇徳《すとく》上皇（一一一九～一一六四年）の歌である。雪消の沢とされる春日大社参道脇の地には、現在「雪消澤古蹟」と刻まれた石碑が建てられている。

和歌文化の広がり

　謡曲「野守《のもり》」は、『新古今和歌集』（一三世紀成立）に載る次の歌に着想を得て、世阿弥（一三六三？～一四四三？年）が作った曲とされる。

　はし鷹の野守の鏡得てしがな思ひ思はずよそながら見む
（巻十五・一四三二）

　舞台は大和国の春日野であり、貴人が春菜を摘む野の番人が持つという「野守の鏡」とは、鬼神の鏡であり人の心を映すという。人の心を知りたいというのは人情だが、心の奥底に眠っている本心を知ってしまうのは恐ろしいことでもある。この鏡とは今の氷室神社の鷹乃井であったともいわれている。

　ほかにも、鎌倉時代の僧侶である明恵《みょうえ》上人（一一七三～一二三二年）が春日の神に中国・インドに渡り仏跡を巡ることを引き留められる「春日龍神」や、『大和《やまと》物語』（一〇世紀成立や『古今和歌集』の歌などを題材とし、古作の能「飛火」を世阿弥が改作したといわれる猿沢池を舞台とした「采女」などが、当地ゆかりの謡曲として知られる。激動の時代に醸成された能楽の幽玄の美には、旧都奈良のイメージも一役買っていた。

謡曲の詞章は、和歌を引用したり題材にしたりするだけでなく、全体に五・七音の連なる和歌のリズムを有しており、枕詞や掛詞といった和歌の修辞法も多用されている。高名な日本学者であるB・H・チェンバレン（一八五〇～一九三五年）が、真っ先に『万葉集』と『古今和歌集』に加えて謡曲を英訳し、和歌とそれにまつわる文化を日本文化の特徴として欧米に紹介したのもうなずけることであった。

会津八一も愛した地

古都奈良は、その後も多くの芸術家たちにインスピレーションを与え続けた。

奈良を愛し、万葉調の短歌を残した歌人として知られるのが会津八一（一八八一～一九五六年）である。美術史家として南都に取材しながら盛んに短歌を作り、『南京新唱《なんきょうしんしょう》』（一九二四年）や『鹿鳴集』（一九四〇年）を上梓した。ことに最初の歌集である『南京新唱』には奈良公園ゆかりの歌が散見される。

かすがのに　おしてるつきの
ほがらかに　あきのゆふべと
なりにけるかも
（春日野にて）

はるきぬと　いまかもろびと
ゆきかへり　ほとけのにはに
はなさくらしも
（興福寺をおもふ）

わぎもこが　きぬかけやなぎ
みまくほり　いけをめぐりぬ
かささしながら
（猿沢池にて）

会津八一の歌は総ひらがなであるところに特徴があり、「おしてる」や

「采女」　松本恵雄　© TOSHIRO MORITA
（写真出典：the 能ドットコム（https://www.the-noh.com/jp/））

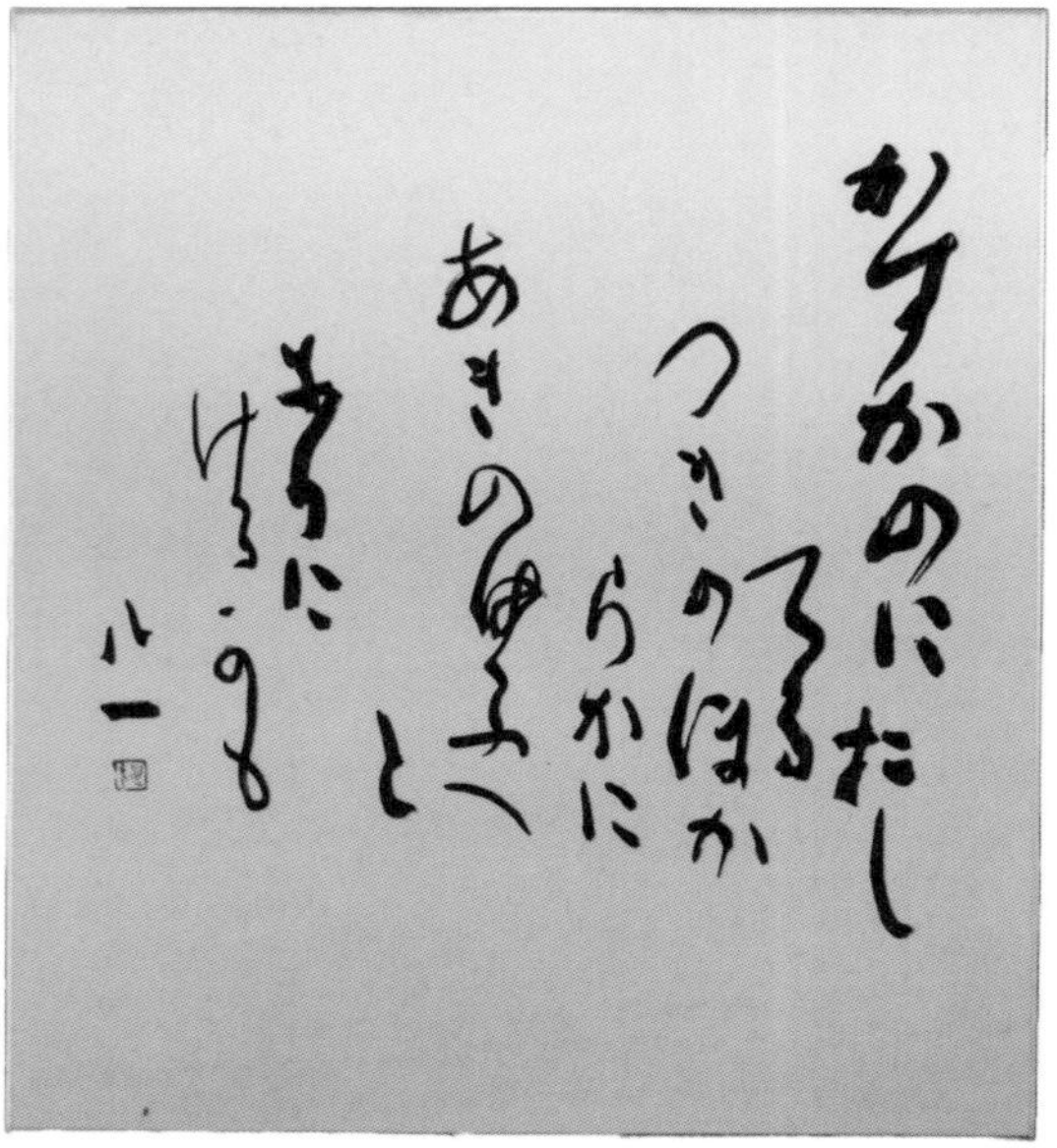
会津八一自筆書画『かすかのに』
（早稲田大学 會津八一記念博物館蔵）

「みまくほり」など、万葉歌にみえる復古調の表現も用いられる。独自の書格を持つ書家でもあり、作品も数多く残されている。

「きぬかけやなぎ」とは先述の謡曲「采女」の題材となった伝説に基づいた歌である。ある天皇の寵愛を受けていた采女が寵を失ったことを嘆いて猿沢池に身を投げたというエピソードであり、そのときに着衣を掛けたと伝わる柳の木が歌に詠まれた。『大和物語』や『枕草子』（一一世紀成立）には、『万葉集』の代表的な歌人であり後世に歌聖とされた柿本人麻呂が采女の死を悼んで歌を詠んだともあるが、『万葉集』にはなく、歌風も後世のものであることから、平安時代に成立した伝説であったと考えられる。

池のほとりに建つ采女神社は、悲劇の舞台となった猿沢池に背を向けて建っている。近くには「きぬかけ柳」と刻まれた石碑もあり、柳茶屋という名の茶屋もある。会津八一が「みまくほり」（見たいと思う）と詠んだように、池を巡ってみるのも一興である。

また、次のような歌も残している。

おほらかに　もろてのゆびを
ひらかせて　おほきほとけは
あまたらしたり
（東大寺にて『鹿鳴集』）

「おほきほとけ」とは東大寺の大仏のことである。この盧舎那仏《るしゃなぶつ》は、国家鎮護のために聖武天皇が発願し、天平勝宝四（七五二）年に開眼会が催行されたことで知られる。奈良時代の政治や文化を象徴するような名所であり、現在も多くの人々が訪れる。

奈良公園で歌に親しむ

和歌はその後もあらゆる分野に影響を及ぼし、日本文化の基層となった。

和歌集が四季分類を原則とするように、季節ごとに部屋の調度品を替え、花を活けかえ、着物の柄を選び、旬のものを食べる、そうした文化は今も形を変えながら続いている。先述のように、慣れ親しんだ地名やお気に入りのお菓子が和歌にちなんだものであったなど、知らず知らずのうちに和歌文化を享受していることもある。古くて新しく、現代にも違和感なく溶け込んでいるのが和歌文化だといえよう。

古代の都人になったつもりで奈良公園を散策し、和歌に親しんでいただければ幸いである。

（奈良県立万葉文化館　井上さやか）

奈良公園の万葉歌碑 & 会津八一の歌碑

奈良公園を歩いてゆかりの歌を堪能

奈良公園周辺には、この地で詠まれた「歌碑」が数多く建てられている。歌人たちが想いをはせた風景とともに、歌碑巡りをするのはいかがだろうか。

奈良公園を歩きながら出会える「万葉歌碑」と「会津八一の歌碑」をピックアップして紹介する。

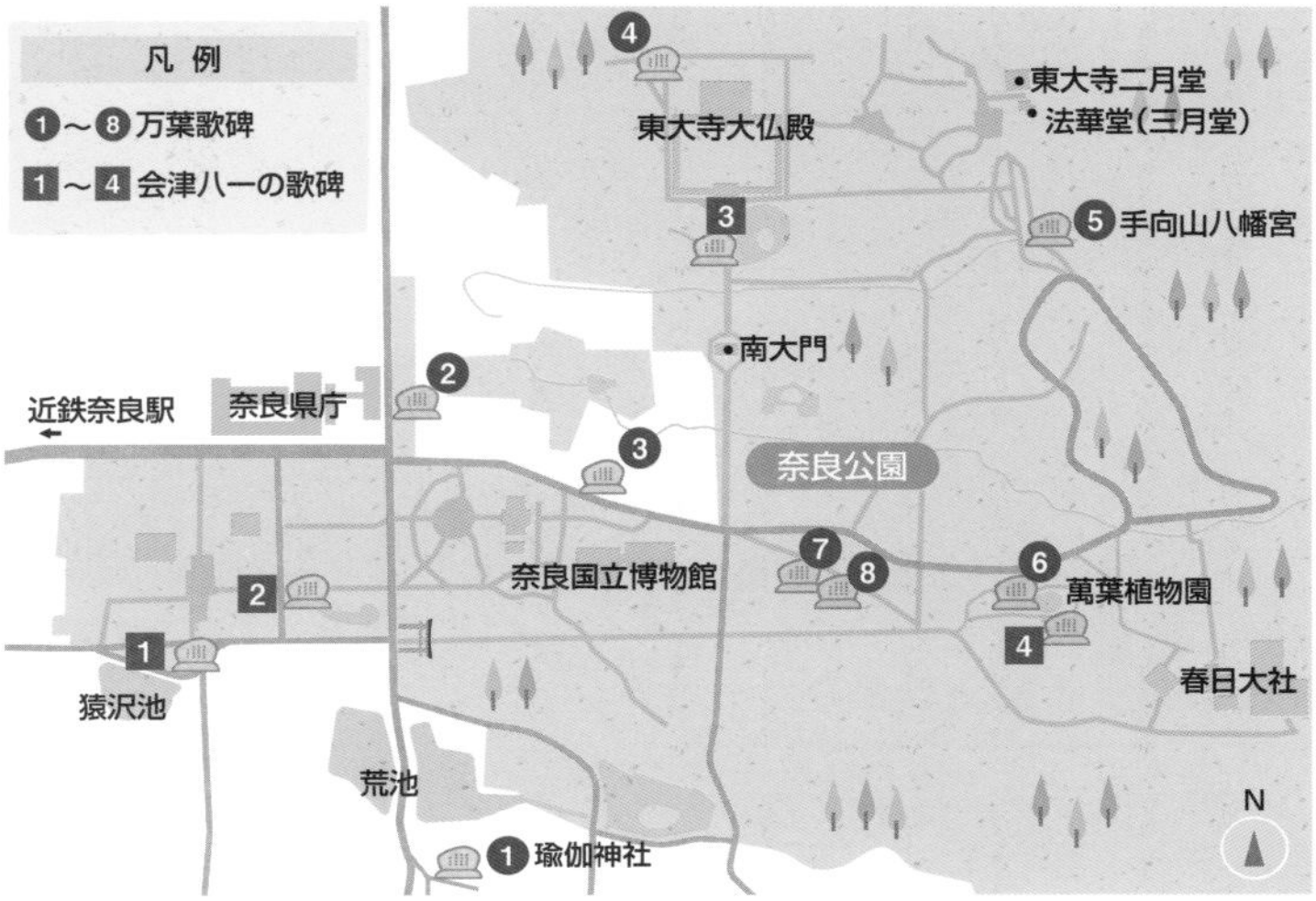

万葉歌碑

❶大伴坂上郎女《おおとものさかのうえのいらつめ》
故郷の 明日香はあれど あをによし
奈良の明日香を 見らくし良しも

【場所】瑜伽（ゆうが）神社境内
【訳】古京となった飛鳥もよいけれども、青丹よき奈良の明日香を見るのもよいことよ

❷作者未詳
見渡せば 春日の野辺に 霞立ち
咲きにほへるは 桜花かも

【場所】登大路地下道入口
【訳】見わたせば春日の野に霞（かすみ）が立ち、咲き染めているのは桜の花でしょうか

❸大伴家持《おおとものやかもち》
うらうらに 照れる春日に ひばり上がり
心悲しも 独りし思へば

【場所】氷室神社境内
【訳】春の日差しの中、ひばりが飛んでいく。その鳴き声を聴きながらもの思いにふけると、もの悲しい

❹光明皇后
わが背子と 二人見ませば 幾許か
この降る雪の 嬉しからまし

【場所】東大寺大仏殿北
【訳】夫と２人で見ることができたならば、どれほどこの降る雪がうれしく思われるでしょう

❺湯原王《ゆはらのおおきみ》
秋萩の 散りのまがひに 呼び立てて
鳴くなる鹿の 声の遥けさ

【場所】手向山八幡宮
【訳】秋萩の散り乱れる所で、妻を呼び誘い鳴く鹿の声が遠くに聞こえています

❻作者未詳
紫は 灰(ほの)さすものそ 海石榴市(つばいち)の
八十の衢(ちまた)に 逢へる児や誰

【場所】春日大社萬葉植物園
【訳】紫の染料は灰汁を入れるという。海石榴市の辻で逢ったあなたの名は何ですか

❼山上憶良《やまのうえのおくら》
秋の野に 咲きたる花を 指折り
かき数ふれば 七種(ななくさ)の花

【場所】春日大社境内
【訳】秋の野に咲いている花を、指折って数を数えれば、次の七種類の花が美しい

❽山上憶良
萩の花 尾花葛花 なでしこの花
をみなへし また藤袴 朝顔の花

【場所】春日大社境内
【解説】❼の歌を受けて、７つの秋の花を並べている。「秋の七草」として現代に伝わる

会津八一の歌碑

1 わぎもこが きぬかけやなぎ みまくほり
いけをめぐりぬ かささしながら

【場所】猿沢池
【訳】采女（うねめ）が愛を失って入水する前に掛けたと伝えられている衣掛柳を見たいと思い、猿沢池を巡った

2 はるきぬと いまかもろびと ゆきかへり
ほとけのにはに はなさくらしも

【場所】興福寺本坊前
【訳】春がやって来たと今や多くの人がほとけの庭を行き来して、そこには桜の花が咲き乱れているだろう

3 おほらかに もろてのゆびを ひらかせて
おほきほとけは あまたらしたり

【場所】東大寺南大門左
【訳】大きくゆったりと両手の指を開いて、大仏様はこの宇宙に広く満ち広がっていらっしゃる。まるで宇宙そのもののように

4 かすがのに おしてるつきの ほがらかに
あきのゆふべと なりにけるかも

【場所】春日大社萬葉植物園
【訳】春日野にくまなく照っている月の光は、明るく澄みわたっている。まさに秋の夜になったのだ

奈良公園と近代文学

森鷗外、正岡子規、会津八一、志賀直哉…奈良に滞在した文豪たちの軌跡

なぜ、門だけがあるの？

鷗外の門

なぜ、森鷗外は
奈良にやって来たのか？

鷗外の門

近鉄奈良駅から春日大社に向かって登大路を上っていくと右手に奈良国立博物館が見えてくる。その少し先、左へ曲がれば東大寺に向かう交差点の、博物館側の一隅になぜか門だけがある。門の脇に立っている碑を見ると、「鷗外の門」と刻まれている。「鷗外」とは文豪・森鷗外のことである。「鷗外の門」のある位置に大正時代、森鷗外が奈良出張中に滞在した官舎があった。現在、その官舎の門だけが残っている。なぜ、森鷗外は奈良に来たのか。それは、鷗外がある重要な仕事を任されていたからである。

鷗外は文久二（一八六二）年、石見国（島根県）津和野で生まれた。明治五（一八七二）年に上京し、その後、東京大学医学部で学び、軍医となる。明治一七（一八八四）年から明治二一（一八八八）年まで、衛生学を学ぶためドイツに留学し、このときに出会ったドイツ人女性との出会いと別れを描いたのが鷗外の代表作「舞姫」である。軍医として勤務する傍ら、小説、評論、衛生学、美学などの著述を執筆する生活を続けていた。

陸軍軍医としては最高の地位である陸軍軍医総監・陸軍省医務局長ま

森鷗外（出典：近代日本人の肖像）

で勤めたのち、大正六（一九一七）年一二月、帝室博物館総長兼図書頭《ずしょのかみ》に任ぜられる。帝室博物館総長とは、当時、東京と京都と奈良にあった帝室博物館の総括責任者である。その帝室博物館総長の仕事の一つが正倉院の曝涼《ばくりょう》に立ち会うことだった。曝涼とは夏または秋の天気の良い日に倉庫などに納められている衣類や書物・諸道具などに風を通す「虫干し」のことである。正倉院には勅封《ちょくふう》（天皇の勅命により封を加えること）が施された鍵がかけられており、その開閉の儀式に立ち会うのが鷗外の仕事だった。

鷗外が奈良出張時に住んでいたのが帝室奈良博物館（現・奈良国立博物館）の官舎、そう、「鷗外の門」の位置にあった建物であった。

『奈良五十首』

鷗外は奈良に滞在中の体験を、歌に詠み、『奈良五十首』（『明星』大正一一（一九二二）年一月）にまとめた。その中に官舎を詠んだ次のような歌がある。

猿の来《こ》し官舎の裏《うら》の大杉は
折れて迹なし常なき世なり

「猿の来し官舎」——奈良公園は鹿が有名だが、かつては約五百匹の猿がいて「春日猿」と呼ばれていた。官舎の裏には大きな杉の木があったが、大正一〇（一九二一）年九月の台風で倒れてしまったことを詠んでいる。

鷗外はこの官舎から毎日、正倉院に通っていた。『奈良五十首』には正倉院を詠んだ歌が十二首と一番多い。「敕封《ちょくふう》の笋《たかんな》の皮切りほどく剪刀《かみそり》の音の寒きあかつき」では、一一月初頭の奈良の朝に、勅封を解くはさみの音が響く様子を歌っている。また、東大寺は何度も火災にあった。しかし、すぐ近くにある正倉院は焼けなかった。長い歴史の中で正倉院がその姿を保っている奇跡を「夢の国燃ゆべきものの燃えぬ国木の校倉《あぜくら》のとはに立つ国」と感慨深く詠んでいる。

曝涼の作業は晴れた日にしかできない。したがって雨が降れば鷗外の仕事も休みになる。雨の日に奈良の名所旧跡を巡ることが鷗外にとって何よりも楽しみだった。「晴るる日はみ倉守るわれ傘さして巡りてぞ見る雨の寺寺」（『奈良五十首』）——雨の日は傘を差して、西大寺から、喜光《きこう》寺、垂仁《すいにん》天皇陵、唐招提寺、薬師寺を見て歩き、郡山まで歩いたこともあった。しかし、晴れた日は仕事である。「マイニチアサ天キガイイノデオクラニバカシイツテヰナクテハナラナイ」（大正八（一九一九）年一一月一五日、杏奴、類宛て書簡）と、子どもたちに宛てた手紙の中で愚痴をこぼしている。

英国皇太子の来寧

このように、森鷗外は帝室博物館総長として正倉院の曝涼に立ち会うため、大正七（一九一八）年から大正一〇（一九二一）年の毎秋の約三週間を奈良に滞在したが、大正一一（一九二二）年だけは五月に奈良に来ている。このときは英国皇太子の正倉院訪問を出迎えるためであった。英国皇太子は、エドワード八世に即位後、アメリカ人の夫人と恋に落ち、王位を捨てた「世紀の恋」で有名なウィンザー公爵（退位してからの名前）である。
　鷗外の日記によれば、鷗外は四月三〇日、夜行列車で東京を出発し、翌日五月一日、午前一〇時、奈良の官舎に到着した。二日に正倉院を開け、五日に英国皇太子が正倉院の見学に来たとある。また、英国皇太子は正倉院を見学する前日に奈良ホテルに滞在した。その際、皇太子来寧を歓迎して、若草山に「WELCOME」の提灯文字が描かれたとある。昼間は紙の旗で、夜は提灯の人文字で「WELCOME」と描いた。この提灯文字には奈良の小・中学校の生徒三千八百人が動員されたという。

県公会堂で鹿寄せに興じる英国皇太子（左）
（奈良大学図書館蔵北村信昭コレクション）

　軍医であり小説家であった鷗外にとって、奈良とはどんな場所だったのだろうか。大正一一（一九二二）年の最後の奈良出張の二カ月後の七月に鷗外は亡くなっている。あらゆる肩書を辞して「森林太郎トシテ死セント欲ス」と遺書に残した森鷗外は、奈良の官舎でもご飯に生卵、漬物という質素な食事を好んでいたという。また、長女茉莉、二女杏奴《あんぬ》、三男類に毎日のようにカタカナで書いた手紙を送っている。時には鷗外自ら絵を描き、時には押し花を添えて。鷗外は知人宛ての手紙に奈良は見たいものが限りなくあると伝えている。だから、仕事のない雨の日は、傘を差して、自分の足で歩いて名所旧跡を巡った。鷗外が奈良を去るときの心持ちを歌った歌がある。

若草山に「WELCOME」の提灯文字（奈良大学図書館蔵北村信昭コレクション）

　現実の車たちまち我を率《ゐ》て
　夢の都をはためき出でぬ
（『奈良五十首』）

——晩年の鷗外にとって奈良は、幸せな「夢の都」だったようだ。

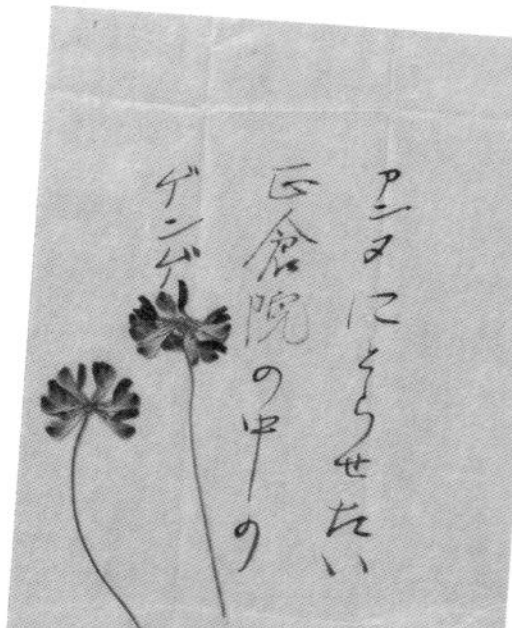

鷗外が送った手紙「アンヌにとらせたい正倉院の中のゲンゲ」（文京区立森鷗外記念館蔵）

「子規の庭」と対山楼の柿

　東大寺・転害《てがい》門の近くにある「日本料理 天平倶楽部」の敷地内に「子規の庭」という庭園がある。「子規」とは近代俳句・短歌の革新者である正岡子規のことである。慶応三（一八六七）年、伊予国（愛媛県）に生まれた正岡子規は帝国大学文科大学退学後、日本新聞社に入社する。『歌よみに与ふる書』で短歌改革を主張し、対象をありのままに写す写生文を提唱するなど、近代文学に大きな影響を与えた文学者である。句集

子規が宿泊していた当時からあるとされる
柿の古木などを保存する「子規の庭」

『寒山落木』や歌集『竹乃里歌』のほか、脊椎カリエスを患い、病床の日々を綴った随筆『墨汁一滴』や『病牀六尺』を残した。

子規の句で有名なのは「柿くへば鐘が鳴るなり法隆寺」であるが、実は奈良と柿の組み合わせという着想は東大寺の鐘を聞いて得たものである。明治二八（一八九五）年一〇月の末、奈良に三日間滞在したとき、子規は東大寺近くにあった対山楼という旅館に滞在した。

子規は随筆「くだもの」で、柿はありふれていて俳句の題材にならないが、奈良に来て「奈良に柿を配合する」という着想を得たと書いている。夕食後、「御所柿」を食べたいと宿屋の「下女」（原文による）に頼むと、しばらくして大きな鉢に山盛りの柿が運ばれてきた。十六、七歳くらいの色白の「下女」が皮をむいてくれる。うつむいている彼女の顔をうっとりとして見つめる子規の耳に、「ボーンといふ釣鐘の音」が聞こえる。「下女」は「オヤ初夜が鳴る」といってなおも柿をむき続ける。初夜は午後八時頃にならす鐘のことである。子規が大好きな柿を食べながら聞いたのは東大寺の鐘の音であった。

正岡子規
（出典：近代日本人の肖像）

奈良を訪れる前、明治二八（一八九五）年の四月から五月にかけて、子規は日清戦争に新聞記者として従軍した。しかし、帰国の船中で持病の肺病を悪化させ喀血《かっけつ》した。神戸・須磨で療養し、その後、故郷の松山に帰る。松山には、英文学者でのちに小説家となる親友・夏目漱石が愛媛県尋常中学校（現・松山東高等学校）の教師として赴任していた。子規は漱石の下宿（通称「愚陀仏庵」）に同居する。漱石によれば食い意地の張っていた子規は、蒲焼などのごちそうを取り寄せてはツケで食べていた。松山を去るとき、その代金を漱石に払ってくれと澄まして言う。その上、金を貸せという。漱石は子規に十円を貸した。子規は漱石と別れ、東京に帰る途中、奈良へ立ち寄る。そこから借金の十円はすべて奈良で使い果たしてしまったと漱石に手紙を送る。子規の名句「柿くへば」の着想を得た奈良旅行の費用は漱石の懐から出たものであることは間違いない。

夏目漱石
（出典：近代日本人の肖像）

漱石の奈良を詠んだ俳句

さて、その漱石だが年譜からは奈

良を訪れたという記録は確認できない。しかし、子規に手ほどきを受けて俳句を作っていた漱石は、いくつも奈良の句を詠んでいる。「奈良の春十二神将剝げ尽せり」「奈良七重菜の花つゞき五形咲く」「涼しさや奈良の大仏腹の中」「角落ちて首傾けて奈良の鹿」「墨の香や奈良の都の古梅園」などいずれも子規へ送った句稿である。

　また、子規の「柿くへば」の句は、漱石が作った句「鐘つけば銀杏ちるなり建長寺」をヒントにしたという説もある。松山滞在中、漱石は七百句余りの俳句を詠んだ。漱石の「鐘つけば」の句は、子規の「柿くへば」の句よりも約二カ月早く発表されている。子規が漱石の句を参考にしたのか真相は明らかではないが、明治二八（一八九五）年に子規が奈良を旅した後から、漱石の奈良を題材にした句が増えており、二人の間で奈良がホットな話題だったことが想像される。

　子規は宿泊した対山楼で「大仏の足もとに寝る夜寒かな」「長き夜や初夜の鐘撞く東大寺」という句も詠んでいる。対山楼がある今小路は京都からの街道筋で、江戸時代から宿屋が多くあった町である。対山楼は政治家や軍人、文化人がよく宿泊する宿として有名であり、政治家では、伊藤博文、大山巖、山県有朋、文化人では下田歌子、滝廉太郎、岡倉天心、フェノロサらが宿泊した。

日吉館と会津八一

　対山楼のほかにも、奈良にはいくつか文人たちに愛された宿がある。代表的なのが日吉館であろう。日吉館は奈良国立博物館前で、大正四（一九一五）年に創業した旅館である。作家の志賀直哉、堀辰雄、和辻哲郎、詩人の西条八十、建築家の丹下健三、芸術家の岡本太郎らが訪れた。しかし、何といっても日吉館にゆかりの深い作家は会津八一である。

　八一は、明治一四（一八八一）年、新潟生まれの歌人、書家、美術史家である。明治三五（一九〇二）年、上京して東京専門学校（現・早稲田大学）に入学し、坪内逍遥やラフカディオ・ハーンのもとで学ぶ。在学中、渡辺文子という画家志望の女性に心ひかれるが、この恋は成就することはなかった。明治四一（一九〇八）年の夏、傷心の八一は一人奈良を訪れる。この最初の奈良訪問では対山楼に宿泊したが、以後、八一は三五回も奈良を訪問し、うち二〇回以上も日吉館に滞在している。日吉館の看板の字は会津八一が書いたものだ。

　大正一二（一九二三）年には奈良美術研究会を創立する。日吉館近くにある飛鳥園の仏像写真家・小川晴《せい》暘《よう》とともに仏教芸術を探求した。

　大正一五（一九二六）年からは早稲田大学文学部で東洋美術史の講座を担当する。学生たちを連れての見学旅行も行い、日吉館を常宿とした。

　八一にとって奈良は生涯の学びの場であった。「われ奈良の風光と美術

会津八一「日吉館」前にて（1946年）入江泰吉撮影（入江泰吉記念奈良市写真美術館蔵）

とを酷愛して、其間に徘徊することすでにいく度ぞ」(『南京新唱』自序)と奈良への愛着を語る八一は誰よりも奈良を愛した作家だといえよう。日吉館は平成七（一九九五）年に廃業したが、多くの文化人たちを受け入れた旅館であった。

堀辰雄と大和路

小説「風立ちぬ」で有名な堀辰雄も日吉館の宿泊者の一人である。堀は生涯に七回、奈良を訪れている。昭和一四（一九三九）年五月には日吉館に宿泊し、秋篠寺、唐招提寺、薬師寺、藤原京跡などを巡っている。胸を患っていた堀辰雄だが「毎日宿屋でビフテキなんぞ食はしてくれるので元気だ」と葉書に書いているほど、大和路を精力的に歩き回った。「古代美への心の渇き」(『花あしび』後記)が堀辰雄を奈良にいざなった。古代奈良を舞台とする小説を構想していたようで、多くのノートも残されている。ラディゲやリルケなど西洋文学に影響を受ける一方、古代の奈良にも心ひかれた堀辰雄——西洋文学と日本の古典文学を二重写しにしたような堀辰雄の作品の源泉は奈良にあったといえよう。

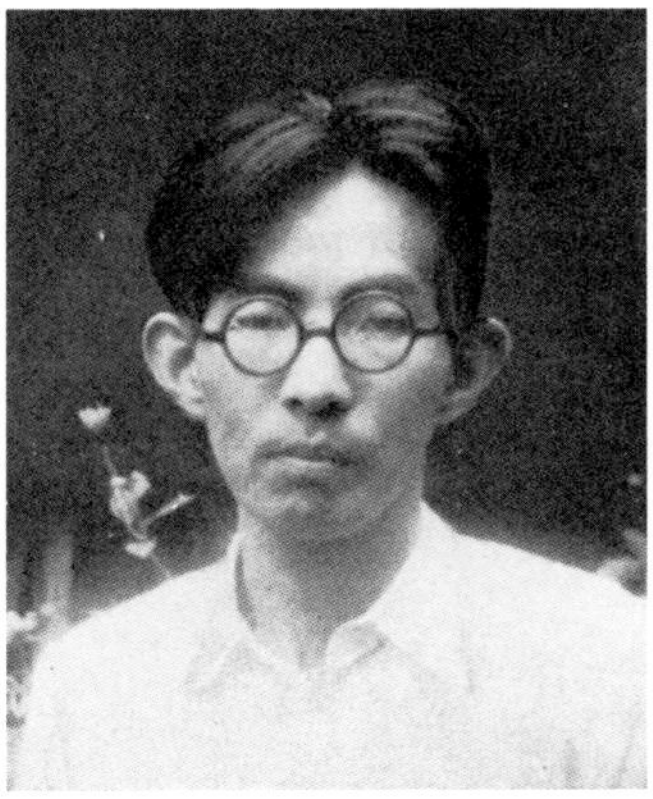
堀辰雄
（出典：近代日本人の肖像）

ささやきの小径を散歩する志賀直哉（左）と東大寺観音院住職・上司海雲（1957 年 4 月）入江泰吉撮影（入江泰吉記念奈良市写真美術館蔵）

志賀直哉と奈良

春日大社の二の鳥居から、馬酔木《あしび》の木が群生している「下の禰宜道《ねぎみち》」(通称「ささやきの小径」)を抜けたところに高畑《たかばたけ》という町がある。「下の禰宜道」の「禰宜」とは神社の神職のことで、かつて春日大社の神官が高畑方面に住んでいたことからこの名が付けられた。大正から昭和初期には高畑には多くの芸術家たちが暮らすようになった。その中心的人物が白樺派の小説家・志賀直哉であり、志賀が住んでいた邸宅は通称「高畑サロン」と呼ばれ、現在は「奈良学園セミナーハウス志賀直哉旧居」として公開されている。

志賀は大正一四（一九二五）年から昭和一三（一九三八）年まで、一三年の長きにわたって奈良に住んでいる。彼は奈良でどのような暮らしをしていたのか。大正一四（一九二五）年四月、京都山科から奈良市幸町に移り住む。志賀によれば、このときは奈良に長く住むつもりはなかったという。動物好きの志賀は幸町の邸宅で、犬、小鳥、ウサギ、リス、ハト、それから小熊も飼っていた。小熊は吉野山で撃たれた母熊の傍にいたものを、猟師が奈良のおでん屋に売り、それを志賀が譲り受けたものだ。この頃志賀直哉に私淑する文芸評論家の小林秀雄は奈良公園の中にある旅亭「江戸三」（一九〇七年創業）に一年間滞在した。

その後、志賀は昭和四（一九二九）年四月に奈良市上高畑へ転居した。高畑の家は、志賀直哉が設計に携わり、数寄屋造りを基調にしながら、和洋折衷のダイニングなども含んでいる。志賀直哉のもとには、武者小路実篤、谷崎潤一郎、小林多喜二、瀧井孝作などの文学者がやってきた。

志賀直哉と家族（奈良大学図書館蔵北村信昭コレクション）

また、志賀は東大寺の上司海雲、飛鳥園の小川晴陽とも親交した。

奈良高畑の家での志賀直哉の一番の仕事は、一七年をかけた「暗夜行路」を書き上げたことである。また、志賀自身の好みで選んだ建築物、庭園、美術品の写真集『座右宝』も刊行した。志賀直哉は奈良を去る前に「兎に角、奈良は美しい所だ。自然が美しく、残つてゐる建物も美しい。そして二つが互に溶けあつてゐる点は他に比を見ないと云つて差支へない」（随筆「奈良」）という感想を残している。自然と歴史が調和した奈良の地で、志賀は来訪する人々と語らったり、散歩をしたり、また時には大阪や京都を訪れたり、穏やかながらも忙しい日々を送っていた。

荒池から「江戸三」を望む（奈良大学図書館蔵北村信昭コレクション）

武者小路実篤と「新しき村　奈良支部」

志賀直哉が奈良市幸町に住んでいたとき、志賀と同じ白樺派の作家である武者小路実篤も奈良に移り住んだ。武者小路は大正一四（一九二五）年一二月から翌年一二月までの一年間、奈良市水門町に暮らした。奈良に来る前、武者小路は宮崎県児湯《こゆ》郡木城《きじょう》村（現、木城町）に「新しき村」をつくり、同志とともに理想的な生活を追い求めていた。武者小路が来寧したのをきっかけに奈良にも「新しき村　奈良支部」が誕生する。支部には奈良近郊の青年たちが集まり、積極的に講演会や朗読会、懇談会などを開いた。

武者小路実篤（出典：近代日本人の肖像）

このように志賀直哉や武者小路実篤の周りには奈良を訪問した文士たちや、二人を慕う地元の人々が集まった。志賀や武者小路を核として奈良の文学熱が醸成されたのである。

（奈良大学　光石亜由美）

文豪たちが愛した家「志賀直哉旧居」

現在は学校法人奈良学園セミナーハウスとして公開されている

住所 奈良市高畑町 1237-2
公式 HP https://www.naragakuen.jp/sgnoy

志賀直哉が壮年期を過ごした邸宅

昭和4年に志賀直哉の設計で建てられた邸宅を復元修復。武者小路実篤、谷崎潤一郎、梅原龍三郎ら多くの文人や洋画家が訪れた。志賀が「暗夜行路」を完成させた書斎や、窓から見える彼が愛した奈良の自然の風景など、当時に想いをはせられる。

洋風様式のサロンや四季を彩る美しい日本庭園、茶室も

田山花袋が歴史のかなたに心ひかれた寺巡り

「旅行は歩いて現地を見よ」と勧める花袋の寺巡り

奈良を愛した作家、田山花袋。紀行文「奈良雨中記」(『新古文林』1905年)では、雨の中寺巡りへ。花袋が心惹かれた2つの寺を紹介する。

唐招提寺

寺の裏門から中に入り、1200余年の殿堂に心ひかれた花袋。彼が目にした盧舎那仏《るしゃなぶつ》坐像や薬師如来立像は、現在国宝に。

住所 奈良市五条町 13-46
公式 HP https://toshodaiji.jp

薬師寺

金堂に入り、本尊薬師三尊像を見上げ、歴史に想いをはせる花袋。歴史や文化の学びの場として奈良を愛した。

住所 奈良市西ノ京町 457
公式 HP https://yakushiji.or.jp

写真提供：一般財団法人奈良県ビジターズビューロー（唐招提寺）、PIXTA= でじたるらぶ（薬師寺）

近世〜明治の奈良

晒・刀・酒などの商工業が発達し明治前中期には「奈良博覧会」が開催

奈良町は、どのように発展していったか？

「奈良名勝全図」明治 41（1908）年（奈良市史料保存館蔵）

奈良の産業にはどんなものがある？

橋本町の高札場と旅籠屋町（江戸時代）

奈良市の三条通り、平城京の三条大路と東六坊大路の餅飯殿《もちいどの》通りとが交わるところが、江戸時代、札の辻とよばれ、幕府のお触れや命令を高札で広めた「橋本町御高札場」があった。

橋本町の高札は、四段に掲示され、上から一段目が幕府公用の駄賃伝馬の定書（御朱印伝馬札）。二段目が忠孝の心得や博奕や喧嘩口論の禁止の忠孝札《ちゅうこうさつ》。三段目が毒薬・にせ薬の禁止のほか、偽金銀や怪しい書物の販

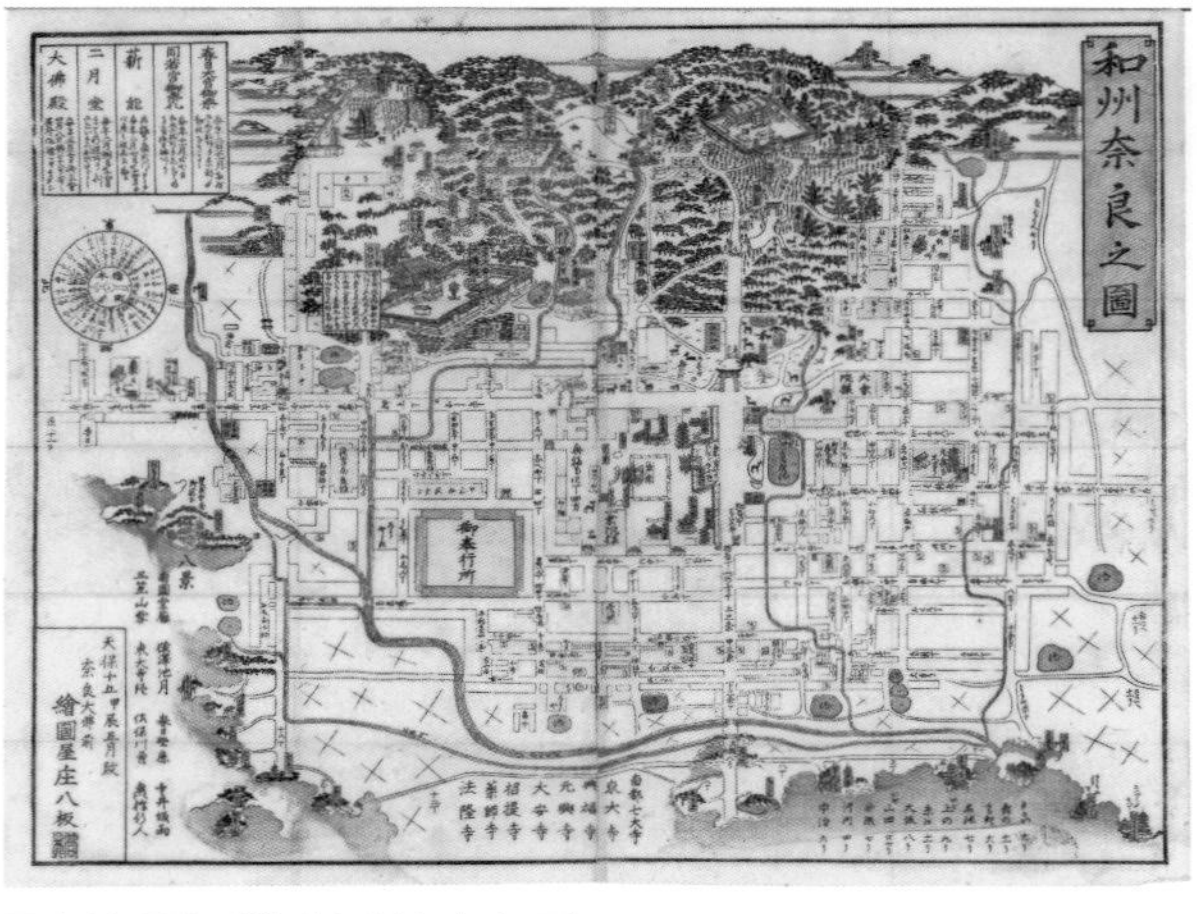

国土地理院所蔵「和州奈良之図」

奈良奉行所付近絵図
（部分、奈良市史料保存館蔵「奈良町絵図」より）

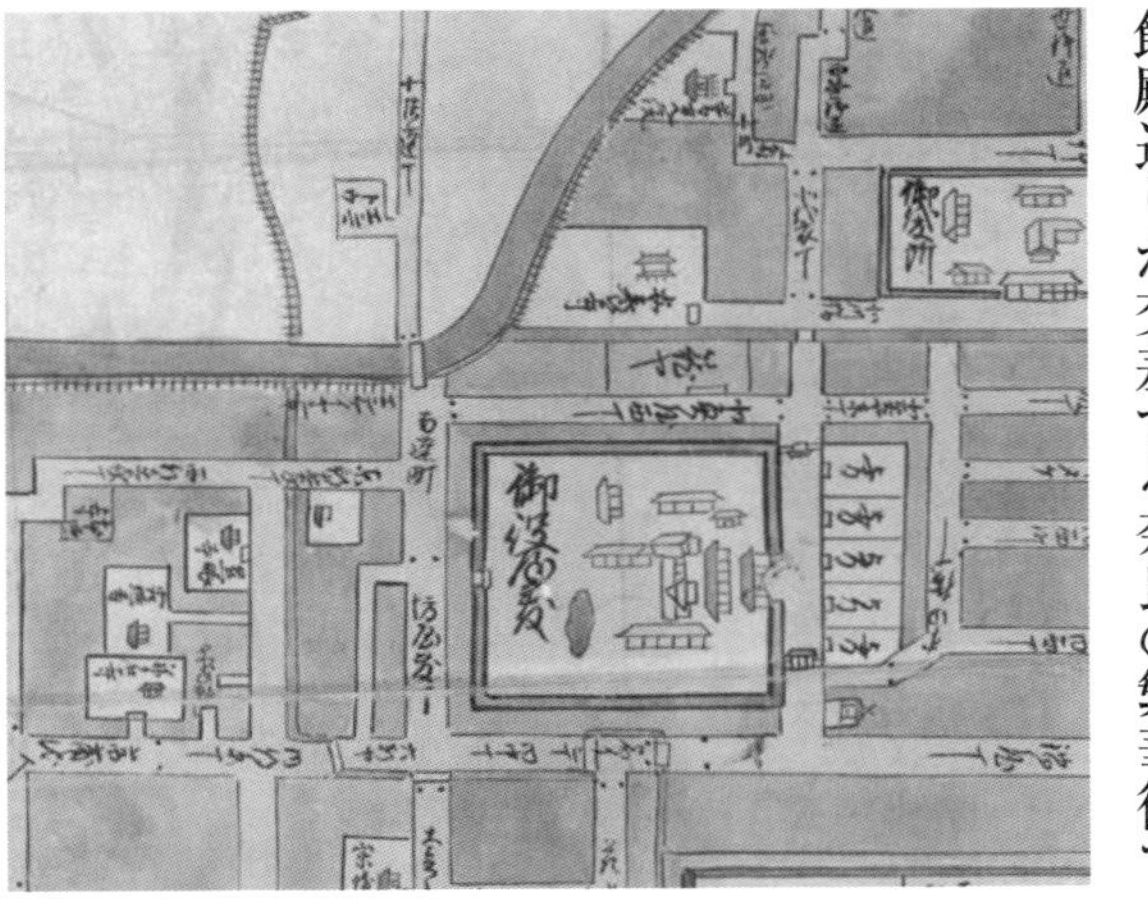

売の禁止を条文とする毒薬札や人身売買禁止の札など。そして、四段目の右から捨馬札《すてうまさつ》、捨子禁止の札などが掲げられていた。現在、橋本町三条通北側の手力雄《たぢからお》神社の石段の左にある高札場は、昭和五九（一九八四）年に現代風にアレンジして復元されているが、天保《てんぽう》一五（一八四四）年の「和州奈良之図《わしゅうならのず》」に、神社の前の三条通りの道の真ん中に高札場が描かれている。

　橋本町は、三条通りと、東向《ひがしむき》・餅飯殿通りが交差する奈良の繁華街である。江戸時代の橋本町界隈は、大坂街道からの人や、上街道から三条通りに入る人の流れがあった。それに、奈良盆地を縦貫する中街道から京終口《きょうばてぐち》を経て、東向通りに入り大和一国の裁判権を持つ奈良奉行所（現・奈良女子大学）にやってくる人の流れもあった。

　この高札場は奈良からの距離を表示する起点でもあった。「庁中漫録《ちょうちゅうまんろく》」には「橋本町御高札場ヨリ」京都や大坂、郡山、西大寺や薬師寺などへの距離が記され、「和州奈良之図」には、橋本町から各名所への距離を記入している。明治になって、橋本町に置かれた「奈良縣里程元標《ならけんりていげんぴょう》」（距離を測る起点・高札場の前に復元）は、この慣行を受け継いだものである。

　貞享《じょうきょう》四（一六八七）年刊の『奈良曝《ざらし》』には、「南都の旅籠屋町」として猿沢池付近の樽井町と今御門町《いまみかどちょう》、京都街道沿いの転害《てがい》（手貝）通りの押上町《おしあげちょう》と今小路町《いまこうじちょう》が見える。

　近世に入り、猿沢池畔に旅宿が出現し、商業街近くに旅宿も出現した。この時代、大和の上街道は南円堂を起点として南走したため、樽井・今御門両町は幹線道路に面し、しかも南都の中心に位置した。さらに、「毎年二月たきぎの能など見物に御《お》いであらん人ハ、たる井・今御門ニやどをとりぬれバ、興福寺《こうふくじ》南大門へハほどちかきゆへに、のふ（能）見物のたよりよし」という利便性もあった。転害通りに比べると、興福寺の門前で景勝は随一だから、転害通りを凌駕するのも当然だった。

　さらに、樽井・今御門両町から南下すると、木辻遊郭《きつじゆうかく》に至る。『奈良曝』にはくつわ（遊女屋）八軒、揚げ屋（遊女を呼んで遊興する店）一二軒を掲げる。なお、両町の近くの南市町が遊郭、元林院町《がんりんいんちょう》が芸妓屋町となった。これは幕末近くのことだろう。

　『奈良曝』には、「南都見物の御かた、さらしニても、油煙墨にても、御もとめ候ハんにハ、宿のていしゆ御頼ミ有て御かい候へバやすし」と記している。奈良晒と筆墨は南都の特産であり、早くも土産品店が生まれている。川路聖謨《かわじとしあきら》の『寧府紀事《ねいふきじ》』嘉永《かえい》二（一八四九）年四月八日条に、民《たみ》蔵《ぞう》（川路の世話をする者）の叔父一行が備中から奈良見物に来て猿沢池ほとりの小刀屋《こがたなや》善助《ぜんすけ》の旅籠屋に泊まったとき、相宿四〇〇人と聞いて驚いている。さらに小刀屋にはいつも百人以上の旅人がおり、多い時は五〇〇人も旅宿するといい、草履一足も紛失することなく翌朝に渡すことに感心している。

高札場と奈良縣里程元標《りていげんぴょう》

奈良奉行川路聖謨の植樹

奈良を名所として復興しようとした川路聖謨は、現在の奈良公園の緑化の先駆者といわれている。聖謨の日記である『寧府紀事』に、「けふ女子供其外夥しく、春日其外へ参詣に出たり、若くさ山の麓はむさし野をかけて、人多く集まり（中略）、膳椀《ぜんわん》まで持来たり、円居して飯くひ其外すいつつ（水筒）に重箱さけて来れるなともみへ」という奈良人の風俗を記している（弘化三年四月九日）。

聖謨自身も野原に出て円居して飯をくう風俗になじんでいくのは、家族とともに奈良に赴任したことと、広くて花木の豊かな奈良奉行所の敷地のなかで生活したからである。日記には、「われは暮頃近くより庭の芝生へ例の皮をしきて、こんろ土瓶持出し、みかさ山あたりみやり、其外庭のかきつはた水へうつるつつしの花をみ居たり」など、着任後の初夏から庭の泉水、柴原、林間などを楽しみはじめたことが見える（弘化三年五月二日）。

弘化五（一八四八）年二月一一日の日記には、興福寺南大門跡付近の芝地に植樹をしたことを記している。このころ聖謨は、奉行所内の稲荷社の祭に参詣人を楽しませるために紅梅を一本献納し、今後も百年後のことを考えて植樹するつもりだと述べている。さらにお金に余裕ができたら、猿沢池の周辺に千本の苗木を植えたいと書いている（二月一日）。一方、この半月程前には、聖謨は植樹のための苗木の仕立てを自ら始め、奉行所の与力《よりき》たちも見習って植樹している（一月六日）。

「植桜楓之碑《しょくおうふうのひ》」文には、「今年都人相議し、旧観に復さんと欲し」たこと、一乗院・大乗院門跡《もんぜき》の「数株」の提供をよび水として、民間からの植樹運動が盛り上がったことが記されている。さらに、「歳月の久しき、桜楓は枯槁の憂無きこと能わず、後人若

奈良奉行川路聖謨の植樹（江戸）・植桜楓之碑

し之れを補わば、則ち今日遊観の楽しみ、以て百世を閲しても替わらざるべし」と述べ、樹木の保全・育成を託している。その期待どおり、民間の力を主として植樹は広がりを見せ、東大寺・興福寺境内から佐保川畔、高円山《たかまどやま》のあたりまで展開された。

　興福寺境内猿沢の池畔の五二段脇に建っている「植桜楓之碑」には、嘉永三（一八五〇）年三月の年紀が刻まれているが、実際には、聖謨の転役が明らかになった嘉永四年五月頃に建碑されたものらしい。同碑の篆額《てんがく》（石碑などの上部に篆書で書かれた題字）は一乗院門跡の尊応法親王《そんのうほっしんのう》の染筆にかかり、碑文は聖謨の自撰自筆で、「植桜楓之碑」の台石には、奈良人形師の森川杜園《もりかわとえん》ら協力した当時の奈良町の著名な人たちの名や、桜楓を請負った植木商人や建碑を担当した石工の名前も刻まれている。

三条通りと東向通り（江戸～昭和戦前期）

　現在の奈良の玄関口である三条通りや東向通りは、江戸時代には、奈良晒関連商人が多く居住し、奈良晒が一大産業であった奈良町の性格をよく表している。

　奈良は、明治二五（一八九二）年、奈良（現・JR奈良駅）と大阪（湊町）間の鉄道が全通し、続いて京都・名古屋と開通するに及び一躍大観光地となった。大正三（一九一四）年には、奈良（現・近鉄奈良駅）・大阪間に大《だい》軌《き》電車（現・近鉄）が開通し、昭和四（一九二九）年には京都と奈良が電車で結ばれ、橿原《かしはら》・吉野・伊勢・名古屋方面と電車による連絡ができ一層旅客の増加を見るに至った。明治二五（一八九二）年には、一般旅客百万人に達し宿泊人はその一割弱の九・六万人余におよんだ。その後観光客は次第に増加し、昭和一五（一九四〇）年には紀元二六〇〇年にあたり、全国より肇国《ちょうこく》の聖地橿原へ参拝者の多くが奈良にも来遊して盛況を示し、総観光客は八一九万の多数にのぼった。

　奈良市の同年の統計によると、省線奈良駅（現・JR奈良駅）前の三条通りと、東向の関西急行電車駅（現・近鉄奈良駅）前の東向通りは観光客を相手とする職業が多い。まず土産物店は、三条通りが最も多く

「奈良博覧会」が開催された旧奈良県公会堂
（写真提供：奈良県立図書情報館「奈良の今昔写真WEB」蔵）

一一八軒のうち四九軒（四一％）におよんでおり、東向通り近辺は一五軒（一二％）である。飲食店は（カフェー・バーを含む）、三条通りには八一軒のうち二八軒（三四％）、東向通りには一七軒（二〇％）が並んでいる。旅館は、三条通りを中心として四九軒のうち三二軒（六五％）の多きに達し、省線奈良駅前や猿沢池畔には三階建ての大旅館が軒を連ねており、関急駅東向付近に四軒の旅館があった。

春日社・興福寺と神仏分離・廃仏毀釈（明治維新）

権門寺院《けんもんじいん》や中核寺院が多かった大和は、神仏分離の影響が大きく、興福寺では一山あげて還俗して春日社へ出仕した。興福寺の廃仏が明治元（一八六八）年の神仏分離政策の中で起こったといわれるが、多くは、明治五（一八七二）年頃からの開化政策の中で実行されてきたものである。詳細については、「興福寺」の章を参照されたい。

古美術の再発見（明治）

明治維新の古物排斥の風潮を食い止めるために、明治五（一八七二）年に新政府の大学大丞《だいじょう》・町田久成《まちだひさなり》と部下の古物学者・蜷川式胤《にながわのりたね》の進言で文部省による古社寺の宝物調査が実施された。これは我が国最初の宝物調査で、法隆寺・東大寺・正倉院・桂離宮・御所をはじめとして関西地方の主な所蔵先二〇〇ヶ所の古器物や書画を調査した。町田は内務省社寺局と折衝の上、明治一二（一八七九）年五月に内務卿・伊藤博文の名で各社寺に宝物目録の提出を命じ、宝物のデータの作成を指示したが、これは文化財保護運動の基盤となった。

こうした中で、古美術価値発見に貢献したのはフェノロサと岡倉覚三《おかくらかくぞう》（天心《てんしん》）であった。フェノロサは日本に来て東京大学で哲学などを講じていたが、かたわら日本美術に深い理解を示し奈良にも来ていた。明治二一（一八八八）年に古社寺の宝物調査団に加わり来寧し、浄教寺（上三条町）で「奈良ノ諸君ニ告グ」という講演を行い奈良の古美術の価値を称揚している。また、岡倉は、翌明治二二（一八八九）年に東京美術学校が開校すると、校長と教授を兼任して「日本美術史」と「泰西《たいせい》美術史」の講義を開始し、日本美術が大陸の美術の影響を受けながら栄枯盛衰をたどった歴史を語り、変化に富み、豊かな内容を持つことを論じている。

奈良博覧会・物産共進会（明治）

明治初年ごろの奈良にはこれといっためぼしい産業はなく、観光客を呼ぶ手立てとして博覧会が開かれている。まず、明治六（一八七三）年四月に東大寺真言院を会場に東大寺や他の大和の諸寺・諸家のもつ古

すべり坂から三条通り（奈良市史料保存館蔵）

器物を中心に展覧会を開いている。

次いで明治七（一八七四）年八月、時の奈良県権令藤井千尋《ちひろ》のすすめで、有志が奈良博覧会社を設立し、東大寺の龍松院に本社を置いた。この博覧会は殖産興業の必要から提唱されたものである。第一次奈良博覧会は、明治八（一八七五）年四月から六月までの八〇日間、東大寺大仏殿と回廊を会場に開かれた。会期中観客数が一七万人を超えるなど盛況のうちに終わった。入場料は三銭、寺社や旧家の什宝や書画、商工業製品、名産品のほか、宮内省の許可を得て約二二〇件余にのぼる正倉院宝物も出陳され、東大寺大仏殿内で陳列された。

奈良博覧会は明治八（一八七五）年の第一次から明治一〇（一八七七）年を除く明治二三（一八九〇）年の第一五次まで行われ、うち同八（一八七五）年、同九（一八七六）年、同一一（一八七八）年、同一三（一八八〇）年に正倉院宝物が出陳された。正倉院の出陳が許可されたとき、宝物の調査・模造と染織品の保存が条件とされていた。そのため美術工芸の専門家に宝物の模写・模造をさせ、政府がこれを買い上げている。こうしたことが、奈良漆器など伝統工芸の復興に寄与した。

一方、奈良・大阪間が全通した明治二五（一八九二）年には、大仏殿内で第四回関西連合府県共進会が農商務省の主宰で四月一日から五〇日間開かれた。共進会は、産業振興をはかる目的で全国各地で行われた展示会だが、事務長は地元奈良県知事小牧昌業《こまきまさなり》が務めた。参加府県は京都・大阪・兵庫・奈良・滋賀・福井・石川・鳥取・島根・広島・山口・和歌山・香川・愛媛の二府一二県である。吉田東伍（歴史地理学者・一八六四－一九一八）の日記である「楢《なら》の葉日記」には、このとき共進会と展覧会の二つの催し物が同時に行われたことを述べるとともに、その賑わいの様子を次のように記している。

> 奈良には今日を初日として、共進・展覧の二会開かるるとて遠近より集る乗客汽車あふるる計りなるが、三条の停車場（現・JR奈良駅）に一同下車すれば、最早奈良市中は山を築ける群衆にて、猿沢の池まで行かんも、押し分け突きのけ漸くにて達す

二日には、春日神社（現・春日大社）にお詣りして展覧会を見に行き、「倶楽部の展覧会にのぞむ、倶楽部は近年新に造りたる楼屋にして、（中略）楼上楼下の列品、新古千点と号す」と記している。展覧会の会場の倶楽部は奈良倶楽部（のちの奈良県公会堂）のことで、明治二一（一八八八）年に第六十八銀行（本店は郡山町）・第三十四国立銀行（本店は大阪市）の両奈良支店が集会所として、水谷橋近くの旧四恩院に建設したものである。展覧会を見た後南大門近くの東南院で寺宝の展覧を見て、四日に大仏殿の共進会を見学した。

四日（中略）、大仏殿の共進会を覧る、回廊方百間（約一八〇ｍ）程あるに猶足らざるを仮小屋にて補ひ、（中略）回廊の構造、もとよりかかる陳列に適すべきにもあらねば、通路せまく光線透らず、遺憾也

会場の大仏殿の回廊は、通路が狭く光が通らず見づらかったらしいが、催しは盛況であったことがわかる。

手向山八幡宮《たむけやまはちまんぐう》

古都・奈良の顔「奈良公園」が誕生し全国的に有名な宿も開業した

奈良公園の誕生

奈良が近代的観光都市に脱皮していくうえで、奈良公園が大きな役割を果たした。その成立は、明治一三（一八八〇）年二月のことで、興福寺旧境内と春日野の一部を含む一四ヘクタールが、公園地に認定された。明治二一（一八八八）年七月に奈良県再設置にともない、税所篤《さいしょあつし》知事は、「完善至美ノ一大公園ヲ作成」することを政府に申請。春日野・浅茅ケ原《あさじがはら》・手向山《たむけやま》の名勝地をはじめ、東大寺・手向山八幡宮《はちまんぐう》・氷室神社などの寺社境内地はもとより、若草山・春日山・花山・芳山《ほやま》に及ぶ広大な山野が公園地に編入され、明治二二（一八八九）年三月に新しい奈良公園地の設定が告示された。ここに旧公園地と合わせて五三五ヘクタールの奈良公園が発足することになった。

県は、明治二七（一八九四）年六月、大々的な改良計画を立て、円窓亭の浅茅ヶ原片岡梅林への移建、浅茅ヶ原の水路新設、五二段の修築などを行った。明治二八（一八九五）年に

浮見堂

明治 20 年頃の対山楼遠景（写真提供：天平倶楽部）

は奈良遊園株式会社が設立され、本社を浅茅ヶ原において、亭舎・庭園・温泉場などの施設をつくった。明治三三（一九〇〇）年に公園の改良が一〇ヶ年計画で実施され、四三年度までに民有地の買収、杉檜苗の植栽が行われたほか、花樹の植栽、道路の改修、雪消沢《ゆきげのさわ》の造営など多様な事業が達成された。

明治三三（一九〇〇）年一二月には、これまでの林道を拡幅する工事を実施して春日奥山周遊道路（約一一キロ）の開通式を行った。この道路は、若草山と春日山の山峡の月日磐から水谷川《みずやがわ》をさかのぼって、花山と芳山との間を通り、地獄谷の近くに出て春日山の南辺をまわり滝坂に出る道で、しだいに遊覧客を招くようになった。また明治三五（一九〇二）年に県が浅茅ヶ原に八角亭（丸窓）をつくり、春日野に月日集会所（のち月日亭）を建てた。また、遊覧客の誘致のため、明治四一（一九〇八）年に動物飼育場が作られ、鶴や猿や孔雀などが飼われるようになった。同年に竣成した鷺池にはボートを浮かべるようになり浮見堂もできる。また、明治四三（一九一〇）年五月、春日野運動場が竣工し、大正二（一九一三）年に野球場としても使えるよう施設を加えている。

対山楼・菊水楼・奈良ホテル（明治～昭和戦前期）

明治三二（一八九九）年の『奈良繁昌記』には、旅館として菩提町の菊水楼、池の町の三景楼、今小路町の対山楼を挙げている。このうち今小路町の対山楼は、政治家や軍人、学者や文人の宿として有名で、明治期の奈良を代表する旅館であった。明治二八（一八九五）年一〇月下旬に奈良に立ち寄った正岡子規も、ここに宿をとって「鹿鳴くや小窓の外は薄月夜」「奈良の宿悲しく鹿の鳴く夜哉」など奈良五句を残している。

対山楼についで有名になったのが菊水楼である（明治二四年開業）。明治四一（一九〇八）年一一月に奈良盆地で行われた陸軍特別大演習には、明治天皇は奈良市に行幸され、奈良公会堂を大本営として宿泊されたが、菊水楼で休憩された。また昭憲皇太后、乃木希典《のぎまれすけ》陸軍大将、東郷平八郎海軍元帥らも宿泊した。明治四二（一九〇九）年に奈良ホテルが完成すると、菊水楼で豪華な晩飯を食べてから奈良ホテルで宿泊するというのが、奈良を訪ねる客の最高のパターンになっていた。

日露戦争の勝利によって外国からの来遊者が増えると、明治三八（一九〇五）年秋に奈良実業協会から奈良市にホテルの建設の申し入れがあって具体化した。明治三九（一九〇六）年三月には、奈良市・関西鉄道・京都都《みやこ》ホテルの三者間で洋式ホテル建設のための覚書が交換された。用地は奈良市が提供、資金は関西鉄道が用意し、経営は京都都ホテルの所有者・西村仁兵衛が当たるという内容であった。その後用地は県が肩代わりして提供することになり、西村の希望によって高畑《たかばたけ》町の飛鳥山（大乗院の跡地）が選ばれた。明治四〇（一九〇七）年一〇月、鉄道国有法によって関西鉄道が政府に買収されたので、建設資金の支弁は政府に引き継がれた。設計は建築学の泰斗《たいと》・辰野金吾《たつのきんご》、和洋折衷二階建てのホテルが落成、明治四二（一九〇九）年一〇月に奈良の代表的な迎賓館として開業の運びとなった。当初奈良ホテルは大日本ホテルの経営だったが、大正二（一九一三）年五月、鉄道院の直営となった。

創館当時のレジスター・ブックによれば、外国の著名人や、独・英の皇族や貴族、各国の大使、軍人、実業家の名が多く見える。この頃の日本人宿泊客は全体の一割にも達していないが、その多くは華族であり、乃木希典（陸軍大臣）、加藤高明（外相・首相）などの元勲の名も見える。鉄道院直営（大正二年～昭和二〇年）の時期の奈良ホテルは、鉄道院の手厚い保護のもとに最も華やかな迎賓館としての時期を送った。

（氷室神社文化興隆財団　大宮守友）

菊水楼

創設期の奈良ホテル

奈良の近代化を支えた鉄道

「奈良駅」が交通網の要《かなめ》に

吉田初三郎（大正から昭和にかけて活躍した鳥瞰図絵師）の「奈良電車沿線御案内」
（写真提供：国際日本文化研究センター）

明治 20（1887）年、大阪府から分離した奈良県は近代化への道を歩み始める。古社寺保存法の設置制定に伴い、寺社や名所旧跡の観光資源が復活し、参拝や観光を目的に奈良県北部を中心とした鉄道網が整備されていく。鉄道の発達は、奈良の産業や観光の発展に大きく寄与した。

明治 23（1890）年、大阪鉄道による湊町（現・難波）・奈良間の開通により、「奈良駅」が開業。明治 29（1896）年には、奈良鉄道が京都・木津間の路線を開業。この両社が関西鉄道に合併後、明治 40（1907）年に国有化され、「奈良駅」は国鉄（現・JR）の駅となった。

大正 5（1916）年頃の国鉄（現・JR）奈良駅駅前広場
神武天皇年祭、大正天皇皇后奉迎
写真提供：吉田守氏　奈良県立図書情報館「奈良の今昔写真 WEB」蔵

大正 3（1914）年には、大阪電気軌道によって大阪上本町と奈良間（現在の近鉄奈良線）が開通。奈良と大阪を結ぶ主要路線となった。その際、府県境の生駒山《いこまやま》下を通る、全長 3,388m の「生駒トンネル」が開通。その後、昭和 39（1964）年に生駒トンネルは、輸送力増強のため全長 3,494m の「新生駒トンネル」に切り替えられた。

大正 7（1918）年頃の大阪電気軌道奈良駅
写真提供：近鉄グループホールディングス株式会社

奈良公園の近現代建築

なぜ奈良公園には和風建築と
洋風建築が混在している？

現・奈良県庁舎

“奈良らしい”近現代建築は
どのようにして生まれたのか？

歴史的な環境、風致形成との調和 そして「奈良らしさ」が生まれるまで

奈良公園に立つ近現代建築は、その時どきの奈良に対する意識や、歴史的風致に対する感性と、建築様式のはざまを揺れ動いてきた。ここではその流れを歴史的にたどりながら、画期となる建築について紹介したい。

前近代までは、社寺建築や民家にはそれぞれに規範となる形態・様式があり、更新・新築にあたっても、風致景観と環境が維持されてきた。また、来訪者にサービスを提供する旅館や店舗も、伝統的な素材・意匠・工法で建てられてきた。ただ、明治に入って、社寺境内とその周辺が、「公園」という世俗的な近代の都市施設となり、新しい機能をもつ建物も必要になった。これまでの建築の規範から外れた「洋風」の形態・様式が入ってくることで、建築のあり方が幅広く多様になった。そして、前近代から引き継いだ歴史的な環境や、近代における風致形成との調和と、その時代が求める機能・意匠との関係に工夫が必要になったのである。

初の本格的洋風建築と 近代和風建築の嚆矢《こうし》

奈良の人びと、奈良公園を訪れる人びとに、風致景観と建築様式とが深く関わっていることを認識させるきっかけとなったのは、明治半ば、時をおかずに姿を現した二つの建物、帝国奈良博物館と奈良県庁舎である。

　明治初年から興福寺《こうふくじ》子院の跡地にはさまざまな公的施設が置かれたが、堂舎をそのまま転用したり、除却された堂舎の部材を使って建てられたりした。もちろん、本格的な洋風建築などなく、興福寺食堂《じきどう》・細殿《ほそどの》の場所に小学校教員伝習所・寧楽書院（明治一〇年、春日座大工・木奥弥三郎）が擬洋風で建てられた程度であった（明治四四年解体）。

　奈良公園で最初の本格的な洋風建築は帝国奈良博物館本館（**現・奈良国立博物館　なら仏像館**）である。帝国奈良博物館は、東京の帝国博物館、帝国京都博物館とともに、明治二二（一八八九）年に設置が定められ、同二五（一八九二）年に工事が開始された。敷地となったのは興福寺塔頭法雲院や一乗院門跡下屋敷のあった場所である。帝国博物館の設置の背景には、明治初期の廃仏毀釈以来、散逸・消失の危機にあった古社寺の古器旧物保存の重要性と国家による保護施設の必要性が理解されてきたことがある。帝国博物館の建設場所が、廃仏毀釈の被害が大きかった興福寺の故地であったことも興味深い。

　設計者は宮内省内匠寮の匠師・片《かた》山東熊《やまとうくま》である。片山は長州藩出身、工部大学校造家学科（現・東京大学工学部建築学科）の一期生。ジョサイア・コンドルの下で西洋建築を学び、ヨーロッパの視察経験もある建築家であった（代表作・迎賓館赤坂離宮・国宝）。

　設置が決まってから足かけ五年、工事が始まってから三年後の明治二七（一八九四）年、博物館は完成する。初めての本格的洋風建築に奈良の人びとは驚いたに違いない。外観の様式はさまざまに語られる。くし形ペディメントや双子柱のジャイアントオーダーなど、フランスのネオ・バロック様式を特徴づける要素が目につくが、全体的には抑制が利いてルネッサンス様式の枠組みに入ると言ってよい。本格的な煉瓦造の建築であるが青白い沢田石を外壁仕上げに使っていて、翌年に竣工した同じ片山の作品・帝国京都博物館（重文・明治二八年、現・京都国立博物館　明治古都館）の煉瓦を現しにした重々しい外観と比べると、規模がより小さいこともあって瀟洒な邸宅風の印象を受ける。一部の細部仕上げが空白になった箇所もあるが、正面中央部の漆喰《しっくい》装飾は繊細である。

　企画段階で起こった濃尾地震の教訓から大きな壁厚（九〇cm）をとり耐震性能を高めた。展示室の採光を考慮して、外壁には開口部を少なくし、屋根を一段高くした越屋根からの採光方式を導入している。

現・奈良国立博物館 なら仏像館

帝国奈良博物館竣工の一年後、奈良公園における建築意匠を方向づける建物・**奈良県庁舎**（明治二八年、現存せず）が一乗院跡地に竣工した。博物館の工事が進むなかで、設計を担当したのは帝大を前年に首席で卒業したばかりの長野宇平次であった。そして赴任からおよそ一年という短期間で完成させている。

若い建築家にとって設計は困難な状況で行われた。長野によると赴任時には「奈良は（中略）古建築の淵叢」で「世人既に似非西洋風建築に嫌厭す。宜しく本邦建築の優点を採るべし」（「新築奈良県庁図面説明」、以下同じ）という県の方針が決まっていたからである。奈良公園内が無秩序に開発され、また管理も行き届かない対策として、明治二五（一八九二）年に「奈良公園地内取締規則」ができ、県議会で奈良公園の改良案が議論されていた時期にあたる。こうした背景から県の方針が立てられたのである。「似非西洋風建築」がなにを指すものかは分からないが、当時計画中だった博物館の意匠も影響したかもしれない。予算的な制約もあり長野は県庁舎を「前例のなき建物」と位置づけ、時代として過渡的な建築として「地方の需要に最も適応する」モデル的なものにしたいと考えた。

出来上がった建物は、中庭二つをもつ左右対称の平面で、洋風の軀体に和風の屋根を載せた。縦長の上下《あげさげ》窓が連続する姿は洋風であるが、白壁に柱・梁を現しにしたように見えるのは、実際は壁に貼り付けられたものである。ほかにも屋根の鴟尾《しび》や千鳥破風《ちどりはふ》などの伝統的な装飾がみられる。つまり、洋風の建物を、和風の装飾で覆うものだったのである。

旧・奈良県庁舎

この作品は、洋風の教育を受けた新進建築家としての長野にとって満足のいくものではなかったかもしれない。ただ洋風に対置する「和風」を明確に意識し、近代の施設に求められる機能を満たしながら和風を基調とする「近代和風建築」の嚆矢と位置づける研究者もいる。

県庁舎が竣工した翌年の明治二九（一八九六）年、長野は県技師を辞し、奈良を去る。その後は、辰野金吾のもとで日本銀行の本支店の設計に携わり、独立後も銀行建築の専門家として活躍し各地に作品を残した。

銀行建築の第一人者となった長野が再び奈良に作品を残している。三条通に立つ六十八銀行奈良支店（大正一五年、**現・南都銀行本店**）である。銀行建築を数多く手がけ、様式の扱いに手慣れた作品で、イオニア式の列柱にタイル貼り。実質的な処女作・

奈良県庁舎の竣工から、じつに三〇年後のことである。

長野が苦心の末に生み出した和風建築の方向性は、その後、各地で継承されていく。長野が言う「モデル」としての役割が果たされたと言えよう。代表的な例は、猿沢池のそばにあった**奈良市庁舎**（明治三一年、大正三年増築、現存せず）などである。

長野の後、奈良県技師となったのは帝大の二期後輩・関野貞《せきのただし》である。関野は県内の古社寺の調査と修理事業の指導を行い、平城宮跡の再発見などの業績があるほか、植民地を含めた近代日本の文化財施策に指導的役割を果たす。その関野は奈良県物産陳列所（重文・明治三五年、**現・奈良国立博物館 仏教美術資料研究センター**）という佳品を奈良公園に残した。全体の形を平等院鳳凰堂風の左右対称に収め、縦長の窓を基調とすることは長野の県庁舎を踏襲するが、小屋組をクイーンポストトラス、サラセン風の曲線をもつ優美な窓を並べるなど、関野の創意が見られる。県庁舎の木部外装が貼り付けであったのに対し、この建物の柱・梁や腰板は本物の現しである。

長野の手法をより直接的に継承したのは、橋本卯兵衛《うへえ》による**奈良県立戦捷記念図書館**（県文・明治四一年）である。橋本は長野や関野のもとで、古社寺修理にも携わり和風に造詣が深い県技師であった。この図書館は明治四二（一九〇九）年、日露戦争戦勝記念として興福寺中金堂北側に建てられた。現在は郡山城跡に移築され**大和郡山市民会館（城址会館）**として利用されている。

奈良公園の風致景観の形成と集客施設・宗教施設

明治半ば、とくに三〇年代に入ってから奈良公園の整備が進み、来訪者のための施設が造られていく。**奈良倶楽部**（明治二二年及び三六年）、**菊水楼本館**（登文・明治三五年）、月日亭集会所（明治三五年、**現・春日奥山 月日亭**）などの集会施設や料亭、**春日大社の旧経蔵**（重文・鎌倉時代）が、奈良県に寄付され鷺池を臨む高台に移され、円窓亭（現在は春日大社萬葉植物園に所在）となったのもこの時期である。鷺池の**浮見堂**は大正五（一九一六）年に整備された（平成六年建て替え）。

この流れのなか、訪日外国人観光客の増加を見越して、奈良公園に西洋式ホテル建築が計画され、奈良県が用地、関西鉄道が資金を準備し、経営は都ホテルが行うことになった。**奈良ホテル**（明治四二年・辰野片岡建築事務所、河合浩蔵とも）である。瓦屋根の二階建て（一部平屋建て）で、一、二階境に庇が巡る。縦長の上

奈良ホテル

下窓が連続する県庁舎以来の意匠が見られるほか、外壁は白漆喰の真壁造に腰板貼り。舟肘木や木舞軒裏などの伝統的な細部意匠も取り入れている。内部も折上格天井などの天井仕様、階段や吹き抜けの手すりの擬《ぎ》宝珠《ぼし》高欄、客室では竹節《たけのふし》欄間など和風モチーフがふんだんに取り入れられている。外国人に好まれるホテルという簡明な建築目的があり、西洋式ホテルでありながら外観から家具に至るまで和風が分かりやすく洗練されたかたちで組み込まれた。

　また奈良公園は興福寺と春日大社が相互に入り組んで風致を形成している。近代における寺社の建築もまた重要な景観構成要素である。明治期には伽藍《がらん》・社頭も再整備が進んだ。ここでは例を二つあげよう。

　春日大社社務所（県文・大正一四年、**現・春日大社貴賓館**）は本社廻廊の西方に立つ、入母屋造、折れ曲がり、桟瓦葺の建物で、西面に向唐破風造《むかいからはふづくり》の車寄玄関を開く。設計は当時の奈良県社寺兵事課の技師（内務技師）の岸熊吉。外観は、社頭の景観に相応しく控えめだが、車寄玄関は蟇股《かえるまた》等の意匠や、柱の面を大きく取るなど、復古的な装飾がみられる。内部、造作と富む格式の高い室が順序よく配されている。この建物は、昭和五九（一九八四）年に貴賓館として改修された。岸は東大寺南大門や興福寺東金堂などの文化財建造物の修理に携わり、その経験を生かして県内各所に名建築を残した。長谷寺本坊（重文・大正期）は岸の代表作である。明治から昭和戦前期にかけて、内務省派遣の技師や県技手などの保存修理技術者が積極的に県内で設計や工事の指導にあたっており、奈良県の近代和風建築の一つの流れが形成されていった。

　同じように、社寺建築修理の経験のある建築家・大木吉太郎による建物として**日本聖公会奈良基督教会**（重文・会堂・昭和五年、**親愛幼稚園舎**・昭和四年）がある。興福寺境内の西側に所在し、会堂は南北に長い長方形平面で、外陣は三廊式で身廊の東西に側廊を設け、西洋の建築の形式である。身廊・側廊境を支える柱列に欄間を設け長押をまわして高窓を開く。身廊は組入格天井で、高窓、側廊窓も引き違いの建具を用いる。洋風建築のアーチ列を完全に和風に置き換えていることになる。説教台や聖具にも社寺建築の細部が用いられている。当初、洋風の教会堂が計画されていたが、奈良県の指導もあって和風を基調とした建物に変更された。まさに奈良公園が生み出した教会建築と言えるだろう。この他に大木は、大仏池のほとりに**喜多家住宅**と**旧長壽會《ちょうじゅかい》細菌研究所工場跡及び製**

日本聖公会奈良基督教会
（写真提供：成瀬匡章氏　奈良図書情報館今昔写真 WEB 蔵）

品庫（登・昭和期）の作品もある。
また、大正期には京都・大阪からの交通の便がよくなったこともあって、多くの邸宅・別荘が建てられた。喜多家住宅もその例の一つである。県庁東側の水門町は興福寺の塔頭とその周辺が町場となったところで、かつての地割を踏襲した邸宅が建てられた。旧正法院家住宅（県文・大正八年、**現・吉城園**）や旧関家住宅（明治三二年～四四年他・**現・依水園**）も代表的な例である。**奈良県知事公舎**（昭和初年）も個人の別荘地跡に建てられたもので、サンフランシスコ講和条約調印の間がある洋館と数寄屋造の和館からなる建物である。

吉城園

モダニズムと「奈良らしさ」

昭和戦後期の奈良公園には、さまざまな施設が建設されたが、現在まで残されているものは意外に少ない。まさにスクラップアンドビルドの時代だったのかもしれない。この時代を特徴付けるのがモダニズムである。定義は難しいが、その建築に共通するのは、鉄筋コンクリート造、鉄骨造といった構造形式のほか、様式を排除した姿であり、歴史性・地域性を盛り込むことも難しい。奈良公園にふさわしい建築の必要条件だった「和風」という様式も当てはまらない。それでも「奈良らしさ」に挑戦する建築があらわれ、その建設にあたっては「景観論争」を招くことになった。ここに紹介する二つの作品は、年月を経る中で高い評価を受けているものである。

奈良県庁舎（昭和四〇年、片山光生・建設省近畿地方建設局・「日本におけるモダン・ムーブメント」選定建築）は、奈良公園の中に建設される建築として、企画段階から「景観」に関する議論が繰り広げられた。地上六階建ての主棟と二階建ての低層棟で構成され、片山によれば、低層棟が回廊状に中庭を囲む寺院の伽藍配置を意識した構成をとる。主棟は敷地の奥に配置され、登大路からの若草山の眺望に配慮した。低層棟は人びとを招き入れるピロティをもち、中庭には芝生が張られ、奈良公園との連続性を意識している。外観は高い塔屋をもち、最上階には庇がせり出す構成である。天平の伸びやかさを現代的に表現しながら、色彩の使用を抑えるなど、周囲の環境を配慮したものとしている。軒裏、手すりなどの細部にも、伝統建築を抽象化する巧みさが見て取れる。

奈良国立博物館西新館（昭和四七年）は、一見して校倉造の高床式正倉を想起させる外観である。設計は皇居新宮殿などで知られる吉村順三による。一階はガラス張りとして空間の透けと特徴ある形状の柱を強調し、二階は校倉の水平ラインを思わす水平目地処理にしている。二階床レベル外部には、正倉院正倉の縁床の台輪を意識した小梁持ち出しを設けている。構造を内と外に簡潔に表現した美しさがある。内部も動線の明快さと空間の開放感をつくる点も優れている。既存の旧本館や周辺の樹木を踏まえて、外構に池を設え、低層二階建てとした佇まいである。平成九（一九九七）年に同じ吉村順三による東新館を増築するとともに内部改修した。**東新館**は、屋根材などの変更はあるが、西新館と同様の外観でエントランス部分を挟んで雁行して建築されており、落ち着いた佇まいを継承している。現代建築家による伝統建築の解釈と近代的な建築計画や空間構成が融合した作品である。

　こうした伝統的な空間構成や様式を咀嚼する方法の他に、屋根の形状や、構造や細部を直接的に援用した現代建築も生まれている。**奈良春日野国際フォーラム　甍〜I・RA・KA〜**（昭和六二（一九八七）年）は県公会堂（旧奈良倶楽部）を建て替えたもので、設計は戸《と》尾《お》任宏《ただひろ》が主宰する建築研究所アーキヴィジョンである。能楽ホールをもつ施設で、背後の若草山を借景とする日本庭園が設けられている。大きな寄棟の屋根と奥深い庇下の空間で、現代的な施設と奈良公園の風致景観との調和の分かりやすい形である。戸尾とアーキヴィジョンの作品に、東大寺南大門のすぐ西北に所在する**東大寺総合文化センター**（平成一〇年）がある。博物館と図書館など東大寺全般に関する文化発信の機能をもつ。国際フォーラムと同様、屋根が重要な構成要素だが、瓦の文様や障子のモチーフなど、細部にも伝統的な要素が盛り込まれている。

　また社寺もそれぞれに境内の整備・復興をめざして動いている。ここでは**興福寺中金堂**（平成三〇年再建）の例を挙げておこう。中金堂は奈良時代の創建以来、何度も焼失と再建を繰り返してきた。平成二二（二〇一〇）年に興福寺創建一三〇〇年を迎え、江戸時代の仮金堂に代わる本格的な再建計画がつくられた。興福寺では火災後の再建にあたって、その都度創建当初の規模と形態を踏襲しようとしてきた。今回もそれを踏襲し、創建当初の復元を目指した。まず発掘調査の結果に基づいた平面規模と位置の確認を行い、『興福寺流《る》記《き》』などの史料を参考に慎重に検討した復元計画案が策定され、耐震性を高めるとともに、でき得る限り古式の工法を採り入れた。歴史的建造物復元のモデルと言えるだろう。

　忘れてはならないのは、近現代の建築の保存・継承の課題である。新しい機能の付加など、課題は少なくない。平成二八（二〇一六）年に行われた奈良国立博物館なら仏像館の大規模な展示室改修（設計・栗生明）はその意欲的な試みである。奈良県庁舎では難しいコンクリート打ち放しや開口部サッシの維持管理を継続的に行っている。奈良公園の近現代建築では、保存・継承の試みが先駆的に取り組まれていることも最後に付記しておきたい。

（奈良女子大学・京都大学名誉教授　増井正哉）

近代レトロ建築巡りへ

start!

写真提供：南都銀行

近鉄奈良駅

徒歩3分

古都の景観になじむ和風礼拝堂

日本聖公会奈良基督教会

昭和5（1930）年に竣工された和風建築の珍しい教会。和瓦葺き屋根の寺院風外観、内観は吉野檜の素木の柱を生かした社寺建築の要素を取り入れ、教会建築と融合させた美建築。

奈良市登大路町45
https://nskk-nara.com/

マルタ十字と鳩を刻んだ瓦など細部までこだわった意匠が見どころ

徒歩約1分

円柱の羊が際立つ古典様式の建築

南都銀行本店

※2024年度中に移転を予定

外壁に岡山産花崗岩と褐色の煉瓦を使用した古代ギリシヤ様式を生かした建物。正面には、富の象徴である羊が刻まれた4本のイオニア式円柱が並び、壮麗な雰囲気を漂わす。大正15（1926）年竣工。

奈良市橋本町16
https://www.nantobank.co.jp/company/honten/

徒歩14分

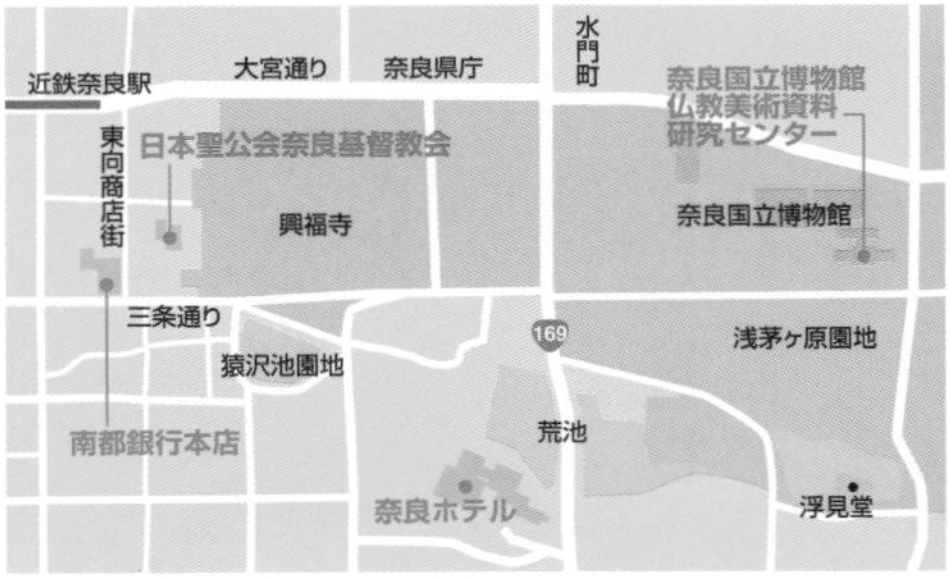

100年以上の歴史を紡ぐ関西を代表する迎賓館

奈良ホテル

明治42（1909）年開業のホテルは、建築家・辰野金吾の設計。桃山御殿風檜造りの荘厳な建物は、吹き抜けのフロントなど和洋折衷の趣ある空間が広がる。

奈良市高畑町1096
https://www.narahotel.co.jp/

徒歩15分

内観もデザインが優美

異文化を取り入れたハイカラな和風建築

奈良国立博物館 仏教美術資料研究センター

飛鳥時代から鎌倉時代の伝統的な建築様式をベースに、窓にはイスラム風の意匠を採用。東西の文化を巧みに融合させた明治中期を代表する近代和風建築。

奈良市登大路町50
https://www.narahaku.go.jp/guide/center/
写真提供：奈良国立博物館

元興寺とならまち

「ならまち」の特徴とは？

元興寺極楽堂・外観　撮影：桑原英文

元興寺は、どういう寺？

寺の大伽藍《だいがらん》の跡にできた「ならまち」その足取りを訪ねる

猿沢池といえば、江戸時代以前から月を愛《め》でる景勝地としてよく知られている。興福寺《こうふくじ》五重塔や南円堂を望み、ほとりには鹿の群れが遊ぶいかにも奈良らしい風情があり、今も多くの観光客が訪れる言わずと知れた歴史的な名所である。一方、この賑わいを背に猿沢池から南へと足を向けると、入り組んだ街路に古い町並みが残るエリアに入る。ここで取り上げる「ならまち」である。世界文化遺産「古都奈良の文化財」の一つ元興寺《がんごうじ》のバッファゾーンとなり、近年は観光客にも知られるようになってきた。しかし実はこの「ならまち」が奈良時代の七大寺・元興寺の境内の跡にできた歴史的都市であることはあまり知られていない。大伽藍の跡にできた町―これが「ならまち」である。

今「ならまち」を単に歩くだけでは、ここが古代元興寺の境内であったことはあまり意識されない。しかし少し注意を払えば、「ならまち」の各所に元興寺に関わる史跡が散在しているし、さらに、町のかたちや地名、そして町に息づいてきた信仰や伝承などさまざまなところに古代元興寺の痕跡を見つけることができる。元興寺と、それを母胎に成長してきた歴史都市「ならまち」の足取りを訪ねてみよう。

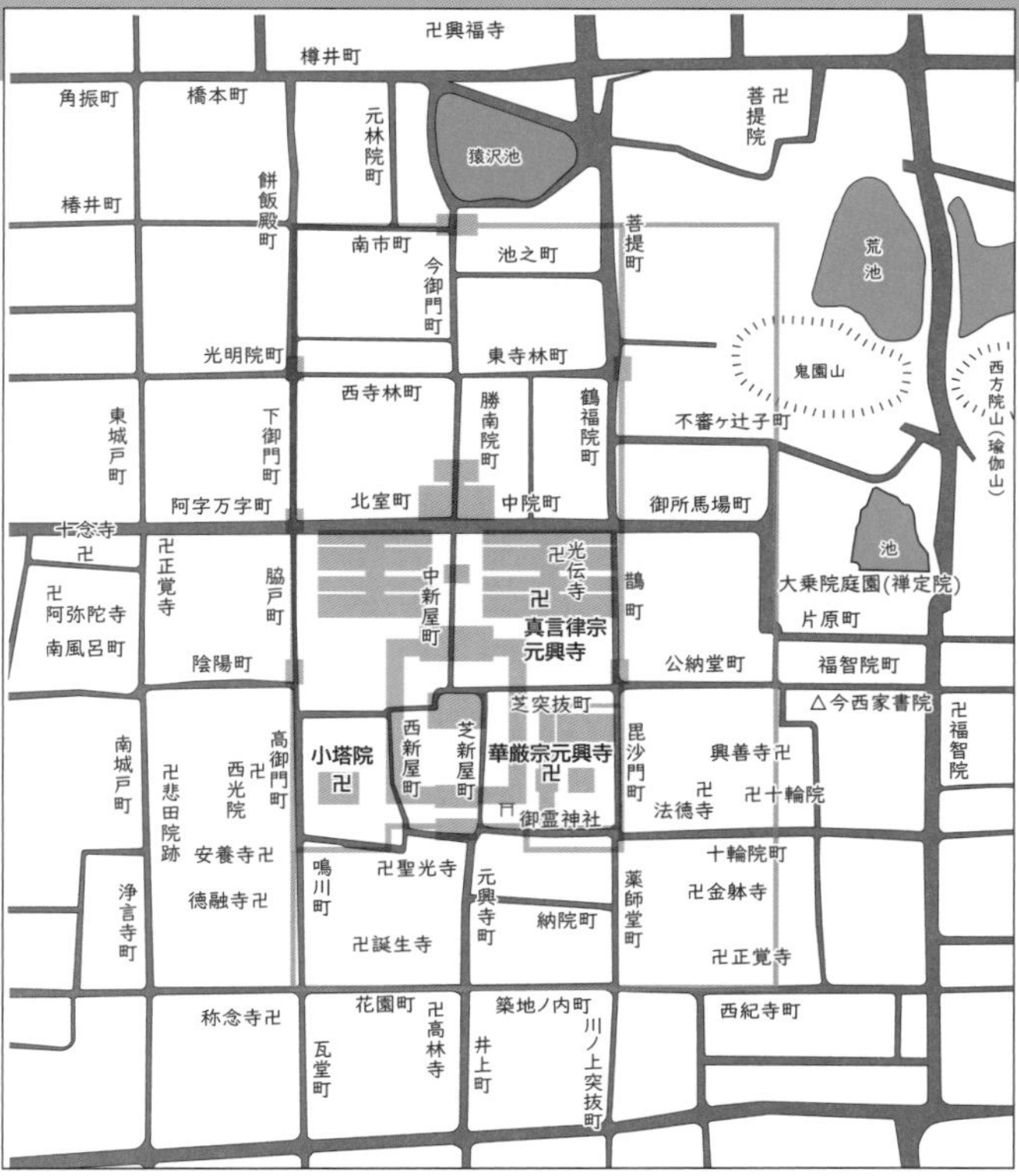

元興寺・ならまち界隈全体図
（出典：元興寺・元興寺文化財研究所編『図説元興寺の歴史と文化財』（吉川弘文館、2019 年））

日本仏教はじまりの寺

元興寺は、養老二（七一八）年にこの平城京左京の地に開創された。そのことを伝える『続日本紀』に「法興寺を新京に遷《うつ》す」とあるように、平城遷都の後、飛鳥の地にあった法興寺を移建するかたちで元興寺は創建されたのである。

法興寺は、蘇我馬子《そがのうまこ》の発願により崇《す》峻《しゅん》天皇元（五八八）年に飛鳥の地に造営され始めた日本最初の本格的寺院で、「飛鳥寺」の通称で知られる。聖徳太子や推古天皇も丈六釈迦仏《じょうろくしゃかぶつ》の造立を共同で発願するなどこの寺に大きく関わり、国を挙げて仏法・興隆が進められた飛鳥時代を象徴する寺院であった。朝鮮半島や大陸からの渡来僧や帰国した留学僧らの多くもここに在籍し、最新の仏教とともに、寺院建築、暦や医学などさまざまな技術や知識も法興寺を窓口として導入され、まさに日本の仏教文化の始まりの寺となった。

華厳宗元興寺境内の万葉歌碑

　平城京への移転に伴って、正式名称は法興寺から元興寺へと改められた。天平勝宝《てんぴょうしょうほう》四（七五二）年の東大寺大仏開眼供養で元興寺から献上された和歌の一つに次のようなものがある。

　みなもとの　のりのおこりの　とぶやとり　あすかのてらの　うたたてまつる（みなもとの法の興りの飛ぶや鳥飛鳥の寺の歌たてまつる）

「みなもとの法の興りの飛鳥の寺」＝「仏法興隆の元となった飛鳥寺」─これが新しく名付けられた元興寺という寺《じ》号《ごう》の意味するところであった。いわば「日本仏教はじまりの寺」である。「飛鳥寺」という法興寺以来の通称も元興寺にも引き継がれた。これに関連して、『万葉集』には女流歌人・大伴坂上郎女《おおとものさかのうえのいらつめ》によって詠《よ》まれた次の歌がある。

　ふるさとの　あすかはあれど　あおによし　ならのあすかを　みらくしよしも（故郷の飛鳥はあれど　あおによし平城の飛鳥をみらくしよしも）

「故郷の飛鳥も良いけれど、新しい平城の飛鳥も良いものだ」といった意味で、「故郷の飛鳥」と対比されて「平城の飛鳥」の様子を称える歌である。元興寺の辺りは「平城の飛鳥」「飛鳥の郷」などと呼ばれていた。今も「平城の飛鳥」の地名は、元興寺周辺で「飛鳥小学校」「飛鳥橋」などの名前に引き継がれている。

今に遺される飛鳥時代

元興寺が飛鳥から移されて創建されたことは、今日に遺された文化財からも裏付けられている。

古代元興寺の法灯《ほうとう》を受け継ぐ寺院の一つである真言律宗元興寺には、奈良時代の僧房（寺院で僧侶の学問生活の場となった建物）を引き継ぐ極楽堂・禅室（いずれも国宝）が遺されているが、そこには飛鳥時代の瓦や古材が今も現役で使われている。古い行基葺《ぎょうぎぶ》きが見られる極楽堂・禅室の屋根の一部には、今も現役で飛鳥時代の瓦が葺かれているのを見ることができる。飛鳥時代の瓦が遺跡から出土することはしばしばあっても、ここでは今も現役で使われているのである。

また同寺の法輪館《ほうりんかん》（総合収蔵庫）では、昭和の解体修理で現役引退した古材を見ることができる。そのうちの一つは、年輪年代法によって五八八年頃に伐採されたことが明らかになっており、飛鳥の地で法興寺造立が蘇我馬子により発願された頃に一致する。飛鳥から法興寺の建物が元興寺に遷されたことが科学的に証明されたのである。近年には華厳宗元興寺の旧観音堂礎石が飛鳥・白鳳時代に特徴的に用いられた榛《はい》原石製《ばらいしせい》で、飛鳥から遷されてきた可能性が指摘されている。元興寺とならまちには、平城京の時代よりもさかのぼって、その原型を作った飛鳥時代、まさしく日本仏教はじまりの時代が生きたかたちで保存されてきたのである。

七大寺の一つとして

平城京に創建された古代元興寺では、奈良時代を通じて七堂伽藍《しちどうがらん》が整備されていった。『日本霊異記《にほんりょういき》』によれば、天平元（七二九）年に長屋王を長官として元興寺で大法会《だいほうえ》が行われ、その準備中に長屋王が無作法な僧侶の頭を笏《しゃく》で叩いて流血させる事件が起こり、その報いで自殺に追い込まれる「長屋王の変」が起きたのだという言い伝えもある。因果応報の教えを説くための説話なので真相は定かではないが、あるいはこの大法会は金堂の落慶供養《らっけいくよう》だったのではないかとも考えられている。

こうして七堂伽藍を備える大寺院として造営された元興寺は、興福寺、東大寺などとともに「七大寺」に数えられる南都仏教の中心寺院の一つであった。飛鳥・法興寺以来の仏教の中心としての役割が引き継がれて一切経《いっさいきょう》が集積されるとともに、とりわけ南都六宗のうち三論宗《さんろんしゅう》と法相宗《ほっそうしゅう》の拠点となった。三論宗では『般若心経』や浄土経典を研究した智光《ちこう》、法相宗では空海から「仏家の棟梁、法門の良将というべきか」と評された南都仏教界のリーダー・護命《ごみょう》などの高僧を輩出している。

古代元興寺の痕跡を訪ねる

元興寺は、平城京左京の地に南北五町、東西三町の広大な寺域を占めていた。冒頭に触れたように、今日では想像しにくいが猿沢池のすぐ南から古代元興寺の伽藍域が始まる。ここには「今御門町《いまみかどちょう》」という地名が残されており、まさしく元興寺の門があった場所と考えられている。一方、正門にあたる南大門は元興寺町にあった。旧境内域の一帯には、他にも高御門町《たかみかどちょう》、下御《しもみ》門町《かどちょう》、東寺林町《ひがしてらばやしちょう》・西寺林町、北室町《きたむろちょう》、中院町《ちゅういんちょう》、花園町、納院町《のういんちょう》など伽藍を構成していた門や堂舎に由来すると考えられる町名が多く残されている。

現在、古代元興寺を受け継ぐのが、先に触れた真言律宗元興寺と華厳宗元興寺、そして真言律宗小塔院《しょうとういん》の三ヶ寺である。それぞれ「元興寺極楽坊境内」「元興寺塔跡《とうあと》」「元興寺小塔院跡」として国の史跡に指定されている。

元興寺伽藍復元図（出典：元興寺・元興寺文化財研究所編『図説元興寺の歴史と文化財』（吉川弘文館、2020 年を改変））

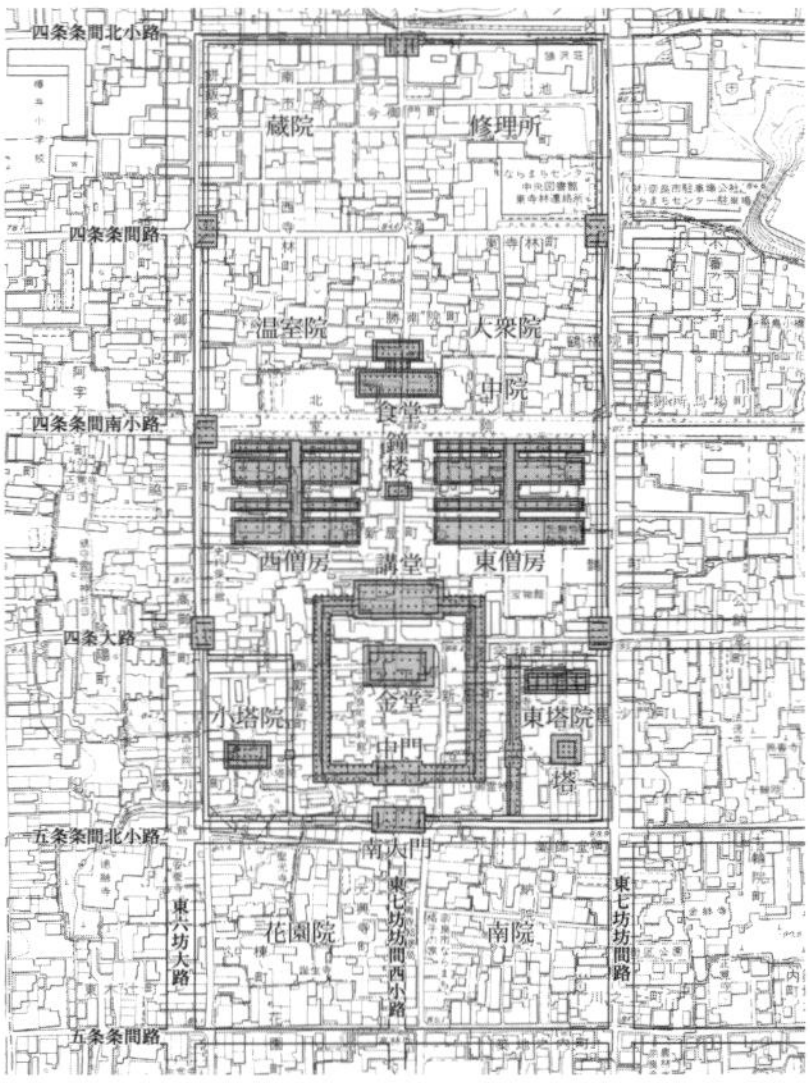

このうち華厳宗元興寺は失われた五重大塔の跡であり、基壇《きだん》と礎石《そせき》が遺されているのを間近に見ることができる。この塔は興福寺五重塔に迫る約48メートルの高さを誇ったという。幾度かの大規模な修復を経ながら維持され、江戸時代には六銭で上まで登れるという観光名所になっていたが、惜しくも安政六（一八五九）年に焼失した。焼失の際には隣家の火事が燃え移り、五層目の屋根に火がついたという。上層から焼け落ちていくなか、近くの璉《れん》城《じょう》寺《じ》の僧了融が初層に祀られていた薬師如来立像を救出しようと決死で飛び込み、従者と二人で持ち上げようとしたがピクリとも動かない。了融が「もしもお助かりになりたいならば私の肩におつかまり下さい」と一心に念じたところ、軽々と持ち上がって救い出すことができた—。そんな話が火事の直後に記録されている。辛くも焼失を免れた薬師如来立像（平安時代前期）は現在国宝に指定され、奈良国立博物館に寄託中である。現地に立つと、臨場感をもって五重大塔の往時の壮麗な姿が偲ばれる。

五重大塔基壇・礎石（華厳宗元興寺所蔵）

小塔院と金堂跡

小塔院は、この五重大塔の対となる位置にある。光明皇后発願の八万四千塔を祀る目的で創建されたといわれてきたが詳細は分からない。いま真言律宗元興寺に遺される五重小塔（国宝）がここに祀られていたという説も明確な根拠を欠く。この小塔院境内は古代元興寺伽藍の西の際に当たる。ここから西側を望むと地形が大きく下がっており、元興寺境内が高台を選んで占地されていたことがよく分かる。平城京の中心部から東を望むと、春日山の山並みの手前に興福寺や元興寺の甍が高台に並んでいた様子がよく見えたことだろう。

先述の護命はここ小塔院で亡くなったと伝えられ、鎌倉時代に造立された護命の供養塔が境内に残されている。鎌倉時代に「慈悲ニスギタ」との評で知られる律僧の忍性《にんしょう》が関わって律院となり、さらに江戸時代に西大寺末寺として復興されたのが現在の小塔院であるが、古代元興寺の記憶は確かに紡がれている。

元興寺の中心は金堂と講堂であった。いずれも今は失われたが、中新《なかのしん》屋《や》町《ちょう》の地中から礎石が出土し

中新屋町・金堂跡
（部分、奈良市史料保存館蔵「奈良町絵図」より）

ている。金堂は七間《しちけん》入母屋《いりもや》造《づくり》、二階建ての巨大な建物で、弥勒坐像が祀られていたという。「ならまち」は古代平城京の条坊道路《じょうぼうどうろ》を継承したため直線道路が多いが、そのなかにあって、この中新屋町の街路は、北から進むと、この町屋付近で突き当たって直進せず左右に分かれている。中新屋町一帯は戦国時代末期から江戸時代初頭に形成された文字通りの新しい町であるが、町が形成されたときにはまだ金堂の基壇が残されていたようで、街路はそれを避けるように作られたためこのような特異なかたちになったのである。何気ない町並みの景観に、往時の金堂の規模を想像することができるスポットである。

都市霊場へと変貌を遂げていく「極楽房」

真言律宗元興寺は、前にも触れたが、古代元興寺の僧房の跡である。現存する国宝極楽堂・禅室は、古代僧房の八部屋分が大改造された建造物であり、中世仏堂として貴重だが、また古代僧房を考える上でも重要な遺構である。実は、この僧房が仏堂に改造された背景に、今日の「ならまち」につらなる都市奈良の形成が関わる。

　平安時代中期に成立した『日本往生極楽記』に奈良時代の元興寺僧・智光に関わる次のような説話がある。

　元興寺に智光と頼光《らいこう》という二人の僧侶がいた。少年時代より同室で修学していたが、晩年に頼光は人と語ることがなくなり、そのまま数年後に亡くなった。智光は多年の親友である頼光の死後の行き場を知りたいと祈念したところ、夢の中で頼光に会うことができ、そこが極楽浄土であることを知った。頼光が晩年人と言葉を交わさなくなったのは、極楽往生するためにひたすら浄土を観想していたからだという。智光が極楽往生の方法を仏に問うと、仏は「浄土の荘厳を観想せよ」と告げて掌の中に小浄土を現わした。智光は、夢から覚めると画工《がこう》にその浄土の様子を描かせ、一生これを観想して極楽往生を得ることができたという。この説話には、教学研究を中心とする学問の仏教から個人の救済を中心とする信仰の仏教が注目され始めるという時代の風潮が比喩的に込められているとされる。

　智光が極楽浄土の様子を描かせた絵は「智光曼荼羅《ちこうまんだら》」として元興寺僧房の一室に祀られていたらしい。浄土教が広まり始める平安時代中期に注目されるようになり、平安時代後期にはこの僧房は「極楽房」と呼ばれ、浄土信仰の

厨子入智光曼荼羅（真言律宗元興寺所蔵）

霊場となった。この極楽房に集ったのはちょうどこの時期に元興寺近辺に都市奈良を形成しつつあった新しい都市民たちであった。新しい都市の供養空間として、そして信仰を媒介とする都市民の互助組織として、極楽往生を祈る念仏講が極楽房で営まれ始めたのである。

初め興福寺僧など上層の都市民に限られていた念仏講の参加者は、鎌倉時代になるとより広い階層を含むようになり、人数も増えていった。従来の僧房建築では手狭となり、寛元二（一二四四）年に、より多くの人が集まって念仏講の行事がやりやすい仏堂建築へと大改造されることになる。これが現在の本堂である。以後、ここは元興寺のなかでも「極楽坊」として自立していき、浄土信仰、あるいは聖徳太子信仰、弘法大師信仰の霊場などとして独自の信仰を集め、「ならまち」地域の都市民に根付いた寺院へと生まれ変わった。

この元興寺極楽坊への都市民の信仰を示す資料が戦後の本堂解体修理や境内発掘調査で天井裏や地中から発見され、六万五三九五点が「元興寺庶民信仰資料」として重要有形民俗文化財に指定されている。一般的な寺院に大事に伝えられた「宝物」などとは性格が異なり、廃棄されて失われがちな庶民の日常的な信仰を示す貴重な資料である。他の女に心を寄せる夫に戻ってきてほしいという女性の切ない願いが記された「夫妻和合祭文《ふさいわごうさいもん》」や、その逆で暴虐な夫と縁を切りたいという「離別祭文」など、類例のない珍しい資料を法輪館で見ることができる。

「ならまち」の形成

極楽坊が都市霊場へと生まれ変わって存続していったのに対し、元興寺は全体として平安時代から衰退の一途をたどっていた。国家的な性格を持った寺院であったからこそ、律令国家の動揺により財政的支援が滞ると、その経済基盤への影響は大きいものがあったのである。平安時代半ばには金堂、講堂、塔などの主要なものを含めて元興寺の堂舎はことごとく著しい破損状態にあったことが報告されている。南都仏教のなかでの地位も、荘園を基盤とする新しい寺院経営への移行に成功した興福寺や東大寺に圧倒されていくこととなった。

元興寺の衰退の一方で、平安時代後期頃から現在の「ならまち」の原型となる都市奈良が形成されていったとみられている。「ならまち」地域は有数の寺社勢力であった興福寺や東大寺、春日大社のお膝元の都市「南都」として発展したのである。元興寺近辺では、境内域の周縁部から徐々に町場が開発され、室町時代の「ならまち」地域の様子が描かれた「小五月郷指図写」によれば、南北五町、東西三町あったはずの元興寺の伽藍は、この時代には金堂を中心とする南北二町、東西二町に縮小している。

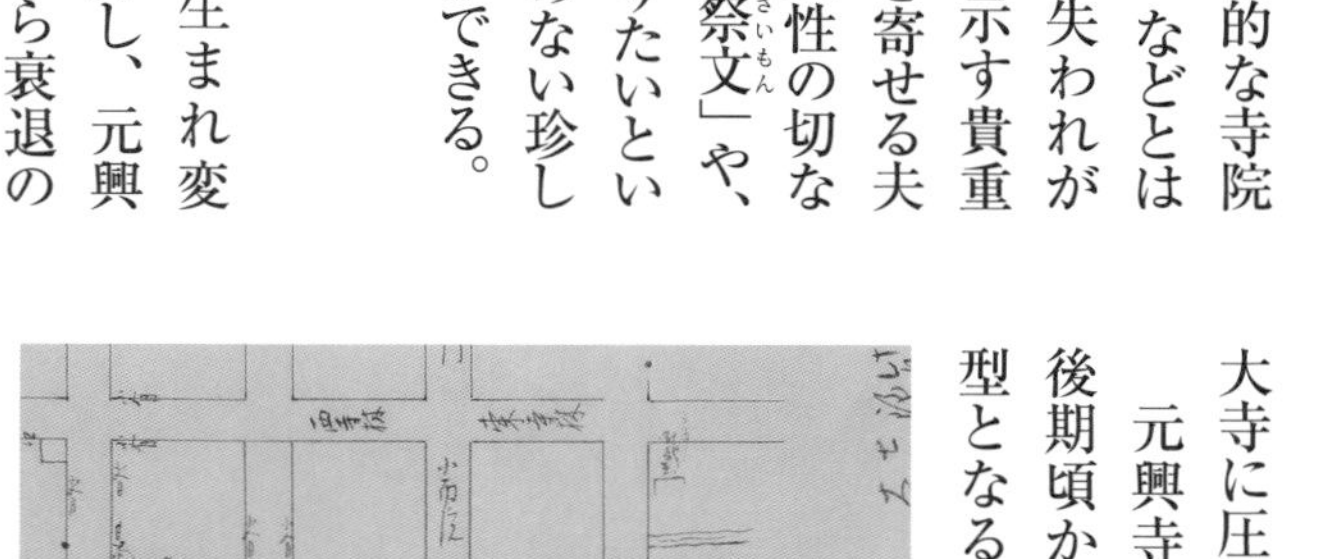

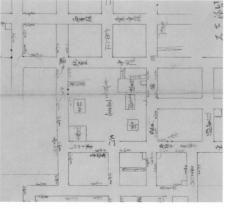

小五月郷指図写
（部分、興福寺所蔵「肝要図絵類聚抄」より）

かつての伽藍域縁辺部には、町屋が形成され、東寺林郷《ひがしてらばやしごう》、西寺林郷、中院郷など現在の町名にもつらなる「郷」が成立した。残された二町四方の境内域の内部にも、「南八室郷」（法界寺辻子《ほうかいじのずし》）などの辻子（新規開発道路）が形成されて、興福寺の支配のもと町場化が進行していることがうかがえる。

それでも金堂など元興寺中心部の機能は辛うじて維持されていたが、最終的に戦国時代に放棄された。この元興寺伽藍中心部に江戸時代初頭にかけて新しく開発されたのが、中《なかの》新屋町《しんやちょう》・西新屋町《にしのしんやちょう》・芝新屋町《しばのしんやちょう》である。この時期は各所で大々的に町場の再開発・再編が行われ、今日の「ならまち」に直接的につながる町が形成されることになる。一方、金堂などの中心機能を失った元興寺は、極楽房として独自の信仰を集めた西大寺末の元興寺、観音堂・五重大塔を擁する東大寺末の元興寺、西大寺末の律院となった小塔院に分かれ、かつての旧境内域に生まれた町の中でその法灯を現在まで伝えることとなった。

古代が生きる町

元興寺境内に生まれた町という「ならまち」の歴史的な記憶はこの町のいたるところに深く刻み込まれている。「ならまち」の町々の氏神である御霊神社《ごりょうじんじゃ》や天神社《てんじんしゃ》は、もとは元興寺の鎮守とされた。毎年一〇月一二日・一三日に行われる御霊神社の秋祭りは中世の元興寺鎮守の時代に遡る町人の祭りである。また各町の町名の由来はかつての元興寺の施設に結びつけられて伝えられ、江戸時代以降成立した新興寺院はいずれも元興寺の子院や堂舎を前身とするという由緒が語られるなど、古代元興寺は「ならまち」の人々のアイデンティティーであり続けた。

中将姫像（徳融寺所蔵）

元興寺の鬼「元興神《がごぜ》」の伝説や護命に関する伝説も周辺各所に伝えられ、現在「ならまち」の景観を象徴する「身代わり猿」の庚申信仰もいつしか護命に結びつけられるようになった。當麻寺《たいまでら》の当麻曼荼羅《たいままんだら》の由来を説く中将姫説話《ちゅうじょうひめせつわ》は江戸時代以降「ならまち」周辺で広められるようになり、誕生寺、安養寺《あんようじ》、徳融寺《とくゆうじ》、高《こう》林寺《りんじ》が所縁の寺院とされた。その近くには江戸時代初頭から木辻遊廓《きつじゆうかく》が整備されたが、今その名残りをうかがうことは難しい。明治時代以降にできた元林院町《がんりんいんちょう》の花街がその風情を残している。

「ならまち」では多くの史跡や文化財とともに、古代が脈々と語り伝えられてきた。この町の重層的な歴史を訪ねると、生きた都市社会、都市民の生活の場で奈良の歴史文化が守られ、紡がれてきたことが実感されよう。

（元興寺文化財研究所　服部光真）

ならまちウォーキング おすすめコース

もちいどのセンター街

ならまちへ続く奈良で最も古い商店街

近鉄奈良駅からほど近く、猿沢池など観光名所に囲まれた商店街。メインストリートには老舗だけでなく新感覚のお店が並び、路地にも面白い飲食店や古い民家を改造したお店がいっぱい。

徒歩
約３分

奈良市史料保存館

元興寺鐘楼礎石や奈良町に関する多数の古文書を展示

奈良町の町家をイメージした、落ち着いた外観の施設。季節にちなんだ伝統行事や風物詩を、実物史料などで紹介。奈良町の歴史についても模型やパネルでわかりやすく紹介している。

徒歩
約３分

奈良町物語館

床下から元興寺金堂礎石が出土

伝統的な町家を修復。ここでは、まちづくりに携わる人々が集い、交流し、まちづくりに関わるいろいろな情報を市民団体が発信、運営している。床下から出土した元興寺金堂礎石は常時、見学できる。

徒歩 約３分

元興寺

〝ならまち〟の大部分は、元興寺の境内だった!!

世界文化遺産で、極楽堂・禅室・五重小塔という３件の国宝を擁する。周辺一帯が「ならまち」で、今なお江戸時代末の古い町家が残っている。

徒歩
約４分

十輪院

宮大工さんが選ぶ“日本で一番美しい蟇股《かえるまた》”を持つ寺院

もとは元興寺の子院と伝えられる地蔵信仰の霊場。本堂（国宝）や本尊地蔵石仏龕《がん》（重文）などを拝観できる。境内には多数の石造物が点在し、遣唐使・吉備真備《きびのまきび》の長男とされる朝野《あさの》宿禰《すくね》魚養《なかい》の古墳もある。

奈良公園周辺の伝統工芸

長い伝統の中で培われてきたものづくりの心と技術に触れる

奈良の伝統工芸には何がある？

穂先の仕上がりに絶妙な味がある奈良筆

筆の発祥地が奈良なのはなぜ？

日本の都として「青丹《あおに》よし　寧楽《なら》の都《みやこ》は咲く花の　薫《にお》うがごとく　今《いま》盛《さか》りなり」と『万葉集』にも詠われた「奈良」は政治・経済・文化の中心として栄え、約一三〇〇年の歳月を経た今も、正倉院御物や寺社の宝物など「天平《てんぴょう》文化」の薫りを残している。遣唐使らによってもたらされた渡来品だけでなく、それらをもとに、精巧な細工で作り出された工芸品から、すでに天平の工匠たちがすぐれた技術を持っていたことを教えてくれる。これらの技法は後の南都の工人たちに引き継がれ、寺社文化や、ならまちで育まれた生活文化との深い関わりとともに実をむすんできたのである。現在に伝わる伝統工芸は、多少の変遷を見せてはいるものの、天平文化の遺風を今もなお脈々と受け継ぎ、作り手によるたゆまぬ挑戦のもと、新たな魅力を創り出している。

奈良筆～練混《ねりまぜ》のきらめき～

筆は、中国・朝鮮半島から伝来し、早くからあったものだが、日本に残っている筆として、最も古く、有名なものは天平勝宝四（七五二）年の大仏開眼に使われた天平筆で、それは現在も正倉院御物として大切に保存されている。筆作りの歴史は平安年間、嵯峨天皇の時代に遣唐使として中国に渡った弘法大師（空海）が毛筆の製法を修め、大和国今井（現在の奈良県橿原《かしはら》市今井町）に住んでいた坂名井《さかない》清川《きよかわ》にその作り方を伝えたことが始まりといわれている。その後、清川の子孫が今井で毛筆製造に従事したが、時代の変遷とともにその中心は次第に奈良へと移行していった。当時の奈良は有名な寺社が集中し、興福寺《こうふくじ》だけでも僧侶六千人ともいわれ、そこは現在の大学にあたる学問所でもあった。奈良は文化の中心地であり、学術都市でもあったことから、各寺社で使われた記録用筆・写経用筆としての数は相当なものであったと想像できる。このような環境であったからこそ、奈良筆は大いに発展していき、その後、時代を経て江戸時代には筆の需要はますます増加し、その製法は各地に伝わっていった。ウマ、タヌキ、イタチ、テン、リス、ウサギなど十数種類の動物の毛を原料とし、弾力や長さなど異なる毛質を巧みに組み合わせる「練り混ぜ法」という伝統的な技法で、手作業で一本一本作り上げていく。奈良筆はその品質の高さから書家を中心に高い評価を得ている。

奈良墨〜練《ねり》のきらめき〜

奈良の伝統産業を代表する「奈良墨」は固形墨における全国シェアの約九割を誇っている。墨は約二〇〇〇年前に中国でつくりだされ、今から約一四〇〇年前に日本にもたらされた。墨は一〇〇〇年以上前に書かれた文字や文様を残し、墨自身も非常に優れた耐久性がある。長い歴史を有する墨の存在が、歴史を伝え、文化の発展に大きく貢献してきた。奈良時代には仏教の広まりとともに、必要な経典の写経が大量に行われ、当時、貴重品であった墨は豆粒くらいの大きさになるまで使ったともいわれている。正倉院には現存する最古の墨が保存されており、それらは今でも「割れ」や「ソリ」もなく、当時のままの形が保たれている。その後、都が京都へ移ってからも多くの寺社があることから奈良は学問の中心として栄え、写経などに必要な墨をつくる工房は奈良に留まり、今日に至っている。墨には松煙《しょうえん》墨《ぼく》と油煙墨《ゆえんぼく》とがあるが、「南都油煙墨」とも呼ばれる奈良墨は興福寺二諦坊《にたいぼう》にて、持仏堂の灯火のすすが天井にたまっているのを集め、これに膠《にかわ》を加えて作ったのが始まりといわれている。興福寺は灯明《とうみょう》に使う油の利権も有しており、これを燃やして油煙を採ることは容易なことで、二諦坊での墨づくりは、一挙に松煙墨から

奈良墨には固形墨、墨汁、練墨、朱墨などがある

油煙墨に変わっていった。興福寺で作られる油煙墨は、それまでつくられていた松煙墨とは墨色、艶、磨《す》り心地など、品質で圧倒的に優位にたち、次第に全国に知られるようになった。このことからも奈良の墨づくりは寺僧を背景に伸びてきたことがうかがえる。奈良墨が南都油煙として発展するのは豊臣秀吉の時代、中国の明《みん》との交易で菜種油がもたらされたことが大きく影響している。菜種油は胡麻《ごま》油に比べ安価で、油煙を容易に採ることができ、墨を生産するのに最適であった。以後現代に至るまで、油煙墨の原料は菜種油が定番となり、奈良墨の発展に大きく寄与してきた。奈良墨は粒子がとても細かく均一で、不純な混合物がほとんど含まれていないことから、色に変化がなく、そのつやと深みから、多くの書家から愛用されている。また、墨にはさまざまなデザインが施されており、実用的なだけではなく工芸品としても楽しむことができる。

質の高さに職人技が光る
新しい作品も次々誕生

赤膚焼《あかはだやき》〜炎《ほむら》のきらめき〜

世界遺産である薬師寺・唐招提寺《とうしょうだいじ》が位置する西の京に広がる五条山丘陵一帯は、赤膚山とも呼ばれ、良質な陶土が産出する窯業地であった。赤膚の名は、陶土に含まれる鉄分が焼成によって暖かな赤味を浮かべることによるといわれている。この赤膚山地帯では、古くから土器・火鉢などの制作が盛んに行われ、寺社の需要に応えていた。後に茶の湯がおこると、湯を沸かすために必要な土風炉《どぶろ》がつくられるようになり、豊臣秀吉から「天下一」の称号を許された土風炉もあったといわれている。桃山時代、天正・慶長の頃には、秀吉の弟であり、大和郡山城主であった秀長が尾張常《とこ》滑《なめ》から陶工を招き、茶の湯に必要な道具をつくらせたとされている。その後、江戸時代中期には大和郡山城主であった柳沢堯山《やなぎさわぎょうざん》が京都清水《きよみず》より陶工を招き、郡山藩御用窯《がま》として保護・奨励し、これを機に登場した名工たちの活躍により、赤膚焼の声価を全国に高めた。赤膚焼の特徴として乳白色の柔らかい風合いと奈良絵文様があげられる。奈良絵は「絵因果経《えいんがきょう》」からきたといわれる図案で、繊細な線と色鮮やかな色彩で描かれている。「絵因果経」は釈迦の伝記に前世の話を付した「過去現在因果経」を巻物の下半分に、上半分に経文に対応する絵を描いたもので、奈良国立博物館にも保存されている。奈良絵の素朴でありながら写実味を備えた人物

乳白色の柔らかい風合いと
奈良絵文様が特徴の赤膚焼

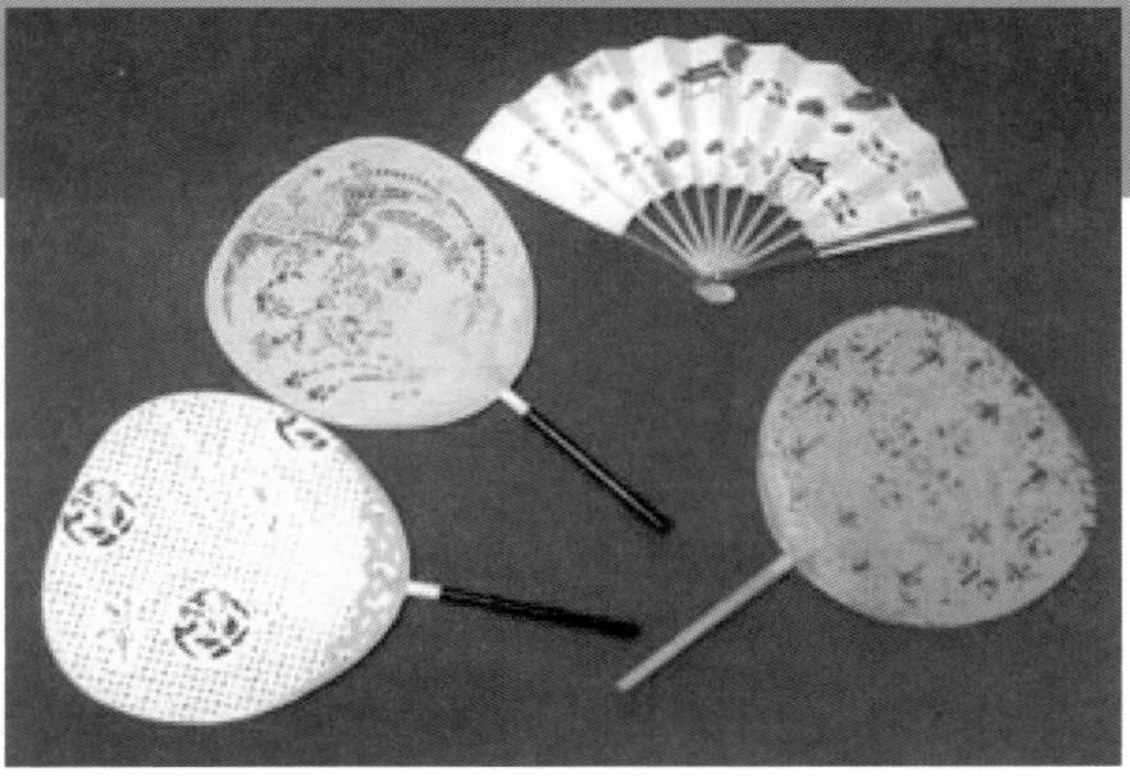

天平文様や風物の優雅な透かし文様が特徴の奈良団扇

や自然の描かれ方からも「絵因果経」の雰囲気を感じることができる。現在では、伝統的な魅力を大切にする一方、新しい色彩や形で、湯呑、花瓶、茶器、水指、置物など多様な作品がつくられている。

奈良団扇《うちわ》〜透《すかし》のきらめき〜

奈良時代、天平年間に春日大社の神官が軍扇の形にならってつくったのが奈良団扇の始まりとされている。当時はいたって無風流な骨太のものに紙をはり、柿の渋を塗ったいわゆる渋団扇だったと思われる。「禰宜《ねぎ》うちわ」と別名があったほど春日神職の内職として作られており、元禄の頃まで続いていた。一方、室町時代の応永年間には大和人物誌に「奈良団扇の創製者なり」と記述のある岩井善助《いわいぜんすけ》という人物が出ていたり、興福寺伍《ご》太院《たいいん》の僧が「伍太院」という団扇を作り出したりしていたともいわれており、その頃には春日神職の専業ではなくなりつつあったと考えられる。渋団扇から現在の美しい透かし彫りへと変化した歴史ははっきりしないが、豊臣秀吉の時代には透かし団扇が献上されていたという記録があったり、江戸時代にも朝廷や幕府にも献上されていたりしていたことからも、その製造規模の大きさやそれに値する名声を得ていたことがうかがえる。今日の奈良団扇は、正倉院文様や奈良の風景や鹿だけでなく、高い技術をもって全面に繊細な透かし彫りが施されたものなど、さまざまなデザインがある。またその華やかな色合いは陰陽五行思想に基づいており、とても風雅な趣を見せている。さらに実用性にも優れており、団扇の骨の数も多く、その一本一本が細かく割かれているため、たいへん軽く、よくしなり、柔らかな風を起こしてくれる。

奈良晒《さらし》〜績《うみ》のきらめき〜

奈良晒は奈良を中心として生産された良質な麻織物である。その源は遠く『古事記』の昔にさかのぼるともいわれているが、起源については明らかではない。興福寺の『多聞院《たもんいん》日記《にっき》』には晒に関する記述があり、室町時代後期には、寺社の注文を受け、つくられていたことが分かっている。安土桃山時代には従来の晒法が改良され、その後、江戸時代に入り幕府の保護を受ける中で産業として盛んになった。僧侶の袈裟や神官の衣装として用いられるだけでなく、武士の裃《かみしも》や夏の単衣《ひとえ》物に使われ、その質の良さ、純白の美しさから幕府の御用達品として用いられていた。宝暦四（一七五四）年の「日本山海名物図会」には、「麻の最上は南都なり」と記述されるほど、奈良晒は奈

かつては奈良の基幹産業だった奈良晒

良随一の産業として発展していたのである。名勝に指定されている依水園《いすいえん》は奈良晒を扱う御用商人が作った庭園で、その繁栄の様子がうかがえる。奈良晒は、大麻糸を約一ヶ月かけて丁寧に織り上げられた麻布を清流に晒し、真白く仕上げる。現在では、伝統工芸の分野として生産されているが、ふきんやのれん、タペストリー、袋小物など、生活に溶け込んだ品もつくられており、多くの人に愛用されている。

奈良一刀彫《いっとうぼり》～面《めん》のきらめき～

奈良人形ともいわれる奈良一刀彫は、ノミで豪快に鋭く彫り上げ、その上に金箔や岩絵具などを用いて極彩色を施すという独特の様式を持っている。その始まりは、平安時代末期から行われている春日若宮《かすがわかみや》おん祭《まつり》にて、田楽法師《でんがくほうし》が花笠や島台を飾るのに用いられたといわれている。田楽の笠は大きく、華麗なもので、舞《ぶ》楽《がく》や能楽等を題材とした人形がその飾りに用いられた。その後も寺社で発展し、織田信長や豊臣秀吉、徳川家康へも献上の品として贈られたと伝えられている。江戸時代中頃になると、名工・岡野松寿《おかのしょうじゅ》があらわれその名声を高め、幕末から明治初頭にかけては、狂言師でもあった森川杜園《もりかわとえん》が活躍し、奈良人形を芸術の域にまで高めた。春日大社の宮司の進言により「一刀彫」と呼ばれるようになったが、最小限のノミしか入れないことで清浄を重んじているという説もあり、奈良一刀彫が寺社と大きく関わっていたことがうかがえる。伝統的に能・狂言や舞楽を題材にとったものがつくられてきたが、最近では雛《ひな》や兜《かぶと》といった節句人形や、十二支や鹿など、魅力ある作品もつくられており、人気を集めている。

金箔や岩絵具などを用いて
極彩色を施した豪華な奈良一刀彫

〝発祥の地〟が多い奈良 国宝・重要文化財から日常品まで

奈良漆器～研《とぎ》のきらめき～

奈良が漆工芸発祥の地といわれるゆえんは、多くの寺社に漆工芸の模範となるような国宝・重要文化財を多数、有しているからにほかならない。そして何より、シルクロードを経て奈良に伝わった渡来品をはじめ、螺鈿《らでん》・金銀平脱《きんぎんへいだつ》・平文《ひょうもん》など多種多様の技法を自由に駆使した漆芸品の多

伝統的な螺鈿技法が用いられている奈良漆器

くが今もなお、正倉院に保管されているからである。時代を経て、中世には寺社に所属し、建造物の塗師《ぬし》を務めるとともに漆器もつくる塗師・漆屋座《ぬしやざ》が登場する。寺社の祭礼・行事には、相当の漆器が使用され、それらは度々新調されたことからも彼らの活躍は広範囲にわたっていたと思われる。また、茶の湯の発展とともに茶道具関係の塗師が現れ、江戸時代には武具を製作するための塗師がいたとの記録も残っている。その後、明治に入り「奈良博覧会」が開催され、正倉院御物をはじめ寺社の名品が初めて公開・展示された。これによる影響は非常に大きく、奈良の漆工たちは模写事業を興し、工芸品としての奈良漆器の復興が図られた。現在の奈良漆器は、夜光貝、アワビ貝、蝶貝など、光沢の美しい貝を模様の形に切り、貼り付けて漆を塗り重ね研ぎだす「螺鈿」という技法が特徴である。この螺鈿技法を主とした箱や器、調度品のほか、箸などのカトラリーやアクセサリーなど、日常に使える物も作られている。

古楽面《こがくめん》～模《かた》のきらめき～

奈良には、伎楽《ぎがく》・舞楽・能などに使われた古楽面といわれる面が、寺社に数多く残されている。飛鳥時代に仏教とともに日本に伝わった伎楽・舞楽では、当初からさまざまな楽面が使われ、正倉院宝物にも奈良時代の楽面が残されている。また、能楽や狂言の誕生とともに、日本独自の面も生まれた。伝統工芸としての「古楽面」は、これらの面を模造したもののことで、始まったのは昭和の初め頃である。当初はパルプを原料としたものだったが、その後、いろいろな人が製作を始め、新しい材料や技法を使ってさまざまな面をつくってきた。主なものは、木彫面《もくちょうめん》、乾漆《かんしつ》面《めん》、土面《どめん》、樹脂面、練り物（パルプ）面などがある。いずれも古楽面に忠実につくられていて、見事な出来栄えで、多くの人々に親しまれ、室内装飾用として注目されている。現在も寺社などで舞楽・伎楽が演じられる奈良では、能・狂言に使う木彫の面も含め、実際に使うことができる面を制作する作家も活躍している。

（学芸員　西川雅子）

室内装飾用としても注目されている古楽面

ココで作っている＆
体験できる！

ならまち工芸品マップ

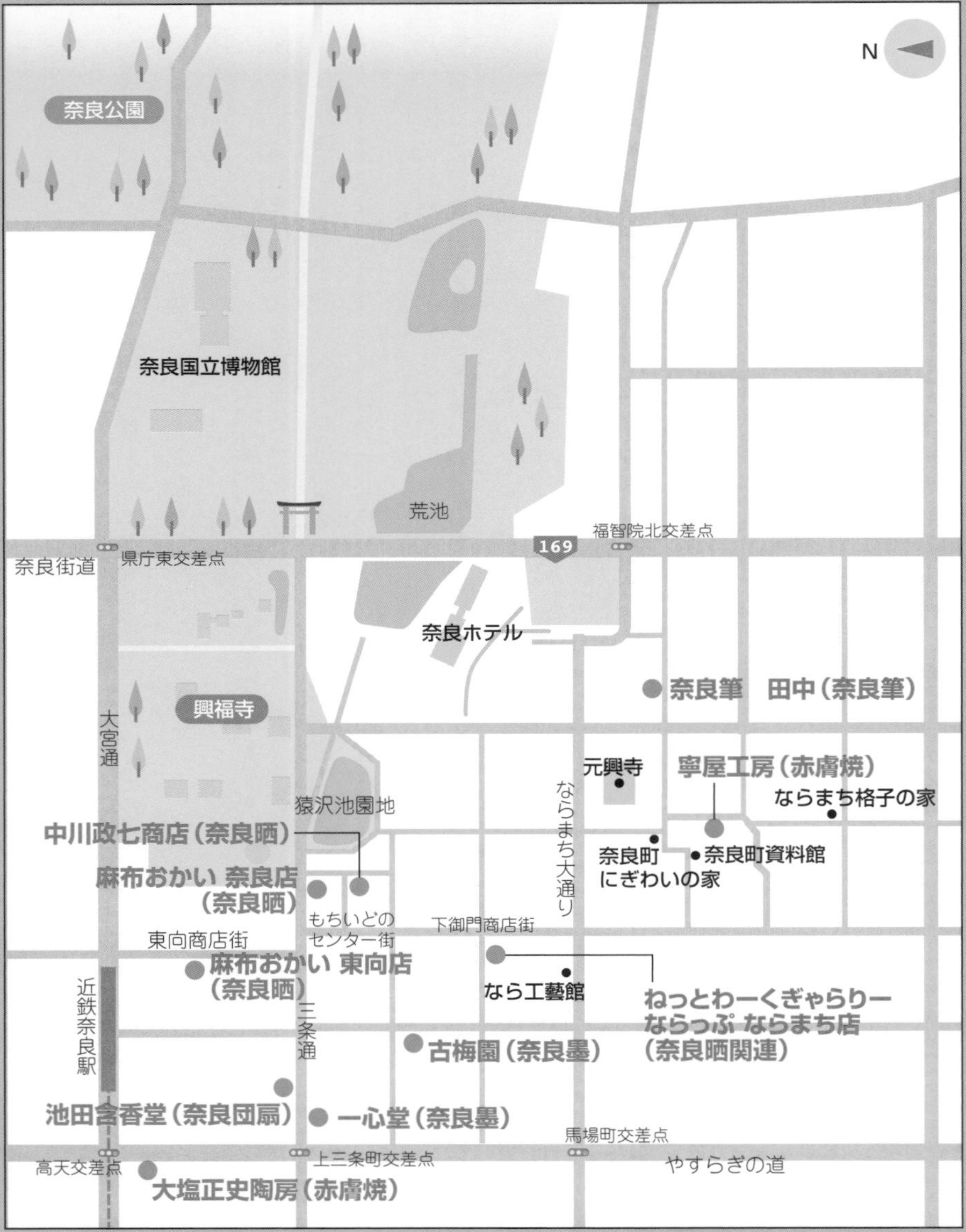

※製作・体験場所は奈良公園周辺のみ記載

奈良の伝統工芸を見る＆買うならココ!!

なら工藝館

なら工藝館
入館無料！

奈良工芸の振興発展を図るために、①受け継ぐ、②創作する、③開放するという3つを基本理念に設立された施設。令和3(2021)年8月にリニューアルオープンした館内には、工芸家の作品展示を行う常設展示室、実際に購入できる販売コーナー、個人・グループ・企業などが作品展示に利用できるギャラリー阿《あ》字《ぜ》万《ま》字《め》、各種工芸教室に使用する研修室などがある。

https://nara-kogeikan.city.nara.nara.jp/

見られる

常設展示室

奈良の伝統的な工芸品である奈良筆、奈良墨、赤膚焼などの陶芸作品、奈良団扇、奈良晒、奈良一刀彫、奈良漆器、古楽面などから技術の粋を集めた優秀な作品、また制作道具なども鑑賞できる。年に1回、展示替えを行う。

買える

販売コーナー
（ミュージアムショップ）

奈良筆、奈良墨、赤膚焼などの陶芸品（茶わん、豆皿など）、奈良団扇、奈良晒（ふきんなど）、奈良一刀彫（節句人形など）、奈良漆器（アクセサリーなど）、古楽面（ループタイなど）のほか、さまざまな工芸品を販売している。

学べる

工芸教室

奈良の工芸に関心のある人を対象に、工芸に対する理解と認識を深め、基礎的な技術・技法の習得を目指す。陶芸、一刀彫、とんぼ玉、奈良晒、仏像彫刻、木工、漆、金継ぎなどの年間講座や、不定期で一日体験を開催。

奈良に旨いもんあり

BUG's MARKET/PIXTA(ピクスタ)

茶粥に適するのはパラパラとした炊き具合のお米。冷ご飯を使って炊くのもおすすめ

じっくり煮出した茶で炊く消化優良なおかゆ

茶粥

ほうじ茶や番茶で炊いたおかゆ。東大寺二月堂修二会《しゅにえ》（お水取り）の練行衆の食事に「ごぼう」と呼ばれる番茶仕立ての茶粥があり、修二会が始まった約1270年前から食べていたとされる。素朴な味わいでおなかに優しく、かつては「大和の朝は茶粥で明ける」と言われたほど朝食の定番だった。時代とともに家庭の朝食としての出番は減り、今ではホテルの朝食などで賞味できる。麦を入れたり、塩を振ったり振らなかったり、地域ごとに独特のレシピがある。

柿の葉寿司

作られてからひと晩おくと柿の葉の香りとネタの旨味が引き立つ

0120/PIXTA(ピクスタ)

海のない奈良だからこそ生まれた郷土食の誉れ

塩〆の鯖と酢飯を柿の葉で包んだ押し寿司で、奈良県内では柿の生産が盛んな五條や吉野川流域で江戸時代中期ごろに発祥した。柿の葉には抗菌作用があり、県内で“柿の葉寿司用の葉”が収穫されている。谷崎潤一郎は自作の柿の葉寿司を食して「成る程うまい」と感心し、「今年の夏はこればかり食べて暮らした」と『陰翳礼讃』に記した。ネタは鯖と鮭が定番。鯛や海老、穴子などもある。緑色の葉のほか、紅葉・黄葉も使われ、目に鮮やかに映える。

奈良漬

粕漬の代名詞。優しく広がる風味はごはんの友

付着した酒粕は水洗いしないように。刻んで焼き飯の具にしても旨い

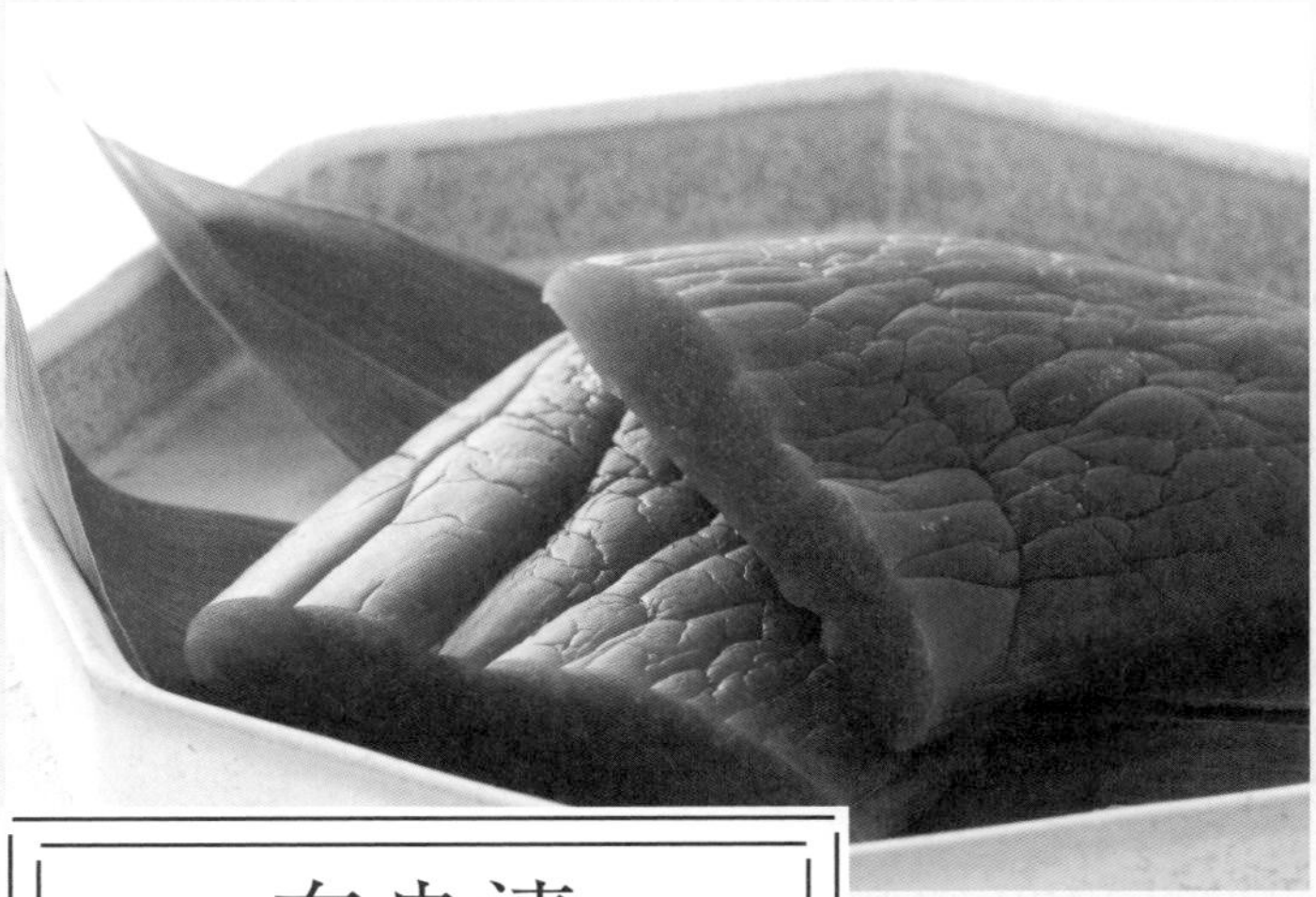

マーボー /PIXTA（ピクスタ）

酒粕で漬ける漬物。奈良時代の長屋王邸宅跡（奈良市）から「加須津毛」とある木簡が出土したことから、奈良発祥の漬物として、今では県外で漬けられた粕漬も「奈良漬」と言われるほど。江戸時代の慶長年間に奈良の漢方医が自家製の粕漬を商品化。今では白瓜、ナス、スイカ、キュウリ、柿など漬ける食材は多彩で、酒蔵ごとに風味が違う酒粕や製法によって個性があり、食べ比べるのもおすすめ。スイーツとのコラボ商品もお土産に喜ばれそう。

奈良は「食ひものはうまい物のない所だ」（志賀直哉）は本当か？ 谷崎潤一郎が絶賛した郷土食とは？ 奥深き奈良の食を召し上がれ。

かき氷

氷業の守り神がおわします奈良。味と美でブーム継続中

近年、奈良のスイーツ界をかき氷が席巻中。奈良県産イチゴや柑橘類などのフルーツや大和茶を使ったシロップなどで華美にデコレートされ、映え感を競う。奈良県には天理市福住と奈良市に氷室神社がある。豊作の予兆としての氷を献上するため、各地に氷池（製氷施設）や氷室（貯氷庫）が作られたが、奈良市東部のツゲと呼ばれる地域は冷涼で製氷・貯氷に適した場所であった。氷のお仕事始まりの聖地といわれる由縁である。

奈良は氷業の聖地であり、かき氷の激戦区。夏の人気店は行列覚悟で

奈良に旨いもんあり

饅頭

日本では饅頭も奈良発祥。林神社には饅頭のオブジェがある

kasayon/PIXTA（ピクスタ）

chaya/PIXTA（ピクスタ）

お菓子の繁栄はここから。林さんありがとう

おやつやお土産に大活躍の饅頭も奈良にルーツがある。漢國《かんごう》神社境内の林神社に祀られる林浄因命《りんじょういんのみこと》は中国浙江省出身で貞和５（1349）年に来日し、漢國神社の社頭に住んで、薯蕷《じょうよ》饅頭《まんじゅう》を作った。これが日本最初の饅頭だとか。林浄因の命日である毎年４月19日に饅頭の祖としての功績をたたえて行われる「饅頭まつり」には各地から饅頭が献納され、菓子業界の繁栄が祈願される。奈良公園界隈にも老舗和菓子店があちこちにあり、伝統を守りながら趣向を競っている。

大和野菜

プロモリンク/PIXTA（ピクスタ）

飲食店やホテルで大和野菜の料理が食べられる

伝統とこだわりの野菜たち

戦前から奈良で生産され、味・香り・形態・来歴などに特徴がある「大和の伝統野菜」と、栽培方法等にこだわった野菜や奈良独自の野菜である「大和のこだわり野菜」の総称。25品目（2017年４月１日現在）が認定されている。ひもとうがらしは炒め物、片平あかねは甘酢漬け、味間《あじま》いもは煮っころがし、大和丸なすは田楽…がおすすめ。

葛餅

一三男/PIXTA（ピクスタ）

見た目に涼やかなので夏のおやつにもってこい

吉野葛の正統が生む透明感

葛の根のでんぷんから作る奈良伝統の吉野葛。その純白の葛粉を水に溶いて、砂糖を加えて煮て練りあげたのが葛餅。つやつや・ぷるんぷるん・もちもちとして、きな粉や黒蜜をかけていただく。冷やすと弾力が際立つ。作り立てを氷水にくぐらせ、ほんのり温かみを残した葛餅も上品。葛餅入りのかき氷やアイスもお試しあれ。

南都諸白は正暦寺や興福寺などが醸造した僧坊酒。正暦寺の「菩提泉」が銘酒とされた

家康も秀吉も酔ったクリアな奈良仕込みの美酒

freeangle/PIXTA（ピクスタ）

清酒

室町時代、日本初の清酒が正暦寺《しょうりゃくじ》で造られた。それ以前は酒といえば濁り酒。春日大社酒殿で9世紀から醸造されてきたのも濁り酒だった。清酒造りの要は正暦寺で作られた酒母「菩提酛《ぼだいもと》」。さらに、諸白《もろはく》づくり（麹《こうじ》にする米と蒸し米に精白米を使う）も行われ、信長が家康をもてなした酒も、秀吉が吉野山の花見で酔った酒も「南都諸白」だった。正暦寺の清酒造りは江戸時代に途絶えたが、地元有志らによって復活。清酒の源流を汲む地酒が造られている。

その歴史1200年。良質の茶葉が育つ大和高原

大和茶

9世紀初めに空海が唐から茶の種子を持ち帰り、宇陀市の仏隆寺にまいたのが日本でのお茶栽培の発祥とされる。以来、奈良県はわび茶の創始者・村田珠光、ひと抱えもある茶碗でお茶をいただく西大寺の大茶盛式、茶粥、生駒市名産の茶筌《ちゃせん》…など、お茶とは深い仲。奈良市東部や山添村、宇陀市などの大和高原で主に栽培され、上品な煎茶から、普段使いのほうじ茶や番茶、清爽な味と香りで近年人気の和紅茶まで、さまざまな風味が楽しめる。

弘仁6（815）年に嵯峨天皇が茶の栽培を勅命した地のひとつが大和だった

Narana/PIXTA（ピクスタ）

あをによし
なら旅ネット
＜奈良県観光
公式サイト＞

ならじかん

奈良市
観光協会

落語の舞台、奈良公園を回る

奈良を舞台にした落語の世界。サルに似た商家の後家さんからシカを殺《あや》めた豆腐屋へのお裁きまで、奈良の名所とともにご紹介

一 奈良名所《ならめいしょ》

主人公の二人が大坂から奈良を通り伊勢神宮に参拝し、再び大坂へ戻る壮大な連作。「奈良名所」は往路で登場。

春日大社の灯籠

春日大社は灯籠の数が日本一多い神社。参道から本社まで合わせて約 3,000 基がずらりと並び、喜六の驚きも納得。

写真家・三好和義

東大寺大仏殿

噺《はなし》の中で清八が「傘をさして人が通れる」と表した大仏様の実際の鼻の孔は縦約37㎝、横約30㎝。

あらすじ

太平の世となった江戸時代に、「一生に一度はお伊勢さま」と言われるほど大流行したお伊勢参り。大坂から見て伊勢は東にあるため、通称「東の旅」としても知られる『伊勢参宮神乃賑《かみのにぎわい》』で登場する「奈良名所」。この物語は喜六と清八という二人の主人公が、奈良・猿沢池の畔《ほとり》に立つ印判屋（旅館）を出発するところから始まる。

　最初に二人が訪れたのは采女《うねめ》神社。ここでは奈良時代、天皇の寵愛が薄れたことを嘆き、猿沢池に身を投じた采女の逸話が紹介される。そして、一行は興福寺菩提院大御堂の十三鐘から浅茅ヶ原《あさじがはら》を抜け、春日大社表参道へ。本社までずらりと続く灯籠に驚く喜六

手向山八幡宮

「このたびは 幣も取りあへず 手向山 紅葉の錦 神のまにまに」。噺では『百人一首』にある菅原道真《みちざね》の歌を詠《よ》み、情景を表現。

写真ラッキー/PIXTA（ピクスタ）

御蓋山

清八が噺の中で阿倍仲麻呂の句を披露した御蓋山。春日大社の神山でもある。標高は298m。

うぐいすの滝

佐保川の源流、春日山原始林の中にある高さ10mほどの小さな滝。江戸時代から名所として有名だったとか。

に対し、「奈良では灯籠の数、シカの数を三日三晩のうちに数えられた者は長者になれる。しかし、未だに数え切られた者はおらず、長者になった者もいない」とその数の多さを清八が語る。さらに進み若宮神社、御蓋山、うぐいすの滝、手向山《たむけやま》八幡宮《はちまんぐう》を巡り、二人は東大寺大仏殿へ。

そこで清八は大仏が建立された際のエピソードを披露する。「大仏さんの開眼式の三日前に、大仏さんの片方の目が中に落ちくぼんでしもたんや。たまたま近くにいた親子連れが鉤《かぎ》付きの綱を大仏の目の下に放り投げ、子どもがその綱を伝って登り、内側から見事に目玉を嵌《は》め込んだ。そして、大仏の中の子どもが、ふっと鼻の穴から姿を見せ、『利口な子や。目から鼻へ抜けよった！』ちゅうわけや」。

嘘か真かわからない清八の名所案内で、伊勢神宮を目指す二人の旅物語は続く。

つんつん /PIXTA(ピクスタ)

奈良女子大学

現在の奈良女子大学が奈良奉行所の跡地。敷地は広大で遠山の金さんのいた江戸北町奉行所の3倍以上の大きさ。

ばつまる /PIXTA(ピクスタ)

奈良のシカ

かつて我がもの顔で人家にも立ち入っていたシカたち。家周辺でシカが倒れようものなら、町中が大騒動となった。

二 鹿政談《しかせいだん》

シカは神の使いとされ、殺めた者は死罪の掟。そんな江戸時代、ユーモアあふれる名奉公のお裁き噺。

あらすじ

春日大社の神の使いとされるシカが、手厚く保護されていた時代。興福寺東門前町で豆腐屋を営む六兵衛は、ある日、犬と間違えシカを殺めてしまう。引っ立てられた六兵衛が、奈良奉行の曲淵《まがりぶち》甲斐守《かいのかみ》による取り調べを受けることに。

心優しい奉行は六兵衛を助けようと質問をするが、実直な六兵衛は何でも正直に答えてしまう。業を煮やし「これはシカに毛並みのよく似た犬ではないか」と言い出す奉公人。

実はシカの餌代を横領していた鹿の守役、罪を暴かれるのを恐れ、犬を殺してもおとがめなしと後押しして、一件落着。

三 猿後家《さるごけ》

あらすじ

ある商家の後家さんはサルにそっくりなご面相。周囲の者が「サル」と口に出したが最後、奉公人はクビ、植木屋は「サルすべりの木」と言った途端に出入り禁止になる始末。そんなおかみさんに気に入られようと、おべんちゃらを並べる出入りの太兵衛。この日もご機嫌取りにお世辞を連発。調子に乗って奈良名所をこと細かに喋《しゃべ》りたて、五重塔の説明で「猿沢池を横目に…」と口走る。おかみさんは烈火のごとく怒り狂い…。「サル」にまつわる痛快な落ちで噺は締めくくられる。

shiii/PIXTA（ピクスタ）

猿沢池

太兵衛は「五重塔が映る綺麗な池。魚半分、水半分、底は竜宮まで届いているという猿沢池…」とご丁寧に紹介した。

元林院《がんりんいん》

島三郎が女遊びをしていた元林院は、かつては花街として栄えていた。レトロな町並みは今もその面影を残す。

蝶（ファラージャ）/PIXTA（ピクスタ）

奈良で落語を楽しむなら

■ 落語喫茶 古々粋亭

毎週日曜日10時～ワンドリンク付き1500円で「おはよう日曜らくご」が楽しめる。

住所 奈良市小西町9
HP https://rakugo-nara.com/

■ 奈良県立図書情報館

奈良市出身の落語家 桂文鹿さんプロデュースによる図書館寄席「花鹿乃芸亭」を不定期開催。

住所 奈良市大安寺西1丁目1000番地
HP https://www.library.pref.nara.jp/

四 吉野狐《よしのぎつね》

あらすじ

女遊びが過ぎて勘当された時計屋の息子、島三郎。川へ身投げしようとしたところ、たまたま通りかかった夜鳴きうどん屋を営む夫婦に命を救われ養子となった。そこへ、かつて遊女として島三郎と関係があったという絶世の美女、吉野が訪れる。二人は、うどん屋を開き店は大繁盛。しかし、吉野の正体は…かつて、島三郎に命を救われた狐が姿を変え、恩返しにやってきたという噺。

春の行事

修二会《しゅにえ》

時期：3月1日〜3月14日

場所：東大寺

修二会とは旧年の穢れを祓う懺悔と、来るべき新年の国家の平安や豊穣を祈るため、旧暦二月に執行される「悔過《けか》」の法要行事。東大寺の修二会は「お水取り」とも呼ばれ、天平勝宝4（752）年以来、一度も途切れることなく続いている。一般には二月堂舞台でのお松明で有名だが、この行事の本質は、昼夜を6つに分けてそれぞれに、堂内で連行衆が人々に変わり罪を懺悔し、除災招福を祈る行法にある。

薪御能《たきぎおのう》

時期：5月第3金・土曜

場所：興福寺、春日大社

日本全国の数多ある野外能の本家・本元とされる薪御能。はじまりは貞観11（869）年に西金堂で厳修していた修二会の法呪師と呼ばれる人々の神秘的祈禱所作に求められる。やがてその役目は猿楽呪師に委ねられ、後に観世の世阿弥、金春禅竹を輩出した猿楽は高い芸術性を帯びながら能楽へと変遷していく。現在の薪御能は金春・金剛・宝生・観世の四座が一堂に会する古儀に近い形で行われる。

写真：桑原英文

まだある春の行事

■春日祭《かすがさい》

3月13日

場所：春日大社

天皇陛下の勅使を迎え、国家の安泰と国民の繁栄を願う日本三大勅祭のひとつ

■御田植祭《おたうえさい》

3月15日

場所：春日大社

五穀豊穣を祈り、八乙女たちが神楽男の歌と楽器に合わせ田植舞の奉納を行う神事

■文殊会《もんじゅえ》

4月25日

場所：興福寺

あざやかな衣装に身を包んだ稚児の行列が三条通から興福寺東金堂へと練り歩く学問成就の法要

■献氷祭《けんぴょうさい》

5月1日

場所：氷室神社

神前に「鯉の滝のぼり」などの花氷や氷柱を奉納。午後から神社伝来の舞楽が奉納される

■聖武天皇祭《しょうむてんのうさい》

5月2日

場所：東大寺

聖武天皇の遺徳をしのび法要を行う。普段は非公開の天皇殿も屋外から参拝できる

夏の行事

大仏さまお身拭い

撮影：写真家・三好和義

時期：8月7日

場所：東大寺

120人ほどの僧侶や関係者が早朝より二月堂の湯屋で身を清め、白装束に藁草履姿で大仏殿に集合、7時より撥遣《はっけん》作法が行われた後、全員でお経を唱え、年に一度の大仏さまの「お身拭い」を始める。お身拭いの間に、過去1年間に人々から奉納された写経や写仏を大仏さまの胎内にお納めする。9時半頃には終了し、そのあと大仏殿の消防設備の放水訓練などが行われる。

なら燈花会

時期：8月上旬

場所：奈良公園内

燈花とは灯心の先にできる花の形のかたまり。これができると縁起が良いと言われている。「なら燈花会」を訪れた人々が幸せになりますように、そんな願いを込めてろうそく一つ一つに灯りをともす。平成11(1999)年に誕生した「なら燈花会」は古都奈良にろうそくの灯りがとけ込み、人々の心にさまざまな感動を与えてきた。夏のたった10日間だけ、広大な奈良の緑と歴史の中にろうそくの花が咲く。

提供：NPO なら燈花会の会

まだある夏の行事

■弁才天供《べんざいてんく》

7月7日

場所：興福寺

年に一度の三重塔の特別開扉。午前10時から弁財天供養の法要を執り行う

■ライトアッププロムナード

7月中旬〜9月下旬

場所：奈良公園内

東大寺や興福寺などの歴史的建造物がライトアップされ、奈良の夜が美しく彩られる

■中元万燈籠《ちゅうげんまんとうろう》

8月14日、15日

場所：春日大社

貴族や武士をはじめ庶民から奉納された春日大社の境内3000基の燈籠に火を灯す神事

■万灯供養会《まんとうくようえ》

8月15日

場所：東大寺

大仏殿前の石畳に灯籠を並べ、諸霊の供養を祈る行事。参道から大仏さまのお顔も拝むこともできる

■高円山大文字送り火《たかまどやまだいもんじおくりび》

8月15日

場所：奈良公園内

18時30分から飛火野で慰霊祭が行われ、20時、高円山に点火される。「大」の字は日本最大級の大きさ

※実施日時・場所・内容は変更になる場合があります

秋の行事

采女《うねめ》祭《まつり》

提供：采女祭保存会

時期：9月中旬（中秋の名月）

場所：采女神社、猿沢池

天皇の寵愛が薄れたことを嘆き、池に身を投じた采女（身の回りの世話をする女官）の霊を鎮め、同時に人々の幸せを祈る例祭。時代衣装をまとって花扇使らが市内を練り歩く「花扇奉納《はなおうぎほうのう》行列」に始まり、例祭の神事が行われた後に花扇を管絃船に移し、雅楽の調べとともに池を巡る「管絃船《かんげんせん》の儀《ぎ》」が行われ、最後に花扇を池に投じる。中秋の名月に執り行われている行事。

鹿の角きり

wifineko/PIXTA（ピクスタ）

時期：10月上旬

場所：鹿苑角きり場（春日大社境内）

江戸初期に危険防止と樹木保護のために始まったとされる行事。鹿の角は毎年春に生え始め、秋には立派な状態になる。翌春には自然に抜け落ちるのだが、その間は危険なので角を切り落とす。特設会場に「勢子《せこ》」と呼ばれる人が鹿を追い込み、その角に縄をかけて捕まえる。そして寝かせて神官役がノコギリで切り落とす。その際、慎重に鹿にけがなど負わさないよう注意している。

まだある秋の行事

■転害会《てがいえ》

10月5日

場所：手向山八幡宮

境内での神事の後、東大寺転害門に場所を移し、東大寺の僧侶による法会を行う

■重陽節供祭《ちょうようのせっくさい》・献香之儀《けんこうのぎ》

10月9日

場所：春日大社

菊の節供ともいわれ、古式の神饌を献じ天下国家の安泰と万物の幸福を祈る。献香之儀は参拝所より拝観可

■正倉院展《しょうそういんてん》

10月下旬～11月上旬

場所：奈良国立博物館

正倉院内の宝物の点検の時期に合わせ、話題性のあるものなどを一般公開する展覧会

■文化の日萬葉雅楽会《まんようががくかい》

11月3日

場所：春日大社

萬葉植物園の池に設置された浮舞台で春日大社に伝承されてきた「管絃」「舞楽」の数々を奉納

■慈恩会《じおんね》

11月13日

場所：興福寺 ＊会場は薬師寺と隔年

法相宗の僧侶が一堂に会して法相宗の宗祖・慈恩大師の学徳を偲ぶ論義法要

冬の行事

春日若宮おん祭

時期：12月15日～18日
場所：春日大社

春日大社の境内にある摂社若宮の例祭である春日若宮おん祭は、保延2（1136）年、関白・藤原忠通が天下安泰、五穀豊穣、万民和楽を願い大和一国を挙げて執り行って以来、一度も途切れることなく今も続く。奉納される神事芸能は多岐にわたり、真夜中に行われる神事もある。昭和54（1979）年には奉納芸能が国の重要無形民俗文化財に指定され、日本の伝統文化や風俗を今に伝える存在。

なら瑠璃絵

時期：2月上旬
場所：奈良公園内

春日大社・興福寺・東大寺の3つの寺社を幻想的な瑠璃色の光の道でつなぐなら瑠璃絵。瑠璃とは仏教で四宝や七宝と呼ばれる宝石のことで、その深い青色は至上の色として神聖視されてきた。その神聖な青の光で浮かび上がる古都・奈良を絵画に見立て、なら瑠璃絵と名付けられたこのイベントは、瑠璃色の地球がいつまでも輝き、平和であるようにとの願いも込められている。

まだある冬の行事

■舞楽始式《ぶがくはじめしき》
1月第2月曜（成人の日）
場所：春日大社
成人の日に行われ、一年間の舞楽奉仕が無事であるように祈願し、舞楽を奉納する神事

■若草山焼き
1月第4土曜
場所：奈良公園内
古都奈良の早春を告げる伝統行事。山全体が燃やされ、夜空を焦がす壮観さは圧巻

■節分 万灯明
2月3日
場所：東大寺
二月堂の舞台の上から豆をまき、その後法華堂前広場の特設舞台からも参拝者に豆がまかれる

■節分万燈籠
2月節分
場所：春日大社
境内にある約3000基の燈籠に火を灯し、さまざまな願いを神様に祈る行事

■鹿寄せ
1月上旬～3月下旬
場所：奈良公園内
春日大社境内の飛火野で行われる、ナチュラルホルンの音色で鹿を呼び寄せるイベント

※実施日時・場所・内容は変更になる場合があります

国宝建築物一覧

奈良には仏像や絵画、工芸品など様々な国宝があるが、ここでは奈良公園を散策しながら鑑賞できる国宝の建築物を紹介。

東大寺

鐘楼

撮影：写真家・三好和義

栄西禅師が再建した鐘楼は、見るものを圧倒する存在感を放つ建物であり、中に吊られた梵鐘もまた国宝で、東大寺創建当初のもの。日本三名鐘のひとつに数えられている。

金堂（大仏殿）

撮影：写真家・三好和義

奈良時代に造立された大仏様を安置する本堂。創建後２度の兵火に遭い、現在の建物は江戸時代に再建された。再建時に横幅は縮小されたものの世界最大級の木造建造物である。

二月堂

撮影：写真家・三好和義

旧暦２月にここで修二会が行われるので二月堂と呼ばれる。西の斜面に張り出した懸造《かけづくり》と呼ばれる造りの舞台からは奈良市街が一望できる。

法華堂（三月堂）

撮影：写真家・三好和義

毎年３月に法華会が行われていたので三月堂とも呼ばれる、東大寺現存最古の建造物。後方の正堂と前方の礼堂と二つの部分からなり、堂内には国宝の仏像10体が立ち並ぶ。

南大門

撮影：写真家・三好和義

国内最大級の山門。平安時代に大風により倒壊後、重源上人により再建。重源上人が中国から持ち帰ったとされる大《だい》仏様《ぶつよう》という建築様式で建てられた壮大な二重門。

本坊経庫

撮影：写真家・三好和義

正倉院と同じ校倉造で建てられた、元は文書や灯明油を収納するための倉。現在は法要の道具や衣装類を納めている。一般公開はされていないが、５月２日の聖武天皇御忌の時に見られる。

開山堂

撮影：写真家・三好和義

東大寺の創建に力を尽くした良弁僧正をお祀りしたお堂。中には国宝である良弁僧正坐像が安置されている。良弁僧正の命日である12月16日のみ開扉され、拝観できる。

転害門

撮影：写真家・三好和義

平家の焼き討ちや戦国時代の戦火からも逃れた、東大寺創建当時からある貴重な建造物。八脚の円柱が支える切妻屋根の門前の道からは、平城京まで一直線につながっている。

見学できる時期・時間、拝観料などは各所により異なります。

春日大社

本殿

撮影：桑原英文

屋根は檜皮葺きで、本朱で塗られた４棟が横一列に並ぶ春日造の本殿。春日造は神社建築の代表的な様式の一つ。20 年に一度の式年造替の制度により平安朝の優美さが今も色濃く残る。

正倉院

正倉

正倉とは、重要な文物などを保管する寺社の倉のことで、正倉の集まった場所を正倉院と呼んでいた。現存するのはこの正倉院正倉のみ。屋根は寄棟本瓦葺き、建物は檜を用いた高床式校倉造り。

興福寺

三重塔

撮影：飛鳥園

優雅な屋根の曲線は平安時代の建築様式を伝え、初層内陣には、世尊院（興福寺旧子院）伝来の弁才天像と十五童子を安置する。毎年７月７日に開扉される。

五重塔

撮影：飛鳥園

奈良時代、光明皇后が発願建立した塔は半年で完成したと伝わる。５回の焼失を経て現在の塔は室町時代の再建。高さ約 50.8m を誇る、奈良県内では一番高い建物。

北円堂

撮影：飛鳥園

日本で最も美しい八角堂といわれる北円堂は、三重塔とともに現存する伽藍の中で最も歴史がある。堂内には運慶作の尊像など国宝７体を安置。毎年春・秋に特別公開される。

東金堂

撮影：飛鳥園

現在の建物は室町時代に再建されたが、寄棟造の屋根や組物である三《み》手《て》先《さき》斗《と》栱《きょう》が多用されるなど、創建当初（奈良時代）の雰囲気を今に伝える。堂内には国宝 18 体、重文３体が並ぶ。

元興寺

五重小塔

現存する、奈良時代盛期に建立された五重塔としては唯一のものである高さ約 5.5m の小塔。内部まで本格的に作られた建築物であり、国分寺の塔の十分の一の本様（雛形）であろうという意見もある。

極楽坊禅室

極楽堂と同一の僧坊で、鎌倉時代に四室分を残し改築された禅室。構造部材が世界最古の現役材であることが確認され、屋根の一部には飛鳥時代・奈良時代の瓦も一部現役で使用されている。

極楽坊本堂

僧坊の一部を鎌倉時代に極楽坊本堂に改築されたものが、現在極楽堂と呼ばれる。西方阿弥陀如来の世界を念ずるため東側を正面に改築されている。内陣には奈良時代の僧坊部材が残されている。

奈良公園年表

奈良公園の歴史を知ることは日本の歴史を知ることでもある。
この年表を眺めながら、時の流れを感じてみよう

飛鳥	708	平城遷都の詔
奈良	710	平城奠都、興福寺など諸大寺が相次いで飛鳥から平城京に遷る
	718	元興寺開創
	752	東大寺大仏開眼供養、この年より修二会が始まる
	768	春日神社創建
平安	841	春日山を神山とし、狩猟伐木を禁じる
	859	藤原良房、春日社の社殿・境内地を拡充、春日祭祀を振興する
	920	春日大社・社伝神楽が宇多上皇の春日御幸の際に舞われる。八乙女の神社における最古の神楽の記録として残る
	1136	春日若宮祭（おん祭）を創始
	1180	平氏により東大寺や興福寺など南都焼き討ち
鎌倉	1195	大仏殿落慶供養、後鳥羽天皇行幸、将軍源頼朝臨席
	1199	東大寺法華堂（三月堂）、重源上人により新造
室町	1382	春日社焼失。足利義満、復興を主宰する
	1399	興福寺金堂供養、足利義満臨席
	1567	松永久秀、大仏殿を焼く
江戸	1604	奈良奉行所完成
	1613	初代奈良奉行に中坊秀政が任命される
	1634	江戸幕府、奈良町の地子を免除
	1850	奈良奉行川路聖謨、「植桜楓之碑」を建立
明治	1868	大和鎮撫総督府に代わり奈良県が設置された
	1875	奈良博覧会開催
	1880	太政官布達に基づいて、2月14日に奈良公園が開設される
	1889	春日野や浅茅ヶ原等の名勝地、東大寺や氷室神社等の社寺境内地、若草山や春日山等の山野を含む新奈良公園地（奈良県立奈良公園）を告示する
	1892	花山・芳山・春日山に杉と松を大々的に植樹する
	1895	帝国奈良博物館（現・奈良国立博物館）が開館
	1897	公園平坦地、芳山に楓、桜、柳、松、百日紅、杉などを植樹する
	1900	春日奥山周辺道路の開通式
	1902	奈良県物産陳列所が完成する
	1903	奈良県公会堂（1号館）が完成する
	1908	奈良公園蓬莱池（鷺池）が完成する
	1909	奈良ホテル開業

History of Nara

1910 春日野運動場が完成

大正

1915 奈良国立博物館前に日吉館創業

1916 奈良公園鷺池に浮見堂建設

1917 森鷗外、帝室博物館総長兼図書頭に任命される

1922 英国皇太子エドワード八世、正倉院訪問

1922 奈良公園が名勝に指定される

1923 春日大社ナギ樹林、知足院ナラノヤエザクラが天然記念物に指定される

1924 春日山原始林が天然記念物に指定される

昭和

1928 春日山周遊道路自動車道が開通する

1932 萬葉植物園開園

1932 ルーミスシジミ棲息地が天然記念物に指定される

1937 奈良公園を含む地域が風致地区に指定される

1939 若草山麓車道が開通する

1940 興福寺および東大寺境内地を奈良公園区域から除外する

1946 正倉院展始まる

1947 奈良公園区域から興福寺・東大寺・手向山八幡宮等の境内地を除籍する

1954 「奈良県立公園条例」「奈良県立公園条例施行規則」を公布する

1957 「奈良のシカ」が天然記念物に指定される

1960 都市公園法に基づく都市公園として公園の名称、位置および区域が定められる

1966 奈良公園一帯を含む奈良市歴史的風土保存区域に春日山地区などが指定される

1967 興福寺旧境内が史跡に指定される

1969 奈良国立博物館が「旧帝国奈良博物館本館」として重要文化財に指定される

1980 奈良公園開設百周年記念展を県文化会館で開催する

1987 奈良県新公会堂が竣工する

1988 奈良公園一帯と平城宮跡を会場として、なら・シルクロード博が開催される

平成

1995 日吉館廃業

1998 世界文化遺産「古都奈良の文化財」として奈良公園一帯（春日大社、興福寺、東大寺、春日山原始林）が登録される

2010 奈良国立博物館本館を仏像専門館として「なら仏像館」に名称変更

2015 新公会堂の名称を「奈良春日野国際フォーラム　甍～I・RA・KA～」に変更し、シルクロード交流館との一体化改修工事を経て、リニューアルオープンする

2018 興福寺の木造四天王立像（南円堂）が国宝指定を受ける

2019 奈良公園バスターミナルがオープンする

本書全編　奈良公園史編集委員会編『奈良公園史　本編・自然編・附図』奈良県、1982 年

P.28 ～ 35
上野誠ほか『万葉集であるく奈良』新潮社、2019 年
馬場基『平城京に暮らす』吉川弘文館、2010 年
吉川真司『聖武天皇と仏都平城京』講談社、2011 年
渡辺晃宏『日本古代国家建設の舞台 平城宮』新泉社、2020 年

P.36 ～ 43
森本公誠『東大寺のなりたち』岩波書店、2018 年
森本公誠『聖武天皇 責めはわれ一人にあり』講談社、2010 年
堀池春峰『東大寺史へのいざない』昭和堂、2004 年
鶴見泰寿『東大寺の考古学 よみがえる天平の大伽藍』吉川弘文館、2021 年

P.44 ～ 49
米田雄介『すぐわかる正倉院の美術　見方と歴史』東京美術、2002 年
杉本一樹『正倉院　歴史と宝物』中公新書、2008 年
西川明彦『正倉院のしごと　宝物を守り伝える舞台裏』中公新書、2023 年

P.50 ～ 57
興福寺・薬師寺編・慈恩大師御影聚英刊行会『慈恩大師御影聚英』法藏館、1982 年
興福寺・飛鳥園編『興福寺』、1997 年
海野聡『奈良で学ぶ　寺院建築入門』集英社新書、2022 年

P.58 ～ 67
上田正昭監修『秘儀開封　春日大社　生きている正倉院』角川書店、1995 年
花山院弘匡『宮司が語る御由緒三十話　春日大社のすべて』中央公論新社、2016 年
図録『特別展　春日大社　千年の至宝』東京国立博物館、2017 年
図録『創建 1250 年記念特別展　春日大社のすべて』奈良国立博物館、2018 年

P.68 ～ 75
花山院親忠『春日の神は鹿にのって』清水弘文堂、1987 年
花山院弘匡『宮司が語る御由緒三十話　春日大社のすべて』中央公論新社、2016 年
北川尚史・伊藤ふくお『奈良公園の植物』トンボ出版、2004 年
東城義則「鹿寄せの仕組み」『春日』105 号、30-31 頁、2021 年／「都市公園とその周辺における職業集団による動物保護の実践―天然記念物「奈良のシカ」の保護活動を事例に―」『京都民俗』39 号、13-33 頁、2021 年／「日本における天然記念物保護の展望―「奈良のシカ」の保護活動を事例に」『Biostory』37 号、77-79 頁、2022 年
奈良県教育委員会『天然記念物「奈良のシカ」総合調査報告書』奈良県教育委員会、2006 年
奈良の鹿愛護会監修『奈良の鹿　「鹿の国」の初めての本』京阪奈情報教育出版、2010 年
西谷康信「奈良公園における鹿の胃内異物調査（特にビニールを主として）」財団法人春日顕彰会（編）『昭和 49 年度天然記念物「奈良のシカ」調査報告』財団法人春日顕彰会、1975 年
丸子理恵・石川周・中村進一「奈良のニホンジカ１４例の死因と第一胃内プラスチックごみとの関連性」第 25 回日本野生動物医学会大会事務局編『第 25 回日本野生動物医学会大会講演要旨集』第 25 回日本野生動物医学会大会事務局、105 頁、2019 年
Takagi.T., Murakami.R., Takano.A., Torii.H., Kaneko.S., and Tamate.H.B. (2023). A historic religious sanctuary may have preserved ancestral genetics of Japanese sika deer (Cervus nippon), *Journal of Mammalogy*, 104(2), 303-315. https://doi.org/10.1093/jmammal/gyac120
Torii.H., and Tatsuzawa.S.(2009). Sika Deer in Nara Park: Unique Human-Wildlife Relations. In D.R. McCullough, B.Takatuki & T.Kaji (Eds.), *Sika Deer: Biology and Management of Native and Introduced Populations* (pp.27-41).Tokyo, Japan: Springer.

P.76 ～ 81
『奈良国立博物館百年の歩み』奈良国立博物館、1995 年
『正倉院展六十回のあゆみ』奈良国立博物館、2008 年
『奈良国立博物館 仏教美術資料研究センター―重要文化財 旧奈良県物産陳列所―』奈良国立博物館、2011 年
『開館 120 年記念　写真でたどる奈良国立博物館のあゆみ』奈良国立博物館、2015 年
宮崎幹子「帝国奈良博物館の誕生―博物館をつくった人と組織―」
『特別陳列　帝国奈良博物館の誕生―設計図と工事録にみる建設の経緯―』奈良国立博物館、2021 年
岩井共二「奈良博の仏像コレクション―種類と時代―」／谷口耕生「奈良博の仏画コレクション」／三本周作「館蔵の工芸品」／野尻忠「古写経と古代文字史料―奈良博の書跡コレクション―」／吉澤悟「奈良国立博物館の考古部門について」／宮崎幹子「奈良国立博物館と『コレクション』―草創期を中心に―」『特別展　奈良博三昧―至高の仏教美術コレクション―』奈良国立博物館・読売新聞社・NHK 奈良放送局・NHK エンタープライズ近畿、2021 年
岩井共二「なら仏像館における仏像展示の歩み」／宮崎幹子「なら仏像館（旧帝国奈良博物館本館）と日本近代建築の誕生」
『なら仏像館名品図録 2022（2021 改訂版）』奈良国立博物館、2022 年

P.82 ～ 87
岡田篤正・東郷正美編『近畿の活断層』東京大学出版会、2000 年
奈良県立橿原考古学研究所平城京左京三条七坊、興福寺旧境内（登大路瓦窯跡群）『奈良県遺跡調査概報 2020 年度第 2 分冊』、1-18 頁、2021 年
『奈良県の地名』日本歴史地名大系第 30 巻、平凡社、1981 年
八木浩司・相馬秀廣・岡田篤正・中田高・池田安隆、1：25,000 都市圏活断層図「奈良」、国土地理院技術資料 D.1 － No.350.1998 年

P.88 ～ 93
志賀直哉『奈良』、1938 年（岩波書店『志賀直哉全集第六巻』所収）
坂田静夫『大和史蹟名勝案内』東洋図書、1937 年
トク・ベルツ編・菅沼竜太郎訳『ベルツの日記（下）』岩波書店、1979 年
田中正大『日本の自然公園』相模書房、1981 年
奈良県土木部まちづくり推進局公園緑地課，奈良県教育委員会文化財保存課『名勝奈良公園保存管理・活用計画』奈良県、2011 年
井原縁「奈良の近代と公園―「公園」を考える―」『京都造形芸術大学日本庭園・歴史遺産研究センター庭園学講座 22 講演集：古都の風景と庭園』京都造形芸術大学日本庭園・歴史遺産研究センター、26-35 頁、2015 年
谷川沙也加「浮見堂」『景観マネジメント的ならガイド』奈良県立大学地域創造学部観光創造コモンズ景観マネジメント分野、10-13 頁、2019 年
佐々木宏二「奈良公園の風致景観の保全のための植物管理計画に関する研究」大阪府立大学博士論文（甲第 2097 号）、2022 年

P.94 ～ 101
春日大社 https://www.kasugataisha.or.jp/、2024 年 1 月確認
川端一弘「春日山原始林の室戸台風被害とその復旧について―史蹟名勝天然紀念物保存法の理念を通じて―」『生物学史研究』74 号、1-14 頁、2005 年
環境庁『第 4 回自然環境基礎調査植生調査報告書 (全国版)』環境庁自然保護局、1996 年 https://www.biodic.go.jp/reports/4-01/y00b.html、2024 年 1 月確認

北川尚史・伊藤ふくお『奈良公園の植物』トンボ出版、2004 年
菅沼孝之「名木及び巨樹・奈良公園平坦部の樹木景観」奈良県『奈良公園史 自然編』、1982 年
奈良倶楽部通信 PART:II https://naraclub-naraclubpart2.blogspot.com/2013/12/blog-post_23.html、2024 年 1 月確認
奈良県『春日山原始林保全計画』、2017 年 https://www.pref.nara.jp/secure/192657/23.pdf、2024 年 1 月確認
奈良県「春日山原始林保全計画検討委員会」https://www.pref.nara.jp/31622.htm、2024 年 1 月確認
Aoki K, Ueno S, Kamijo T, Setoguchi H, Murakami N, Kato M, Tsumura Y (2014) Genetic differentiation and genetic diversity of *Castanopsis* (Fagaceae), the dominant tree species in Japanese broadleaved evergreen forests, revealed by analysis of EST-associated microsatellites. PLoS ONE 9(1): e87429. https://doi.org/10.1371/journal.pone.0087429
Kato T, Ishida K, Sato H (2007) The evolution of nettle resistance to heavy deer browsing. Ecological Research 23: 339-345.
Suzuki R O, Maesako Y, Matsuyama S (2020) Severe grazing pressure on an unpalatable plant, *Primula japonica*, and its potential chemical compound for grazing defence in a long-term deer grazing habitat. Vegatation Science 37: 101-107.

P.102 〜 107
高田十郎・奈良県童話聯盟編『大和の傳説』大和史蹟研究会、1933 年
黒田日出男『龍の棲む日本』岩波新書、2003 年
佐伯有清『聖宝』(人物叢書 新装版) 吉川弘文館、1991 年
齊藤純「東大寺と聖宝」宮川久美編『奈良春日野の歴史と文学を歩く』日本国語国学研究所、2013 年
筒井寛秀『誰も知らない東大寺』小学館、2006 年
大東延和「采女の本性」『春日』第 22 号、春日大社社務所、1978 年
横山浩子「奈良県東部の龍神伝説と水神信仰覚え書―猿沢池の龍神伝説をめぐって―」
『奈良県立民俗博物館研究紀要』第 15 号、1997 年

P.108 〜 113
奈良県立万葉文化館「万葉百科（万葉集関連情報検索システム）」https://manyo-hyakka.pref.nara.jp/
西世古柳平著・入江泰吉写真『會津八一と奈良―歌と書の世界―』二玄社、1992 年
小沢正夫・松田成穂校注『新編日本古典文学全集 11　古今和歌集』小学館、1994 年
峯村文人校注『新編日本古典文学全集 43　新古今和歌集』小学館、1995 年
井上宗雄校注『新編日本古典文学全集 49　中世和歌集』小学館、2000 年
小山弘志・佐藤健一郎校注『新編日本古典文学全集 58　謡曲集（1）』小学館、1997 年
川村晃生・柏木由夫・工藤重矩校注『新日本古典文学大系 9　金葉和歌集　詞花和歌集』岩波書店、1989 年

P.114 〜 121
平山城児『鷗外「奈良五十首」の意味』笠間書院、1975 年
北村信昭『奈良いまは昔』奈良新聞社、1983 年
井上泰至『正岡子規　俳句あり則ち日本文学あり』ミネルヴァ書房、2020 年
早稲田大学會津八一記念博物館『日吉館をめぐる文化人　會津八一と奈良』、2015 年
帝塚山短期大学日本文芸研究室編『奈良と文学　古代から現代まで』和泉書院、1988 年
浦西和彦・浅田隆・太田登編『奈良近代文学事典』和泉書院、1989 年
浅田隆・和田博文編『古代の幻　日本近代文学の〈奈良〉』世界思想社、2001 年
坪内稔典『正岡子規　言葉と生きる』岩波新書、2010 年
千田稔『奈良・大和を愛したあなたへ』東方出版、2018 年

P.122 〜 131
千田稔・渡辺史生編「吉田東伍前期論考・随筆選」『日文研叢書』32・国際日本文化研究センター、2003 年
奈良市史編集審議会編『奈良市史 通史三』奈良市、1988 年
奈良市史編集審議会編『奈良市史 通史四』奈良市、1995 年
『奈良県行政文書 明治二十四年奈良県公文録』『奈良県行政文書 明治二十五年奈良県公文録』
『奈良県行政文書 自二十年至二十三年博覧会共進会』
高橋隆博「明治八・九年の「奈良博覧会」陳列目録について」上・下『史泉』56 号、1981 年
山上豊「正倉院御物と奈良博覧会―とくに明治 10 年代の動向を中心に―」『歴史評論』573 号、1998 年
「奈良町北方弐拾五町家職御改帳」平成 15 年度奈良市歴史資料調査報告書（20）、2004 年
堀井甚一郎「観光都市としての奈良」仲川明・森川辰蔵編著『奈良叢記』駸々堂書店、1942 年
三島康雄『奈良の老舗物語―伝統と革新のはざまで』奈良新聞社、1999 年
『奈良ホテル物語―その 90 余年の歩み』奈良ホテル企画部「奈良ホテル物語」編集室
鎌田道隆「奈良奉行川路聖謨の植樹活動について」『奈良史学』20 号、2002 年
川田貞夫『人物叢書川路聖謨』吉川弘文館、1997 年
『寧府紀事』日本史籍協会叢書川路聖謨文書所収、東京大学出版会
幡鎌一弘「近代の奈良・伊賀 1 神仏分離・廃仏毀釈と近代化」『街道の日本史 34 奈良と伊勢街道』吉川弘文館、2005 年
吉田千鶴子『〈日本美術〉の発見　岡倉天心がめざしたもの』吉川弘文館、2011 年
山口静一編『フェノロサ美術論集』中央公論美術出版、1988 年
『角川日本地名大辞典　29 奈良県』角川書店、1990 年

P.132 〜 139
奈良市史編集審議会編『奈良市史 建築編』奈良市、1974 年
小野木重勝著・増田彰久写真『様式の礎－日本の建築明治大正昭和第 2 巻』三省堂、1979 年
藤森照信著・増田彰久写真『国家のデザイン－日本の建築明治大正昭和第 3 巻』三省堂、1979 年
初田亨・大川三雄・藤谷陽悦著／飯田鉄・清水譲・宮本和義写真『近代和風建築－伝統を超えた世界－』建築知識、1992 年
日本建築学会編『総覧日本の建築 6-2 奈良・和歌山』新建築社、2002 年
清水重敦『擬洋風建築　日本の美術 446 号』至文堂、2003 年
奈良文化財研究所編『奈良県の近代和風建築－奈良県近代和風建築総合調査報告書－』奈良県教育委員会、2011 年
奈良県教育委員会編『奈良県の近代化遺産－奈良県近代化遺産総合調査報告書－』奈良県教育委員会、2014 年
多川俊映『蘇る天平の夢 興福寺中金堂再建まで－ 25 年の歩み』集英社 、2018 年
平井直樹「再読 関西の建築（23）奈良県庁舎」『建築と社会』1179 号、2020 年
『特別陳列 帝国奈良博物館の誕生－設計図と工事にみる建設の経緯』奈良国立博物館、2021 年
「近現代建造物緊急重点調査（建築）」文化庁　https://www.bunka.go.jp/kindai/research/index.html、2022 年 12 月確認
「大和モダン建築」岡田隆太朗　https://nara-atlas.com/、2022 年 12 月確認

P.140 〜 147
元興寺・元興寺文化財研究所編『図説　元興寺の歴史と文化財――三〇〇年の法灯と信仰―』吉川弘文館、2020 年
元興寺文化財研究所編『奈良町の南玄関―歴史と文化の扉をひらく－』京阪奈情報教育出版、2021 年

P.159 〜 166
綿谷正之『墨に五彩あり～墨の不思議な魅力～』京阪奈情報教育出版、2022 年
『奈良製墨文化史』奈良製墨協同組合、2000 年
『奈良伝統工芸「技と心」』奈良県工芸協会青年部会、1982 年

執筆者紹介

※所属・肩書は 2024 年 2 月時点

千田 稔（せんだ・みのる）
歴史地理学者。奈良県立図書情報館館長。国際日本文化研究センター名誉教授。『古代飛鳥を歩く』（中公新書）、『聖徳太子と斑鳩三寺』（吉川弘文館、人をあるくシリーズ）、『奈良・大和を愛したあなたへ』（東方出版）など著書は30冊を超える。

馬場 基（ばば・はじめ）
都城発掘調査部平城地区史料研究室長。日本史学者、京都大学客員准教授。専門は日本古代史。著書に『平城京に暮らす 天平びとの泣き笑い』『日本古代木簡論』（ともに吉川弘文館）。

森本 公穣（もりもと・こうじょう）
東大寺清涼院住職。東大寺大仏殿院主。東大寺に生まれ、15歳で得度する。１９９４年に二月堂修二会（お水取り）に初参籠し、２０２３年、２０２４年には大導師を務める。

中村 力也（なかむら・りきや）
宮内庁正倉院事務所保存課長。名古屋大学大学院生命農学研究科博士後期課程修了。２００５年より宮内庁正倉院事務所で、正倉院宝物の保存や科学分析に関する研究に従事。

辻 明俊（つじ・みょうしゅん）
興福寺境内管理室長。長年、広報・企画事業に携わる。２０１２年に興福寺・常如院主。２０２３年から執事長として五重塔令和大修理事業に努める。著書に『興福寺の３６５日』（西日本出版社）。

松村 和歌子（まつむら・わかこ）
春日大社国宝殿参事。国宝殿の主任学芸員として２０１６年の国宝殿の大規模リニューアルに携わる。春日大社の歴史、信仰、宝物に関する論文を多数執筆するほか講演も行う。

東城 義則（とうじょう・よしのり）
立命館大学授業担当講師。専門は民俗学。奈良公園のシカの保護活動を研究しつつ、人とシカの共生を探る環境教育やまち歩きに携わる。『動物たちの日本近代』（ナカニシヤ出版）に寄稿。

翁 みほり（おきな・みほり）
奈良国立博物館学芸部研究員。大学・大学院では主に日本の中世絵巻を研究。国立博物館では教育普及を担当し、ボランティア活動の運用や、若年層に対し仏教美術のさまざまな魅力を発信している。

髙田 将志（たかだ・まさし）
奈良女子大学人文科学系教授。専門は自然地理学、地形環境学。奈良県環境審議会環境影響評価審査部会専門委員。『３Ｄ地図でわかる日本列島地形図鑑』（成美堂出版）を監修。

井原 縁（いはら・ゆかり）
奈良県立大学地域創造学部教授。造園学を専門とし、遺産空間の風景づくりに従事。文化審議会文化財分科会第三専門調査会委員、奈良公園植栽計画検討委員、奈良公園地区整備検討委員などを務める。

松井 淳（まつい・きよし）
奈良教育大学特任教授。専門は植物生態学・保全生態学。春日山や大台ヶ原・大峯山脈の森林の動態調査を行う。奈良植物研究会会長、奈良県自然環境保全審議会委員などを務める。

齊藤 純（さいとう・じゅん）
天理大学文学部教授。日本民俗学を専門とし、民間説話や民具を研究。説話・伝承学会委員、奈良県立民俗博物館運営協議会委員、奈良県文化財保護審議会委員などを務める。

井上 さやか（いのうえ・さやか）
奈良県立万葉文化館企画・研究係長。専門は『万葉集』を中心とした日本文学および日本文化。著書に『山部赤人と叙景』『万葉集からみる「世界」』（ともに新典社）がある。

光石 亜由美（みついし・あゆみ）
奈良大学教授。専門は日本近代文学。著書に『自然主義文学とセクシュアリティ 田山花袋と〈性欲〉に感傷する時代』（世織書房）、『奈良大ブックレット08 奈良の文学とことば』（ナカニシヤ出版、共著）。

大宮 守友（おおみや・もりとも）
氷室神社文化興隆財団代表理事。奈良地域の歴史の顕彰や文化講座を開催。編著書に『奈良県謎解き散歩』（新人物往来社）、『近世の畿内と奈良奉行』（清文堂出版）がある。

増井 正哉（ますい・まさや）
奈良女子大学・京都大学名誉教授。国内外の建築史、文化遺産の保存と活用を研究。大阪市立住まいのミュージアム館長。『歴史文化遺産 日本の町並み』（山川出版社）などの書籍に寄稿。

服部 光真（はっとり・みつまさ）
元興寺文化財研究所主任研究員。専門は日本中世史。書籍『奈良町の南玄関』（京阪奈情報教育出版）、『図説 元興寺の歴史と文化財』（吉川弘文館）の編集・執筆を担当。

西川 雅子（にしかわ・みやこ）
学芸員。奈良の伝統工芸・文化の発信を行う「なら工藝館」で企画展・常設展を運営。現在は奈良市観光協会で奈良の伝統工芸品をはじめとする観光産業の振興や伝統行事の保護・継承に努める。

奈良公園の案内書 〜極（きわみ）〜
制作スタッフ

●編集＝角川アスキー総合研究所
（片岡研、髙島浩司、榊原久子、山口晃枝、中治理愛子）
●取材・文＝伊東孝晃、白石亜矢子（az-sync.）
●デザイン＝はやしまさこ
●イラスト＝岡本倫幸
●地図製作＝荒木久美子
● DTP ＝エヴィック
●校閲＝聚珍社

奈良公園の案内書 ~極（きわみ）~

2024年3月8日　初版発行

監修　千田稔
編　奈良県

発行者　加瀬典子
発行　株式会社角川アスキー総合研究所
〒113-0024　東京都文京区西片1-17-8
https://www.lab-kadokawa.com/
発売　株式会社 KADOKAWA
〒102-8177　東京都千代田区富士見2-13-3
https://www.kadokawa.co.jp/
印刷・製本　大日本印刷株式会社

【お問い合わせ】
角川アスキー総合研究所サポート事務局
電話 0570-00-3030
https://www.lab-kadokawa.com/support/
※製造不良品につきましては上記窓口にて承ります。
※記述・収録内容を超えるご質問には、お答えできませんので、ご了承ください。
※サポートは日本国内に限らせていただきます。

定価はカバーに表示してあります。

ISBN978-4-04-911208-5　C0026